中交第一公路工程局有限公司
重庆万州至湖北利川高速公路（重庆段）
EPC项目技术创新论文集 5-2

总主编 张志新 阳华国

U0875733

桥 梁
技术论文集

主编◎彭龙辉 余 鑫

重庆大学出版社

内容提要

本论文集为《中交第一公路工程局有限公司重庆万州至湖北利川高速公路(重庆段)EPC项目技术创新论文集》第2分册,收录了中交一公局重庆万州至湖北利川高速公路EPC项目桥梁建设技术方面的最新成果,共29篇,内容涵盖了高速公路桩基施工、T梁预制、测量放样、连续刚构桥施工等方面,是国内大型高速公路桥梁建设经验的总结。本论文集可供高速公路桥梁管理、技术人员及有关专业师生参考。

图书在版编目(CIP)数据

桥梁技术论文集/彭龙辉,余鑫主编. --重庆:重庆大学出版社,2017.11

ISBN 978-7-5689-0894-8

Ⅰ.①桥… Ⅱ.①彭… ②余… Ⅲ.①桥梁工程—文集 Ⅳ.①U44-53

中国版本图书馆CIP数据核字(2017)第277516号

桥梁技术论文集

主 编 彭龙辉 余 鑫

责任编辑:肖乾泉 版式设计:肖乾泉

责任校对:贾 梅 责任印制:张 策

*

重庆大学出版社出版发行

出版人:易树平

社址:重庆市沙坪坝区大学城西路21号

邮编:401331

电话:(023) 88617190 88617185(中小学)

传真:(023) 88617186 88617166

网址:http://www.cqup.com.cn

邮箱:fxk@cqup.com.cn (营销中心)

全国新华书店经销

重庆市正前方彩色印刷有限公司印刷

*

开本:787mm×1092mm 1/16 印张:15 字数:365千

2017年11月第1版 2017年11月第1次印刷

ISBN 978-7-5689-0894-8 定价:48.00元

编审委员会

总　序

重庆万州至湖北利川高速公路(重庆段)是重庆市“三环十射多联线”中“十射”的重要支线,是鄂渝重要通道之一,起于重庆万州熊家镇马鞍石,止于与湖北利川交界的田家垭口,总长52.408 km,设计时速为80 km,按双向四车道标准设计。全线桥隧比为54%,沿线地形复杂,地质条件差,41次跨越国道、河流、滑坡地段,27次与高压电力线路、电站、燃气管道、军用光缆等设施交叉,高墩大跨桥梁多,且岸坡陡峭,施工场地狭窄,施工风险很高,被称为“重庆新千公里高速公路在建项目中施工难度最大、安全风险最高的工程之一”,尤其是驸马长江大桥,主跨为1 050 m,作为长江上游跨度最大的悬索桥,技术难度大,质量、安全、环保要求高,是万利高速公路上的代表性工程。

该项目采用EPC总承包模式,于2014年4月开工,2017年12月26日正式通车。在项目管理过程中,总承包部发挥技术核心作用,协调带领全体参建技术人员积极开展技术攻关和技术创新活动,大力推广应用“四新”技术,通过引进、消化、吸收和应用国内外先进技术,取得了丰硕成果。这些成果既是广大技术人员实践经验的总结和技术积累,也可为今后行业技术发展和管理工作提供宝贵借鉴。为及时收集、整理、归纳这些技术成果,现将万利高速公路施工过程中的优秀论文归集为《中交第一公路工程局有限公司重庆万州至湖北利川高速公路(重庆段)EPC项目技术创新论文集》系列,以期能为广大工程技术人员提供借鉴和参考。

本系列技术论文集共5分册,分别为《万州驸马长江大桥技术论文集》《桥梁技术论文集》《隧道技术论文集》《路基路面技术论文集》和《交通设施技术论文集》,由张志新、阳华国两位教授级高级工程师任总主编,各分册主编和论文作者都是项目设计、施工的主持者或参与者。全体编写人员始终以科学严谨的态度,共同参与创编,并多次审核、修订,最终完成本系列文集。在万利高速公路项目实施和论文集编写过程中,得到了重庆市交通委员会、重庆万利万达高速公路有限公司、中交公路规划设计院有限公司、中交第一公路工程局有限公司等单位专家的大力支持,在此,谨向关心和支持中交第一公路工程局有限公司、万利高速公路和论文集的所有领导、专家和同事一并表示感谢!

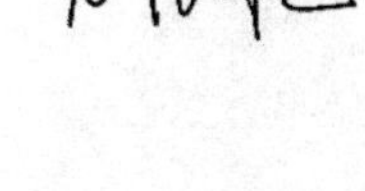

前　言

鉴于重庆地区特殊的地形地貌,为了满足路线线形或避免由于深挖高填导致地质灾害和环境破坏,往往采用桥梁跨越深谷地段。桥梁施工是重庆地区高速公路施工中的一项重要内容,其具有施工难度大、地理条件差、施工环境恶劣等特点,万利高速公路投资规模、难度系数位于重庆地区在建项目前列,具有很强的代表性。

万利高速公路总长52.408 km,全线地形复杂,频繁跨越国道、河流,涉及140 m刚构桥高墩、主跨220 m刚构桥、河中墩、陡壁墩、下穿铁路、上跨既有高速公路、大纵坡下坡架梁等施工,施工范围内有高压电力线路、电站、燃气管道、军用光缆等设施,而且施工场地狭窄、地质条件差,施工难度高、作业量大、危险源突出。

各参建单位集思广益,克服了山区桥梁施工的重重困难,顺利完成了全线桥梁施工任务,总结形成了本册论文集。本册论文集由高级工程师彭龙辉、中级工程师余鑫任主编,编写人员均来自参建单位一线技术岗位。

本册论文集希望总结山区桥梁建设经验,为以后类似工程实践提供借鉴。

由于本论文集出版时间仓促、水平有限,在审编过程中难免存在疏漏,敬请各位同仁批评指正。

编　者

2017年11月

目　录

跨高速公路小净空现浇箱梁支架设计与应用

谭利华　靖振帅

（中交一公局第三工程有限公司　北京　100029）

摘　要　本文对马鞍石互通立交C匝道桥第二联上跨既有高速公路现浇箱梁支架应用技术进行了研究，阐述了小净空情况下现浇箱梁钢管和贝雷梁+型钢支撑体系的设计方案，并对其进行了稳定性验算，同时介绍了支架安装、预压、拆除等施工应用方面的关键技术。通过研究保证了现浇箱梁的安全施工，为类似工程施工提供了借鉴。

关键词　钢管支架　小净空　现浇箱梁　贝雷梁+型钢　应用技术

1　引　言

随着我国交通车辆数量的日益增长，公路及市政道路大量修建。桥梁是公路及市政道路的重要组成部分，现浇箱梁是最常见的一种结构形式。现浇箱梁施工的关键控制点是支架的搭设，常见的有满堂支架和贝雷支架两种。贝雷支架结构简单，运输方便，拆卸快速，能够适应复杂地形。本文针对贝雷支架支撑体系的施工技术和关键控制点进行介绍，保证在现浇箱梁施工过程中整个贝雷支架支撑体系的稳定性。

2　工程概况

马鞍石互通是重庆万利高速公路的起点，为重庆万利高速公路与已建成通车的云万高速公路交叉而形成的三路枢纽互通立交，桥址位于马鞍石山处，地形复杂，地面高差大。C匝道（AK0+508～AK1+716.5）箱梁全长3×25 m+25 m+2×40 m+25 m=205 m，箱梁底宽7 m，箱梁顶宽10.5 m，梁高1.5 m、2.2 m。单联方量最大为1 151.4 m^3，为现浇预应力混凝土箱梁。匝道线路方向由南向渐变至南东方向，匝道跨越既有高速公路。

匝道现场施工具有以下特点：

（1）地势起伏，高差大；

（2）现浇箱梁自身坡度为4%，与既有高速公路水平交角约60°；

（3）既有高速公路为宽度24.5 m的分离式道路，中间仅有约40 cm宽的分隔带小间隙，跨越跨度大；

（4）C匝道箱梁底高程与既有高速路面高程差为6.28～7.51 m，为保证安全通行，要求净空不小于5 m。

作者简介：谭利华（1985—），男，本科，工程师。

靖振帅（1987—），男，本科，助理工程师。

3 支架体系设计与施工

3.1 支架体系选择

如何解决地形复杂、与既有高速安全净空小、施工桥梁纵向坡度大的问题是支架设计过程中考虑的技术重点。综合分析,项目决定采用贝雷梁+型钢支架支撑体系,保证净空要求和通行施工安全。

总体设计思路是支架下部采用钢管,上部采用贝雷梁和型钢梁(图1)。

图1 支架整体图

3.2 纵梁设计

纵梁直接承受箱梁的荷载。跨既有高速公路梁段长40 m,最小处高差6.28 m。贝雷片高150 cm,长3 000 cm。若上部纵梁全部采用贝雷片,桥下净空则为4.78 m,难以满足净空5 m的要求。型钢高1.2 m,宽0.6 m,长度可以调整,若纵梁采用型钢,桥下净空为5.08 m,满足净空要求。但型钢质量太大,施工运输受限,决定纵向主梁采用由标准贝雷片+型钢组成的组合钢梁。

其中,一至三跨上部纵向主梁由标准贝雷片组成桁架式钢梁,三至五跨上部纵向主梁采用型钢纵梁。

贝雷片桁架纵梁每组采用双排单层加强结构。横桥向设7组,各组每片贝雷桁架间距为45 cm。安装时,先在桥下将贝雷片用45 cm定型花窗连接,纵向拼装至设计长度后,使用25 t汽车吊将拼装好的贝雷桁架吊至测量放样确定出的主梁位置。

型钢纵梁共6片,中间4片断面尺寸为1.2 m×0.6 m,两边两片为0.6 m×0.5 m,支点位置通过砂筒调节高度使其顶面高度与贝雷梁平顺。主梁之间设置横向斜撑连接,斜撑采用∟7.5 mm×5 mm角钢制作,纵向每隔6 m设置一道。全部主梁安装就位后,用∟7.5 mm×5 mm角钢"门"焊接在下横梁上来固定主梁。

横向分配梁采用I12.6工字钢,纵向间距为0.45 m,配梁上铺设纵向分配梁,纵向分配梁采用10 cm×10 cm方木按20 cm间距铺设。楔形块设置在横向分配梁下方,用于调整横坡,楔形块采用15 cm×15 cm方木、10 cm×15 cm方木加工制作,长30 cm,宽15 cm,高度根据实际标高调整,倾角不大于25°。施工时放置平稳,固定牢固。

3.2.1　材料特性

1)型钢、钢管材料特性

(1)Ⅰ12.6 分配梁:材质为 Q345, I_x = 488 cm^4, W_x = 77 cm^3, I_x/S_x = 8.69 cm, 自重q_2 = 0.142 kN/m。

(2)Ⅰ56a 型钢:材质为 Q235, I_x = 65 590 cm^4, W_x = 2 342 cm^3, I_x/S_x = 8.69 cm, 自重q_2 = 1.06 kN/m。

(3)1.2 m×0.6 m 主梁:材质为 Q345, I_x = 1 479 204 cm^4, W_x = 24 653 cm^3, S_x = 13 779 cm^3, 自重 q_2 = 4.62 kN/m。

(4)H600 mm×200 mm×11 mm×17 mm 型钢: I_x = 78 200 cm^4, W_x = 2 610 cm^3, 自重 q_2 = 1.06 kN/m。

(5)ϕ300 mm×8 mm 钢管:材质为 Q235, A = 55.418 cm^2, i = 10.396 cm, l = 3.7 m(计算长度), 自重 q_2 = 5.761 kN/m。

(6)ϕ630 mm×8 mm 钢管:材质为 Q235, A = 156.326 cm^2, i = 21.992 cm, l = 0.7×5.7 m = 4 m(计算长度)。

Q235 钢应力设计值: f = 215 MPa, f_v = 125 MPa; Q345 钢应力设计值: f = 310 MPa, f_v = 180 MPa; 弹性模量: E = 206×10^3 MPa。

2)贝雷桁片材料特性

支架所用贝雷桁片,弦杆材料为 Q345 钢,弦杆允许承载力为 560 kN,竖杆允许承载力为 210 kN,斜杆允许承载力为 171.5 kN。

单排单层贝雷允许弯矩为 788.2 kN·m,允许剪力为 245.2 kN;双排单层允许弯矩为 1 576.4 kN·m,允许剪力为 490.5 kN。

3.2.2　贝雷梁的设计与验算

单层双排贝雷梁参数: W = 7 157.1 cm^3, I = 500 994.4 cm^4; [M] = 1 576.4 kN·m, [Q] = 490.5 kN。

1)腹板下单片贝雷梁计算

箱梁混凝土分两次浇筑,第一次浇筑底板和腹板,第二次浇筑顶板。第一次浇筑时,贝雷梁按单片受力计算;第二次浇筑时,贝雷梁按整体受力计算。贝雷梁施工现场如图 2 所示。

图 2　贝雷梁施工现场

（1）荷载计算：

贝雷梁自重：$q_1=0.015\times[(0.18+1.771+1.750)\times2+7]\times9.0+(0.1\times0.1\times7.0)\times49+0.142\times10.5\times2.2+1.8\times7=21.25(\text{kN/m})$。

混凝土自重：$q_2=7.63\times26=198.4(\text{kN/m})$。

施工荷载：均布荷载为2.5 kN/m²，集中荷载为2.5 kN（验算荷载）。

$q_3=2.5\times7=17.5(\text{kN/m})$，$p=2.5$ kN（验算荷载）。

振捣混凝土时，产生的荷载为2.0 kN/m²，$q_4=2.0\times7=14(\text{kN/m})$。

（2）荷载组合：

组合Ⅰ：$q=(q_1+q_2)\times1.2+(q_3+q_4)\times1.4=219.65\times1.2+31.5\times1.4=307.68(\text{kN/m})$，$p=0$。

组合Ⅱ：$q=(q_1+q_2)\times1.2+q_3\times1.4=288.08(\text{kN/m})$，$p=2.50$ kN。

（3）强度验算：施工荷载按均布荷载。

最大弯矩：

$$M_{\max}=\frac{1}{8}ql^2=1\,290.4\ \text{kN}\cdot\text{m}<[M]=1\,290.4\ \text{kN}\cdot\text{m}(\text{满足要求})$$

最大剪力：

$$Q_{\max}=\frac{1}{2}ql=356\ \text{kN}<[Q]=490.5\ \text{kN}(\text{满足要求})$$

（4）刚度验算：计算跨度为14.168 m（扣除I56a翼缘宽度）。

$$f=\frac{5ql^4}{384EI}=25\ \text{mm}<\frac{l}{400}=35.4\ \text{mm}(\text{满足要求})$$

2）贝雷梁整体计算

（1）强度验算：

a. 组合Ⅰ：

最大弯矩：

$$M_{\max}=\frac{1}{8}ql^2=8\,086.2\ \text{kN}\cdot\text{m}<7[M]=11\,034.8\ \text{kN}\cdot\text{m}(\text{满足要求})$$

最大剪力：

$$Q_{\max}=\frac{1}{8}ql=2\,230.68\ \text{kN}<7[Q]=3\,433.5\ \text{kN}(\text{满足要求})$$

b. 组合Ⅱ：

$$M_{\max}=\frac{1}{8}ql^2+\frac{1}{4}pl=7\,589.2\ \text{kN}\cdot\text{m}<7[M]=11\,034.8\ \text{kN}\cdot\text{m}(\text{满足要求})$$

$$Q_{\max}=\frac{1}{2}ql+\frac{1}{2}p=2\,089.83\ \text{kN}<7[Q]=3\,433.5\ \text{kN}(\text{满足要求})$$

（2）刚度验算：计算跨度取14.168 m（扣除I56a翼缘宽度）。

$$f=\frac{5ql^4}{384EI}=19\ \text{mm}<\frac{l}{400}=35.4\ \text{mm}(\text{满足要求})$$

3.2.3 型钢纵梁的设计与验算

1)中腹板下主梁验算

中腹板下两片1.2 m×0.6 m主梁,净间距为1.2 m,按一片梁计算,横向支撑宽度取1.2 m+0.6 m=1.8 m(梁宽度为0.6 m),按单跨14.5 m简支梁计算(图3)。

图3 型钢纵梁

(1)荷载计算:

型钢自重:$q_1=0.015\times1.8\times9.0+(0.1\times0.1\times7.0)\times6+0.142\times1.8\times2.2+4.62=5.85$(kN/m)。

混凝土自重:$q_2=1.98\times26=51.48$(kN/m)。

施工荷载:均布荷载为2.5 kN/m^2,集中荷载为2.5 kN(验算荷载)。

$q_3=2.5\times1.8=4.5$(kN/m),$p=2.5$ kN(验算荷载)。

振捣混凝土时,产生的荷载为2.0 kN/m^2,$q_4=2.0\times1.8=3.6$(kN/m)。

(2)荷载组合:

组合I:$q=(q_1+q_2)\times1.2+(q_3+q_4)\times1.4=57.33\times1.2+8.1\times1.4=80.14$(kN/m),$p=0$。

组合Ⅱ:$q=(q_1+q_2)\times1.2+q_3\times1.4=75.1$(kN/m),$p=2.50$ kN。

(3)强度验算:

a.组合Ⅰ,施工荷载按均布荷载时:

最大弯矩:

$$M_{\max}=\frac{1}{8}ql^2=2\ 106.2\ \text{kN}\cdot\text{m}(\text{满足要求})$$

b.组合Ⅱ,施工荷载按集中荷载时:

$$\sigma_{\max}=\frac{M_{\max}}{W}=85.4\ \text{MPa}<f=310\ \text{MPa}(\text{满足要求})$$

$$\tau_{\max}=\frac{QS}{It_{w}}=27.1\ \text{MPa}<f_{v}=180\ \text{MPa}(\text{满足要求})$$

(4)刚度验算:计算跨度为14.168 m(扣除I56a翼缘宽度)。

$$f=\frac{5ql^4}{384EI}=11.8\ \text{mm}<\frac{l}{400}=35.4\ \text{mm}(\text{满足要求})$$

2)边腹板下主梁验算

边腹板下两片纵向主梁为:一片 1.2 m×0.6 m 梁+一片 0.6 m×0.5 m 梁,净间距为 1.04 m,横向支撑宽度取 1.75 m(翼板)+1.97 m(底板)=3.72 m,按单跨 14.5 m 简支梁计算。

(1)荷载计算:

自重:$q_1=0.015\times(0.18+1.771+1.75+1.97)\times9.0+(0.1\times0.1\times7.0)\times14+0.142\times1.8\times2.2+(4.62+3.06)=10$(kN/m)。

混凝土自重:$q_2=2.5\times26=65$(kN/m)。

施工荷载:均布荷载为 2.5 kN/m²,集中荷载为 2.5 kN(验算荷载)。

$$q_3 = 2.5\times3.72 = 9.3\text{(kN/m)},p = 2.5\text{ kN(验算荷载)。}$$

振捣混凝土时,产生的荷载为 2.0 kN/m², $q_4=2.0\times3.72=7.44$(kN/m)。

(2)荷载组合:

组合Ⅰ:$q=(q_1+q_2)\times1.2+(q_3+q_4)\times1.4=75\times1.2+16.74\times1.4=113.4$(kN/m),$p=0$。

组合Ⅱ:$q=(q_1+q_2)\times1.2+q_3\times1.4=103.02$(kN/m),$p=2.50$ kN。

(3)强度验算:

a. 组合Ⅰ,施工荷载按均布荷载时:

最大弯矩:

$$M_{\max} = \frac{1}{8}ql^2 = 2\,980.3\text{ kN}\cdot\text{m(满足要求)}$$

b. 组合Ⅱ,施工荷载按集中荷载时:

$$\sigma_{\max} = \frac{M_{\max}}{W} = 120.9\text{ MPa} < f = 310\text{ MPa(满足要求)}$$

$$\tau_{\max} = \frac{QS}{It_w} = 38.3\text{ MPa} < f_v = 180\text{ MPa(满足要求)}$$

(4)刚度验算:计算跨度为 14.168 m(扣除I56a 翼缘宽度)。

$$f = \frac{5ql^4}{384EI} = 15.5\text{ mm} < \frac{l}{400} = 35.4\text{ mm(满足要求)}$$

3)6 片纵向主整体验算

(1)荷载计算:

自重:$q_1=0.015\times[(0.18+1.771+1.750)\times2+7]\times9.0+(0.1\times0.1\times7.0)\times49+0.142\times10.5\times2.2+(4.62\times4+3.06\times2)=33.25$(kN/m)。

混凝土自重:$q_2=7.63\times26=198.4$(kN/m)。

施工荷载:均布荷载为 2.5 kN/m²,集中荷载为 2.5 kN(验算荷载)。

$q_3=2.5\times7=17.5$(kN/m), $p=2.5$ kN(验算荷载)。

振捣混凝土时,产生的荷载为 2.0 kN/m²,$q_4=2.0\times7=14$(kN/m)。

(2)荷载组合:

组合Ⅰ:$q=(q_1+q_2)\times1.2+(q_3+q_4)\times1.4=231.65\times1.2+31.5\times1.4=322.1$(kN/m),$p=0$。

组合Ⅱ:$q=(q_1+q_2)\times1.2+q_3\times1.4=302.5$(kN/m),$p=2.50$ kN。

(3)强度验算:

a.组合Ⅰ,施工荷载按均布荷载时:

最大弯矩:

$$M_{max} = \frac{1}{8}ql^2 = 8\ 465.2\ \text{kN} \cdot \text{m}(\text{满足要求})$$

$$Q_{max} = \frac{1}{2}ql = 2\ 335.2\ \text{kN} \cdot \text{m}(\text{满足要求})$$

b.组合Ⅱ,施工荷载按集中荷载时:

$$\sigma_{max} = \frac{M_{max}}{W} = 85.4\ \text{MPa} < f = 310\ \text{MPa}(\text{满足要求})$$

$$\tau_{max} = \frac{QS}{It_w} = 27.2\ \text{MPa} < f_v = 180\ \text{MPa}(\text{满足要求})$$

(4)刚度验算:计算跨度取14.168 m(扣除I56a翼缘宽度)。

$$f = \frac{5ql^4}{384EI} = 12\ \text{mm} < \frac{l}{400} = 35.4\ \text{mm}(\text{满足要求})$$

3.3　钢管立柱设计

采用钢管支架可以解决地表高差大的问题,同时可以在既有高速中央分隔带设置ϕ300 mm钢管解决跨度大的难题。因此,现浇梁底部支架设置5排。第1、2、4、5排支架分别设置于跨中靠近墩柱的位置,呈直角梯形状。支架钢管采用ϕ630 mm×8 mm钢管制作,管头与上横梁连接处,设2 cm厚80 cm×80 cm钢板对中与钢管桩焊接。

将第3排支架设置在既有高速公路小间隙分隔带处。在既有高速下部,由3对每对两根ϕ630 mm×8 mm钢管桩上接双拼I56a工字钢组成。上部在工字钢上接5根ϕ300 mm×8 mm钢管立柱。

因现浇箱梁纵向坡度大,立柱将承受较大剪应力。为增加立柱稳定性,第1、2、4、5排ϕ630 mm×8 mm钢管之间用ϕ300 mm×8 mm钢管横向连接,第3排ϕ300 mm×8 mm钢管桩距底端50 cm处每两根设置4.36 m长的[20槽钢剪刀撑,间距为2.84 m。为增强ϕ300 mm×8 mm钢管侧向稳定性,在其与既有高速路面交叉部位设置侧向支撑进行支撑,限制变形和位移,同时在管内灌注水泥浆进行加强。现浇支架钢管立柱布置形式如图4所示。

图4　钢管立柱支架设计

3.3.1 ϕ300 mm 钢管立柱验算

ϕ300 mm 钢管截面特性:$A=55.418\ cm^2$,$i=10.396$ cm,计算长度 $l=3.7$ m(取 $\mu=1$)。

由《路桥施工计算手册》中四跨等跨连续梁内力和挠度系数可知:支点 B 处反力最大,此处钢管立柱受力最大,即 3-2、3-4 号钢管受力最大。

$$F=(0.607+0.536)ql=1.143\times377.52\times2.6=1\ 122(\text{kN})$$

由长细比 $\lambda=l/i=36$,查《钢结构设计规范》(GB 50007—2003)附表 C 知,$\varphi=0.95$,则:

$$\sigma=\frac{F}{\varphi A}=\frac{1\ 122\times10^3}{0.95\times55.418\times10^2}=213(\text{MPa})$$

钢管应力接近设计值 215 MPa,进行灌注 C30 混凝土的方式加固处理。处理后,根据《钢管混凝土结构技术规程》(CECS28:2012)相关规定进行计算。

混凝土截面积:$A_c=65\ 111.04\ mm^2$,混凝土抗压强度设计值:$f_c=14.3$ MPa,钢管截面积:$A_a=5\ 541.8\ mm^2$,钢管抗拉、抗压强度设计值:$f_a=215$ MPa。

钢管混凝土套箍指标:

$$\theta=\frac{A_a f_a}{A_c f_c}=\frac{5\ 541.8\times215}{65\ 111.04\times14.3}=1.3$$

对 C30 混凝土,$\alpha=2.0$,$[\theta]=1.0$,$2.5>\theta>[\theta]=1.0$。

所以,$N_0=0.9A_c f_c(1+\sqrt{\theta}+\theta)=0.9\times65\ 111.04\times14.3\times(1+\sqrt{1.3}+1.3)=2\ 883\times10^3(\text{N})$

1)横桥向按轴向受压柱计算

等效计算长度:$L_e=\mu kL=1.0\times1.0\times3.7=3.7(\text{m})$;$L_e/D=3\ 700/300=12.3>4$,$\varphi_1=1-0.115\sqrt{L_e/D-4}=0.67$;$\varphi_e=1$。

钢管混凝土轴向受压承载力设计值:

$$N_u=\varphi_1\varphi_e N_0=0.67\times1\times2\ 883=1\ 928(\text{kN})>F=1\ 122\ \text{kN}(\text{满足要求})$$

2)纵桥向按两端固定受压桩计算

$L_e=\mu kL=0.5\times1.0\times11=5.7(\text{m})$,$L_e/D=5\ 700/300=19>4$,$\varphi_1=1-0.115\sqrt{L_e/D-4}=0.55$,$\varphi_e=1$。

钢管混凝土轴向受压承载力设计值:

$$N_u=\varphi_1\varphi_e N_0=0.55\times1\times2\ 883=1\ 585.7(\text{kN})>F=1\ 122\ \text{kN}(\text{满足要求})$$

3.3.2 ϕ630 mm 钢管立柱验算

ϕ630 mm 钢管截面特性:$A=156.326\ cm^2$;$i=21.992$ cm;计算长度:$l=0.7\times5.7$ m $=4$ m(取$\mu=0.7$)。

由长细比 $\lambda=l/i=18$,查《钢结构设计规范》(GB 50007—2003)附表 C 得,$\varphi=0.985$。柱顶最大荷载为:$F=1\ 156.84$ kN。

$$\sigma=\frac{F}{\varphi A}=\frac{1\ 156.84\times10^3}{0.985\times156.326\times10^2}=75.1(\text{MPa})<215\ \text{MPa}(\text{满足要求})$$

3.4 支架预压

支架安装完毕后,进行静载预压试验,以测定支架结构的弹性和非弹性变形值,验证支架各部分结构的安全性。

3.5 支架拆除

(1)结构施加预应力后方可拆除支架,遵循先上后下、先支后拆、后支先拆、逐层自上而下的原则。支架拆除下方建立警戒区,禁止入内。

(2)先拆除箱梁侧模支架,然后用卸荷块进行箱梁底部支架落架。支架落架后,拆除半幅梁底模板、方木及分配梁。

(3)拆除后的材料立即清理出路面,吊车拆除钢立柱。破碎锤拆除混凝土基础,自卸车外弃。

4 结　语

(1)马鞍石互通立交C匝道跨越既有高速公路,通过采用钢管支架解决了跨度大的问题。

(2)采用钢管横撑解决了纵向坡度大、钢管不稳固的难题。

(3)使用贝雷梁+型钢组合梁,满足了桥下净空和通行安全的需要。

(4)通过采用以上支架体系,将主要受力构件加工成大块,用机械吊装,不仅提高了机械化作业程度和工效,而且节省了时间和成本,减少了高空作业量,有效地保证了施工安全和既有高速上车辆的通行安全,可供同类型桥梁施工参考。

参考文献

[1] 左旭东,伍金平,李文联.钢管贝雷支架现浇箱梁技术研究及应用[J].湖南交通科技,2013,39(1):55-57.

[2] 庄文棋,李华,吴永荣,等.大跨径、高支墩现浇箱梁贝雷支架支撑体系施工技术[J].福建建设科技,2015(1):57-58.

[3] 王成.贝雷梁钢管支架在现浇箱梁施工中的应用技术[J].上海铁道科技,2015(1):65-66.

[4] 魏祥.上跨高速公路桥梁的大跨度现浇箱梁支架设计[J].长江大学学报(自科版),2015,12(10):70-74.

[5] 陈志勇.钢管桩和贝雷梁组合支架现浇箱梁施工技术[J].铁道建筑,2013(2):23-25.

山区预制 T 梁中预埋钢板坡度控制技术

关志强　谭　河　赵明杰

（中交一公局第五工程有限公司　北京　100024）

摘　要　预埋钢板坡度施工的好坏直接影响到工程后期的施工质量、进度和成本，所以需要做好预埋钢板坡度的施工控制。本文以长岭岗大桥 11 跨的 10 片梁和 8 号墩固结墩的梁底预埋钢板为研究对象，首先给出预埋钢板的施工步骤，然后计算出预埋钢板的理论坡度，指导施工，最后给出预埋钢板坡度的施工控制要点。

关键词　预制 T 梁　预埋钢板　坡度控制

1　前　言

万利高速公路地处山区，在进行桥梁施工时，桥面一般都有纵坡，而支座垫石顶面水平，需要在预制 T 梁体预埋钢板中调节纵坡。纵坡调节的准确与否直接影响到架梁，对后期质量有一定的影响，为更好地架设梁体需要将梁体预埋钢板的坡度调节好。钢板坡度的控制不仅要计算准确，还需要控制多方面的因素才能埋置准确。

2　工程实例

长岭岗大桥全长 449.25 m，位于重庆市万州区长岭镇，万州岸桥台位于梨花村，利川岸位于立苇村一组。全桥共 3 联，为 3×40 m + 4×40 m + 4×40 m 预制 T 梁，位于缓和曲线段（K19 + 152 ~ K19 + 584.054）和圆曲线（K19 + 584.054 ~ K19 + 601.25）上。纵断面纵坡为 3.5%，2 号、5 号、8 号墩为固结墩。全桥共预制 T 梁 110 片，梁长随缓和曲线和圆曲线变化也随之变化。在进行 T 梁钢板预埋时，对 11 跨的 10 片梁和 8 号墩固结墩的梁底预埋钢板坡度都进行梁体架设观测，以保证其他桥梁预制时钢板预埋坡度不会发生偏差。

3　预埋钢板施工步骤

3.1　预埋钢板坡度的确定

首先确定好计算方法，准确无误地计算出预埋钢板应预埋的坡度，大多数通过外露尺寸来计算，也可通过水平高差来计算。

作者简介：关志强（1989—），男，专科。

谭　河（1985—），男，本科，工程师。

赵明杰（1990—），男，本科，助理工程师。

3.2　预留开挖长度

因为梁长的变化,钢板的位置也会随之变化,需要统计最长梁长和最短梁长,以此来确定预留的开挖长度。

3.3　开挖预埋钢板的位置和放置预埋钢板

预制梁生产前,根据支座中心的距离来确定准确的开挖位置,待开挖好后再进行填沙粗平,然后进行四角调节钢片精平,最后放置预埋钢板。

3.4　检测

在预制梁前,要用水准仪观测钢板是否发生沉降,也可以用水平尺量测水平高差。

4　预埋钢板坡度计算

长岭岗大桥全桥纵坡为 3.5% ,且 2、5、8 号墩柱为固结墩,盖梁预埋钢板自带 3.5% 纵坡。预埋钢板中心是支座中心位置,外漏 1.5 cm,钢板厚度 4 cm。预制台座预埋钢板采用下挖方式,且设置台座纵坡为 1.4% 。预埋钢板坡度有两种方法,即水平高差法和外漏尺寸直量法。钢板各阶段的状态如图 1 所示。

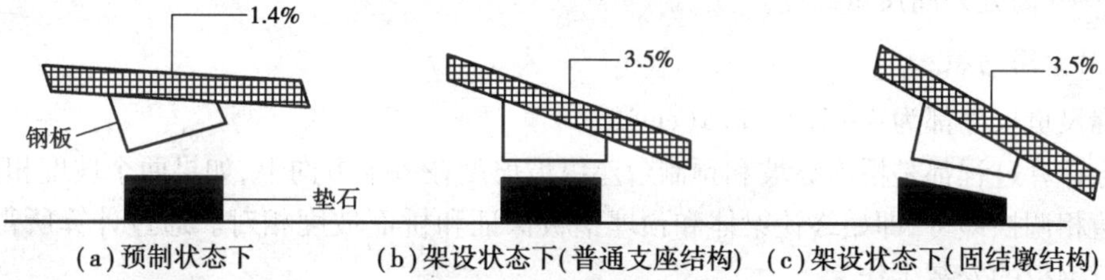

图 1　钢板各阶段状态

4.1　水平高差法

4.1.1　对于非固结墩

(1)由状态 a 旋转到状态 b 的水平角度 α:

$$\alpha = 3.5\% - 1.4\% = 2.1\%$$

(2)水平高差 d_1 计算:

$$d_1 = L \times \alpha = 0.64 \text{ m} \times 2.1\% = 1.344(\text{cm})$$

其中,L 为预埋钢板长度,$L = 0.64$ m。

水平高差通用公式为:

$$d = L \times (i_{纵} - i_{台座}) \tag{1}$$

式中　d——水平高差;

L——预埋钢板长度;

$i_{纵}$——纵向坡度;

$i_{台座}$——台座坡度。

4.1.2　对于固结墩端

由状态(c)可以推出,梁体始终与预埋钢板保持平行,因此水平高差即为:

$$d_2 = L \times 1.4\% = 0.64 \text{ m} \times 1.4\% = 0.896(\text{cm})$$

水平高差通用公式为：

$$d = L \times i_{台座} \tag{2}$$

4.2 外漏尺寸直量法

4.2.1 对于非固结墩

由
$$\begin{cases} x+y=1.5\times 2 \\ y-x=L\times 3.5\% \end{cases}$$

可以得出：

$$x = 0.38\ \text{cm} \quad y = 2.62\ \text{cm}$$

通用公式为：

$$\begin{aligned} x &= \frac{(3 - L \times i_{纵})}{2} \\ y &= \frac{(3 + L \times i_{纵})}{2} \end{aligned} \tag{3}$$

式中 x——低处外漏尺量高度；

y——高处外漏尺量高度。

4.2.2 对于固结墩

外漏尺量尺寸都为 4 - 1.5 = 2.5(cm)。

以上计算过程都是桥面纵坡和预制台座纵坡坡度在一个方向上，如果两个坡度相反时，两个外漏值相调换即可，即始终让梁体和预埋钢板保证和桥面坡度相对。通过计算所得的数值可以进行钢板的安装工作。

5 预埋钢板坡度施工控制要点

5.1 在预制台座上控制

在预制台座的挖槽上，要开挖顺直，开挖深度要满足钢板的要求，一般为 4 cm，且在开挖槽范围内要保持和预制台座相同的坡度。开挖槽底部浇筑混凝土前要均匀布置钢筋，也可适当添加一部分钢筋来保证其更好地受力，防止张拉时损坏基底。

5.2 预埋钢板位置调节

放置钢板时，为保证四角在一个平面上，要控制好调节沙的摊铺厚度和调节刚片的厚度，尽量在 1 mm 以内调节钢片，这样可以控制误差。根据设计规范调节偏差，尽量保持和计算出来的数据相吻合。如果数据不吻合，增加或减少调节钢片的数量以达到最佳吻合状态。开挖出来的槽口要大于钢板的长度，这样可能会使钢板发生平移。要在连接缝隙处填补细沙，在沙底部放 3 根定位筋，以保证更加牢固。

5.3 观察钢板沉降

在预埋好钢板后，由于拆模板时或龙门吊的行走等会有微小的震动，有可能导致预埋钢板发生晃动，导致预埋不准确。这就要在模板安装前观测钢板的沉降高差，采用水准仪观测。为保证钢板调节高度平稳，也可以采用配重法，在预埋钢板上加一个配重装置，观察钢板位置的变化。

5.4　施工现场

预制 T 梁钢板预埋施工现场如图 2 ~ 图 6 所示。

图 2　预制台座预留预埋钢板位置

图 3　施工用台座

图 4　运用水平尺调节预埋钢板的坡度控制

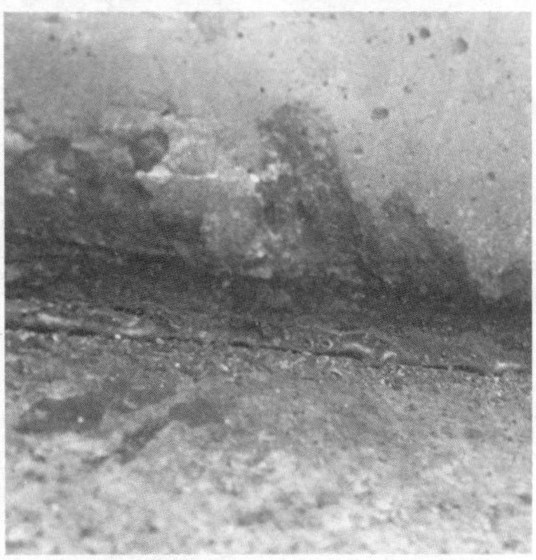

图 5　固结墩钢板连接处无缝隙

图 6　橡胶支座处基本无缝隙

5.5 其他注意事项

(1)下雨时,为避免雨水进入沙层,可在沙上贴防水薄膜,以防雨水将沙浸湿造成不平整厚度发生变化。

(2)防止安装模板进行碰撞以及人为不注意挪动钢板发生偏移。

(3)现场施工浇筑混凝土前,可以将钢板固定在台座上,防止振捣棒振捣时发生位置变化。

6 结 语

梁体预埋钢板的调坡至关重要,以免支座脱空对早期运营对剪切力造成破坏,对行车造成隐患。精确地调节好坡度能较好地防止支座脱空,能既精确又顺利地架设T梁。在山区施工时,预制梁的钢板调坡也是一个难点。因为不同的桥梁有不同的纵坡,要求在施工时要提前计算好钢板的调坡,还要在施工时进行准确无误地放置。

参考文献

[1] 中华人民共和国行业标准. 公路桥涵施工技术规范(JTG/T F50—2011)[S]. 北京:人民交通出版社, 2011.

[2] 周水兴, 何兆益, 邹毅松. 路桥施工计算手册[M]. 北京:人民交通出版社, 2007.

冉家坝大桥右线9号桩基施工技术

樊　鹏　任耀森

（中交一公局海威工程建设有限公司　北京　101119）

摘　要　重庆万利高速公路冉家坝大桥右线9号墩桩基位于山体陡壁之上，桩顶与地面高差约30 m，山体出露岩石较破碎且存在孤石。山体位于G318国道与龙泉县道交叉处，县道交通繁忙，桩基施工安全风险较高。本文以冉家坝大桥右线9号墩桩基施工为例，通过方案比选，选择了较为合理的边坡防护措施、道路防护措施及开挖工艺，顺利实现了桩基施工的安全、质量、工期及成本管控目标，对类似工程具有一定的指导意义。

关键词　山体　挖孔桩　跨线　边坡防护

1　前　言

山区陡壁挖孔桩施工受地形限制，无施工平台、便道，与既有线路交叉时开挖工艺受限，且施工中上下边坡均存在较高的安全隐患。所以，如何结合现场实际情况，选取科学、合理的安全防护措施及开挖工艺，解决好上方边坡、下方道路及桩基施工质量等问题，实现桩基施工的安全、质量、工期及成本管控目标，是山区陡壁挖孔桩施工中要面对的主要问题。

2　工程概况

重庆万利高速公路冉家坝大桥位于重庆市万州区长滩镇，大桥跨越磨刀溪和二道河。右线9号墩位于山体斜坡上，山体位于G318国道与龙泉县道交叉处，坡度约70°（图1）。山体主要为砂岩，山体表面存在孤石，出露岩层较破碎，存在落石风险。基础采用两根ϕ2.5 m圆桩，桩长34 m，桩基设计为嵌岩桩，以中等风化砂岩作为基础持力层；桩顶与地面高差约30 m，桩位下方为龙泉县道，县道另一侧为二道河（图2）。

作者简介：樊　鹏（1991—），男，本科，助理工程师。

任耀森（1987—），男，本科，助理工程师。

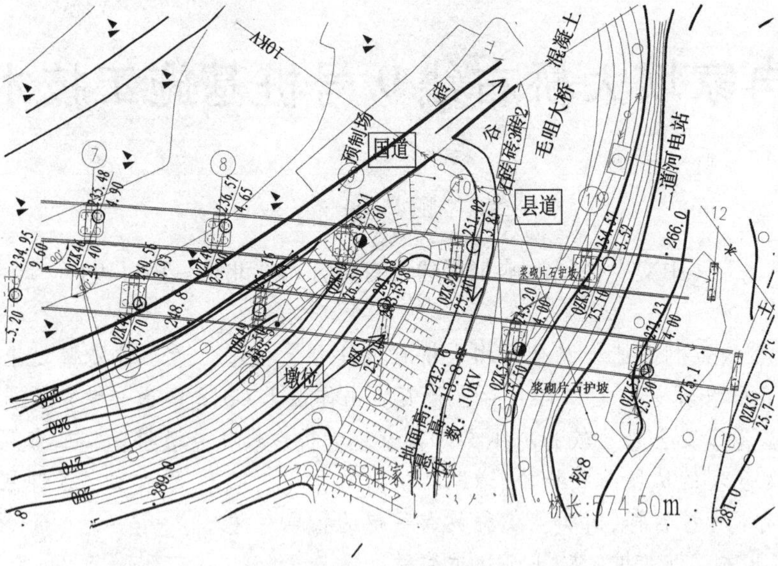

图 1　冉家坝大桥 9 号墩平面图

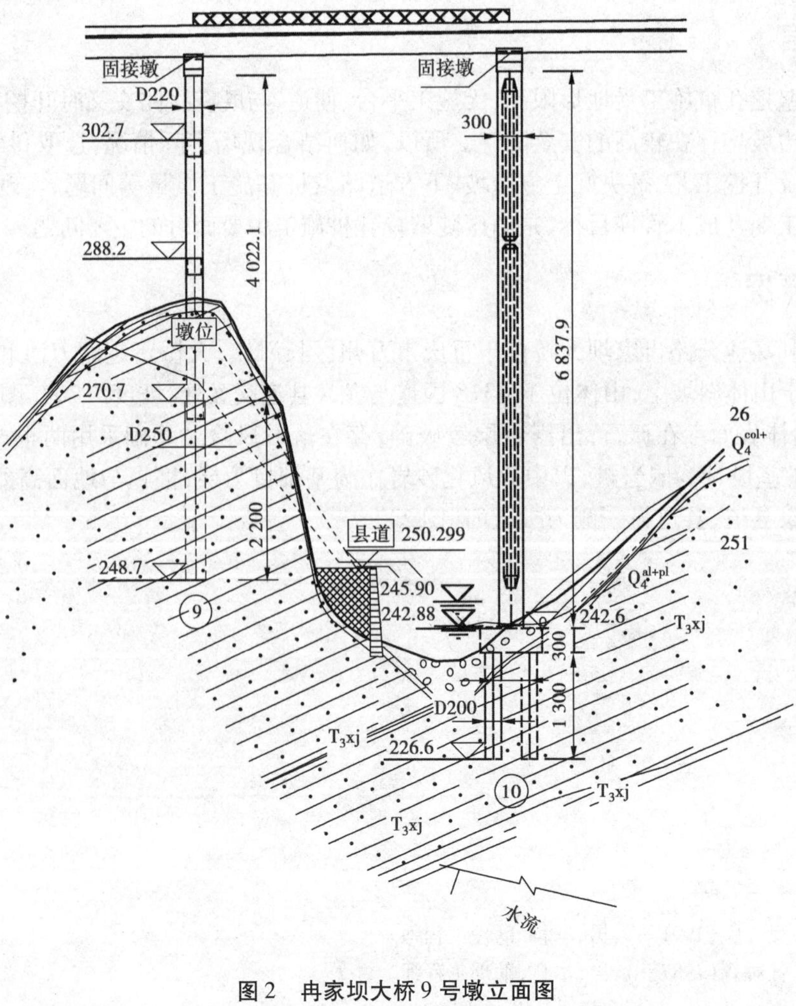

图 2　冉家坝大桥 9 号墩立面图

3　存在问题及解决措施

3.1　存在问题

(1)桩基施工过程中,边坡存在落石风险。

(2)桩基施工无便道、无平台。

(3)桩基施工中,县道行车、行人通行存在安全风险。

(4)桩基开挖无法采用爆破工艺。

3.2　解决措施

3.2.1　坡面防护

(1)通过现场踏勘,由于桩位所在山体边坡较破碎,存在较大安全风险,施工前需先对边坡进行防护。

(2)根据边坡情况,首先对边坡上出露的松散孤石进行清除。清除时,采用人工辅助松动爆破方式进行,爆破时需设置专人负责交通管制。

(3)孤石清除后,根据边坡出露情况,采用主动防护网方式进行防护。

3.2.2　便道、平台及县道防护措施

(1)由于龙泉县道交通比较繁忙,且该处不具备改路或绕道条件,因此施工时不能断道。

(2)由于无法断道,施工时需对道路进行防护,综合考虑采用防护棚架的形式(图3),棚架方案需进行专项设计。

(3)由于桩位处无法修建马道,在棚架上方搭设扣件式钢管脚手架,脚手架基础位于棚架和山体上。在脚手架上搭设爬梯作为人员上下马道,搭设溜槽作为桩基开挖过程中的出渣通道,渣土弃至二道河中后,通过挖掘机和自卸车运至弃土场。

图3　棚架及支架

3.2.3 开挖工艺

(1)对爆破及水磨钻进行工艺比选:爆破工艺工效较高,成本低,但爆破震动和爆破飞石可能对周围环境及桩体围岩造成影响;水磨钻工艺工效略低,成本较高,但施工安全性较好,对桩体围岩保护较好。

(2)由于县道交通量较大,不具备断道条件,若采用常规爆破工艺,爆破震动会导致上边坡发生落石事故,对下方道路造成极大的安全隐患,且爆破震动和飞石可能会破坏棚架及脚手架,综合考虑选用水磨钻工艺进行桩基开挖。

3.2.4 出渣方式

为保证弃渣施工满足安全、环保及工期要求,根据桩位实际工况,桩孔开挖弃渣施工无法按照常规方式直接弃至地面,需借助溜槽进行配合。借助溜槽,可将弃渣弃至地面或河道边。

若将弃渣弃至地面,施工和清理都比较方便, 但县道较窄,可能会发生安全事故或阻碍交通。若将弃渣弃至河道中,施工和清理也具备较强的可操作性,同时可解决安全风险和阻碍交通的问题,但可能存在污染、阻碍河道等环保问题。

由于桩基施工季节河道正处于枯水期,综合比选,拟采用将弃渣弃至河道边配合机械及时清理作为弃渣方案。

4 施工要点

4.1 边坡防护

(1)施工前首先应对坡面植被进行清理,清理人员由专业施工人员负责实施,应尽量将坡面植被清理干净,使山体出露清晰坡面,便于下一步危岩处理及边坡防护施工。

(2)植被清除后,对坡面上危岩的分布情况进行细致查看,并根据现场的具体情况选择合理的排危方式对危岩进行清理或加固。

(3)为了保证下方道路上通行车辆和人员的安全,对原山坡体上存在的不稳定的孤石进行清理;对小块危石,利用风镐进行粉碎;对大块孤石,利用人工配合爆破方式进行清理,清理后及时将石渣运至弃渣场。

(4)对较松动又无法清除的孤石采用锚杆对其进行锚固。

(5)危石处理完成后,采用主动防护网对整个坡面进行防护。主动防护系统是采用钢丝绳锚杆或钢筋锚杆和支撑绳固定方式将金属柔性网覆盖在具有潜在地质灾害的坡面上,从而实现坡面加固或限制落石运行范围的一种防护网。该系统由钢柱和钢绳网连接组合构成一个整体,对所防护的区域形成坡面防护,从而阻止崩塌岩石下坠,起到边坡防护的作用。

4.2 防护棚架

(1)棚架下部结构采用钢管柱形式,上部结构采用工字钢配合钢板的结构形式(图 4)。根据棚架的构造和各杆件的几何尺寸,采用 midas 有限元分析软件建立空间杆系结构有限元模型,各杆件采取空间梁单元模拟,计算中主要考虑各杆件的自重和施工活荷载。对钢管立柱的强度、稳定性、基础承载力,横向分配梁、纵向承重梁板的强度、挠度以及钢板的强度进行分析计算,均能够满足要求。

(2)棚架宽度与县道宽度一致,基础位于路肩处,不侵占县道行车空间。棚架净空为 5.5 m。

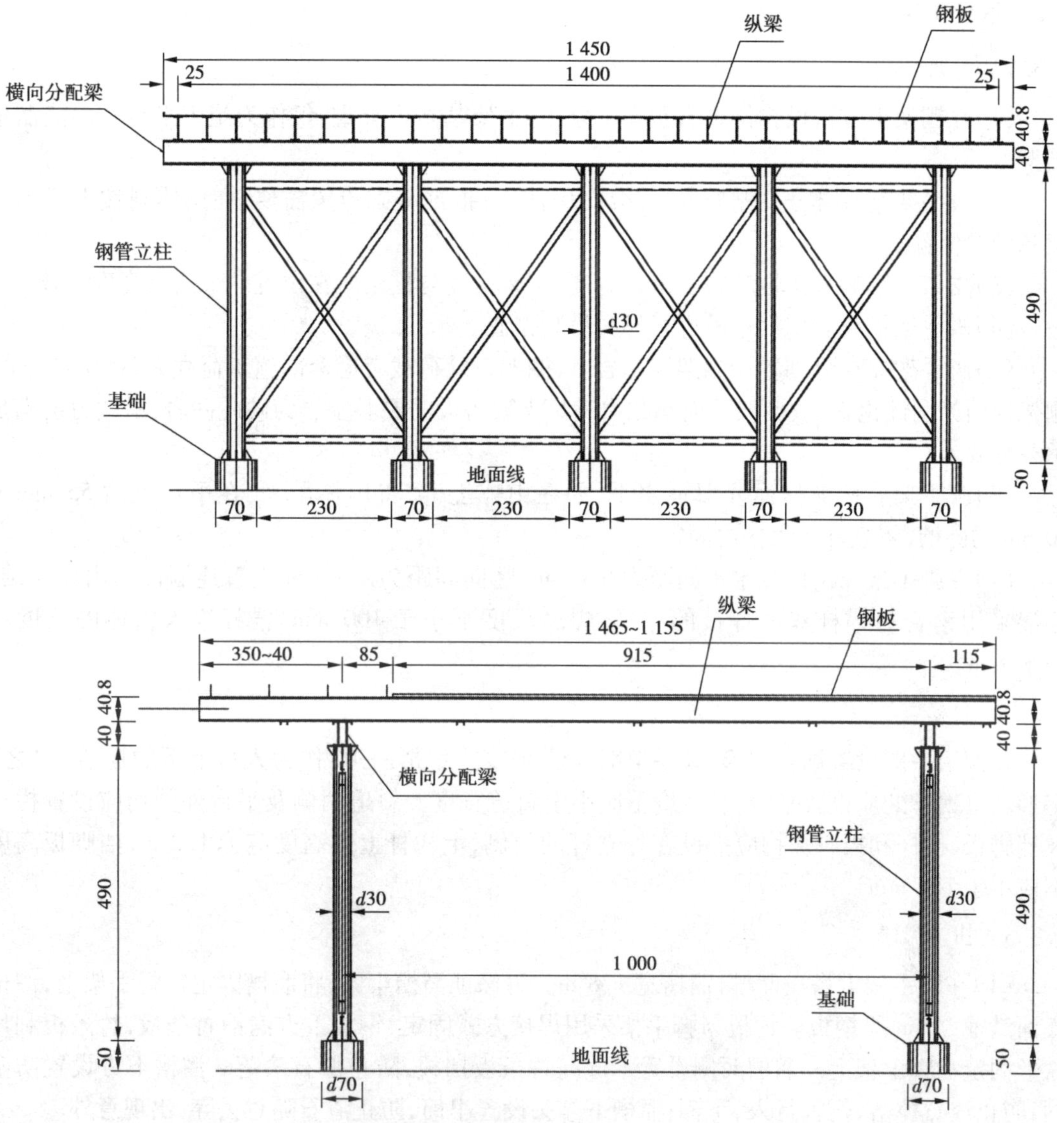

图4 防护棚架示意图(单位:cm)

(3)由测量人员根据棚架施工设计图将棚架基础放样,施工人员根据点位,将基础底凿平,清理干净后再次放样,根据点位绑扎基础钢筋及预埋基础锚固钢筋。

(4)安装基础模板,加固后进行混凝土浇筑,基础顶面确保水平。

(5)待棚架基础施工完成后,采用吊车配合施工人员安装棚架立柱,所有立柱安装好后用[12 槽钢进行连接,使所有立柱形成整体。

(6)在地面将两根 40c 工字钢并排焊接为一个整体作为横向分配梁,用 25 t 吊车将其吊装固定在立柱顶面,并及时施焊。

(7)纵向分配梁采用 40c 工字钢,安装在横向分配梁上,并及时焊接,待全部安装完成后,其上满铺 8 mm 厚钢板,钢板与纵向分配梁采用焊接。

4.3 钢管支架

4.3.1 支架

(1)在棚架上方搭设扣件式满堂脚手架,脚手架基本不承重,仅作为施工平台及出渣溜槽支架。

(2)脚手架基础部分在棚架上,部分在山体上;根据基础位置需要,在山体斜坡上凿出支架基础的位置。

(3)支架宽度略大于桩基施工平台宽度,支架高度与桩基所在位置的最高点高度一致。

(4)脚手架搭设利用汽车吊进行材料吊装作业。

(5)脚手架立杆分别置于棚架和基岩上,棚架设计荷载考虑全部施工荷载为20.0 kN/m^2,棚架顶面为刚性钢板,故棚架顶面承载力满足支架搭设需要。基岩为硬质砂岩,承载力也满足承载力要求。

(6)脚手架立杆支撑面要保证水平,如在山体上,需将山体凿平,在平台上凿55 mm×20 mm的圆槽,将立杆插入槽内固定。

(7)在脚手架靠山体侧水平间距为6~9 m、竖向间距为4~6 m设置连墙件与山体拉结,连接采用钢管与锚杆双面焊接的方式,焊缝长度不小于100 mm,锚杆锚入山体的长度不小于1 m。

4.3.2 爬梯

在棚架一侧设置钢管扶梯,脚手架部分设置"之"字形斜道,作为人员上下的通道。"之"字形斜道拐弯处应设置平台,其宽度不应小于斜道宽度。斜道两侧及平台外围均应设置栏杆及挡脚板,栏杆和挡脚板均应搭设在外立杆的内侧,上栏杆上皮高度应为1.2 m,挡脚板高度不应小于180 mm。

4.3.3 出渣装置

(1)在脚手架上搭设溜槽,溜槽宽1.8 m。为保证溜槽牢固,将溜槽固定在脚手架上,溜槽底面满铺3 mm厚钢板。钢板与脚手架采用焊接方式固定,钢板下方满铺竹条板,竹条板利用铁丝固定在脚手架上。溜槽两侧设置1 m高竹条板挡板,防止渣石滚落。溜槽下方设置防坠网,防止渣石掉落,伤害行人、车辆;溜槽下端头设置串筒,防止渣石随意丢弃,出现意外。

(2)桩基开挖时,渣土通过溜槽弃至河道边,再定期利用挖掘机装至自卸车,运至弃渣场。弃渣必须清理干净,防止弃渣堵塞、污染河道,造成不良社会影响。

4.4 桩基开挖

4.4.1 平台开挖

(1)由于山体较陡,支架搭设完成后,首先利用水磨钻进行施工平台的开挖。

(2)平台开挖前测量人员对桩位进行粗放,根据桩位进行平台开挖。

(3)平台开挖完成后,测量人员对桩位进行精放,复核平台宽度是否满足桩基施工需要。不能满足时,需对平台进行修整。

(4)施工平台尺寸满足要求后,安装平台防护。

a. 在桩基外侧靠山侧钻孔设置钢管防护,钢管外侧密布竹条板,竹条板之间、竹条板与钢管之间采用粗铁丝固定牢固,防止上边坡滚石落入孔内。

b. 在平台外侧临边侧钻孔设置钢管防护，防护高1.2 m，设置两道横杆，立杆与横杆支架采用扣紧固定牢固，防止施工过程发生高空坠落事故。

4.4.2 桩基开挖

为了保证上边坡稳定及下方结构、通行安全，桩基开挖采用水磨钻工艺。水磨钻施工流程如图5所示。水磨钻型号采用LM150型，功率为4 kW，钻筒长度为60 cm。

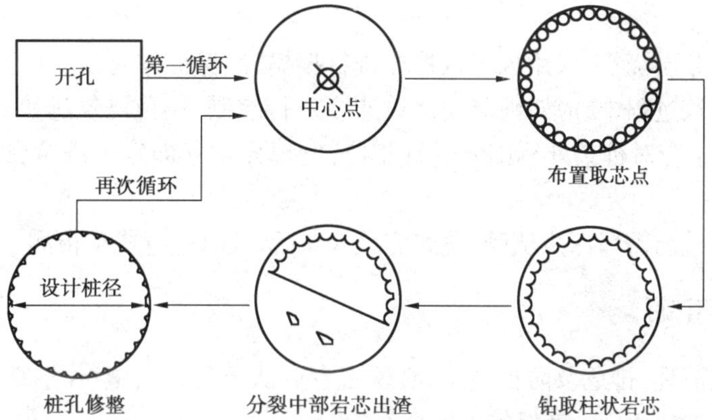

图5 水磨钻施工流程图

(1)钻取四周岩石：沿桩基孔壁布置取芯点，取芯直径为150 mm，取芯圆与锁口内壁相切。依次钻取外周岩芯，取出的岩芯高约为500 mm，将外周岩芯取完后桩芯体岩外围便形成一个方形临空面。

(2)钻取中间岩石：沿桩半径钻取岩芯，将桩芯岩体等分成4等份，每份占桩芯岩体的1/4，以便于岩体破裂。

(3)手电钻打孔：用手电钻在桩芯岩体上钻眼，再将桩岩石分成8等份。

(4)插入钢楔、击打钢楔分裂岩石：在沿桩基径向手电钻钻出的孔内打入钢楔，用大锤锤击钢楔使岩体获得一个水平的冲击力，在水平冲击力的作用下岩石沿铅锤面被拉裂，底部会发生水平剪切破裂。依次分裂岩体，直至该层桩芯岩体全部被破裂。

(5)人工装渣，电动提升机出渣：一次单循环施工完成后，将水钻钻出的岩芯进行依次出渣，出渣从桩孔的一侧进行，然后插入钢楔，击打钢楔分裂岩石后再进行一次出渣。

(6)桩孔修正及下一循环的施工：由于水钻钻芯后桩基孔壁成锯齿状，为保证有效桩径与设计桩径一致，要敲掉侵占桩基空间的岩石锯齿。通过锁口护桩在桩孔内标出设计桩中心，检查桩基底部偏位情况并及时纠偏，同时标出下一个循环外周水钻钻孔取芯的位置，进入下一循环的挖孔桩施工，直至终孔。钻孔过程需保证成孔内径净距满足设计要求并随时检查桩孔中心偏位。

4.5 钢筋加工安装及混凝土浇筑

4.5.1 钢筋加工及安装

(1)钢筋采用钢筋加工场集中加工模式，加工成半场品后运至现场进行钢筋笼加工。

(2)由于桩顶与地面高差较大，钢筋笼采用分段加工方式，每段钢筋笼长度不大于9 m。

(3)钢筋笼加工完成后，利用汽车吊配合吊装、分段安装。

(4)钢筋笼两端预留搭接长度，钢筋笼采用焊接方式进行搭接，搭接长度满足焊接要求。

4.5.2 混凝土浇筑

(1)混凝土采用集中拌和方式,利用混凝土运输车运至施工现场,利用汽车泵配合进行浇筑。

(2)混凝土浇筑应尽量连续作业,一次浇筑完成,如遇特殊原因,必须留施工缝,需在混凝土周围加插适量的短钢筋。在灌注新的混凝土之前,施工面必须进行凿毛,并清理干净,不得有积水和隔离物。

(3)混凝土应分层浇筑,采用人工振捣棒进行振捣,确保桩体混凝土密实。

(4)混凝土浇筑过程中,应对混凝土浇筑速度进行控制,避免浇筑过快对桩基外侧围岩造成破坏;同时施工中应对桩基外侧围岩进行监控,发现异常立即停止浇筑,查明情况后方可继续施工。

(5)混凝土浇筑前需埋深声测管,浇筑完成7 d后,及时进行成桩检测。

5 施工注意事项

(1)边坡植被清理、排危及防护施工,必须由专业队伍负责实施;作业期间,作业人员必须按要求佩戴好个人防护用品,确保施工安全。

(2)棚架需进行专项设计,并进行受力验算,确保结构安全。

(3)棚架搭设完成后,在两端设置限高、限宽、限速警示标志及警示灯等。

(4)边坡处理、棚架搭设、支架搭设过程中应安排专人负责交通指挥,防止施工过程中发生安全事故。

(5)棚架、支架搭设完成,经验收合格方可投入使用。使用完成按照拆除方案及时拆除。

(6)桩基开挖过程中,应作好地质情况记录,并与设计比对,发现不符立即向设计单位反馈。

(7)桩基开挖过程中进行出渣施工时,应根据棚架结构验算结果,将石渣破碎至合格粒径方可运出,防止石渣粒径过大,掉落时破坏棚架。

(8)石渣弃至河道时应及时清除,防止弃渣堵塞河道。

(9)钢筋笼吊装时应按照专人指挥,避免发生吊装安全事故。

6 结 语

(1)通过对边坡危岩进行处治、防护,结合在桩基靠山侧设置防护措施,排除了桩基施工过程中发生落石事故的可能,实现了桩基施工中的安全管控目标。

(2)通过在县道上方搭设防护棚架,解决了跨路施工的安全问题,桩基施工中实现了零交通事故的目标。

(3)通过搭设棚架与脚手架,解决了陡壁施工中无平台、无便道的难题,顺利完成了桩基施工,实现了各项管控目标。

(4)水磨钻施工具有成孔规则、对孔壁扰动小、安全性高的优点。利用水磨钻施工达到了保护孔壁、排除安全隐患的目的。

(5)通过采用各项施工措施,顺利完成冉家坝大桥右线9号墩桩基施工,对类似工程施工具有一定的借鉴意义。

参考文献

[1] 中交一公局公路勘察设计院有限公司. 重庆万州至湖北利川(重庆段)两阶段施工图设计,2014.

[2] 中华人民共和国行业标准. 公路桥涵施工技术规范(JTG/T F50—2011)[S]. 北京:人民交通出版社,2011.

[3] 中华人民共和国行业标准. 公路工程质量检验评定标准(JTG F80—2004)[S]. 北京:人民交通出版社,2004.

[4] 中华人民共和国行业标准. 公路桥涵设计通用规范(JTG D60—2004)[S]. 北京:人民交通出版社,2015.

[5] 中华人民共和国国家标准. 钢结构设计规范(GB 50017—2003)[S]. 北京:中国计划出版社,2003.

[6] 中华人民共和国行业标准. 公路钢筋混凝土及预应力混凝土桥涵设计规范(JTG D62—2004)[S]. 北京:人民交通出版社,2004.

[7] 中华人民共和国行业标准. 公路桥涵地基与基础设计规范(JTG D63—2007)[S]. 北京:人民交通出版社,2004.

[8] 中华人民共和国行业标准. 建筑施工扣件式钢管脚手架安全技术规范(JGJ 130—2011)[S]. 北京:中国建筑工业出版社,2011.

[9] 重庆交通委员会. 建设项目穿越跨越高速公路有关技术要求(渝交委路〔2007〕121 号)[Z],2007.

冉家坝大桥0号桥台施工技术

常永健　张海斌

（中交一公局海威工程建设有限公司　北京　101119）

摘　要　本文依托重庆万利高速公路冉家坝大桥0号桥台的施工过程，主要介绍了冉家坝大桥0号桥台施工面临的边坡开挖隐患、无施工平台、G318国道保通等问题。通过合理设计边坡防护方案、优化桩基平台设计以及G318国道改道等措施的实施，解决了桥台施工的各项难题，实现了冉家坝大桥0号桥台施工安全、质量、工期等控制目标，取得了较为明显的社会效益，为今后同类工程施工积累了经验和数据。

关键词　边坡　陡壁　桩基　国道　平台

1　工程概况

1.1　地形地貌

冉家坝大桥位于重庆市万州区长滩镇长滩村，桥位区属河流侵蚀丘陵地貌，0号桥台位于磨刀溪西岸G318国道上方约75 m高的边坡上。边坡整体为岩质边坡，坡角为70°～90°，边坡表面覆盖大面积草、灌木，植被茂盛。桥台桩位位于坡顶原地面下挖7～11 m的位置（图1）。

图1　冉家坝大桥0号桥台原地貌

作者简介：常永健（1985—），男，本科，工程师。

张海斌（1977—），男，本科，高级工程师。

1.2 地质条件

根据地勘资料及邻近边坡开挖出露地层显示，桥台区域位于方斗山背斜的北西翼部，出露基岩为三叠系上统中-薄层砂岩、泥质粉砂岩。受方斗山背斜的影响，地层呈单斜状产出，出露岩层走向在 NW64°～75°，倾向 NE，倾角为 20°～25°（图2）。由于沿线多处类似地质情况发生了滑坡现象，该处边坡施工务必引起高度重视。

图2 冉家坝大桥0号桥台出露地层

1.3 水文条件

冉家坝大桥0号桥台位于G318国道边坡上方近90°的陡崖上，崖高约为86 m，山体岩性为砂岩。桥台区基岩岩体完整性差，裂隙发育，裂隙水贫乏。桥位区属亚热带季风性温湿气候，四季分明，气候温和，日照充足，雨量充沛，具有夏秋多雨、冬春多雾的特点。重庆市万州区多年内年平均气温为18.1 ℃；降雨多集中在每年的5～9月，约占每年降雨总量的70%；夏季多大雨、暴雨，多年平均降雨量为1 191.30 mm。

冉家坝大桥0号桥台下方G318国道左侧为磨刀溪，河谷呈“U”形，河床宽63.5 m左右，水面宽度为18～42 m，水深为0.5～2 m，经调查该河最高洪水位为240.95 m。

1.4 原设计方案

1.4.1 路堑边坡防护

原设计冉家坝大桥0号桥台右侧边坡为二级挖方边坡，第一级边坡高10 m，边坡坡率为1∶0.75，一级平台宽2 m；第二级边坡高9～12 m，边坡坡率为1∶0.75。该处边坡防护形式为喷混植草，锚杆长度为2 m（图3）。

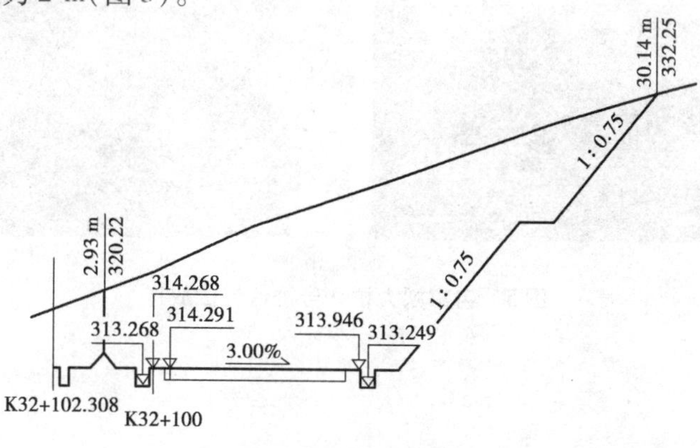

图3 冉家坝大桥0号桥台右侧原设计边坡防护

1.4.2　桥台基础

原设计方案中,冉家坝大桥左右线 0 号桥台形式均为“桩基 + 承台 + 台帽”轻型桥台。每个桥台基础设计为 4 根直径 1.2 m、长约 12.9 m 的圆桩,4 根圆桩分左右侧分别承载两个 2 m 高的承台,两个承台共同承载桥台台帽,组成冉家坝大桥 0 号桥台的承载结构(图 4)。

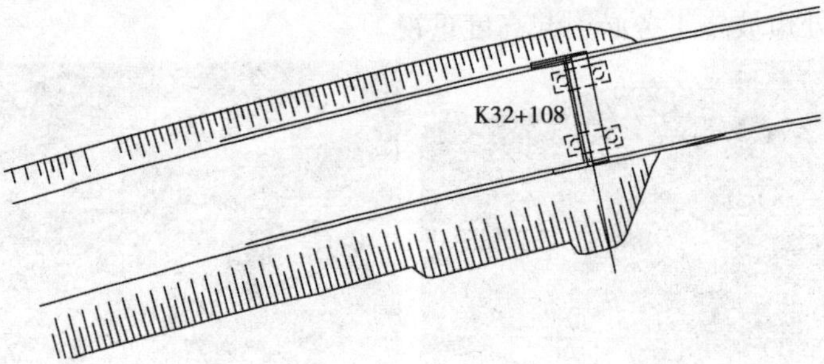

图 4　冉家坝大桥 0 号桥台原设计方案

2　施工难点

(1)冉家坝大桥 0 号桥台下方为 G318 国道,且 G318 国道车流量较大。0 号桥台的开挖难免引发部分危岩和碎石滚落国道,因此如何避免桥台开挖给 G318 国道带来的安全隐患成为本次施工面临的最直接的安全挑战。

(2)冉家坝大桥 0 号桥台原设计右侧边坡防护形式为喷混植草,锚杆长度仅为 2 m。由于区域内边坡地质岩层顺倾,软弱夹层发育,且临近边坡经后期勘察后均设置了抗滑桩支挡,并于桩前边坡设置锚杆框架梁,锚杆长度为 4.5 ~ 6 m。因此,如按原设计施工,0 号桥台边坡开挖过程中存在极大的滑坡风险。

(3)原设计冉家坝大桥 0 号桥台共设置 8 根桩基,经实地放样,发现有 5 根桩基位于悬崖边上,具备桩基开挖条件,另外 3 根桩基完全位于悬崖外侧,无施工平台(图 5)。由于边坡陡峭,测量人员无法到达,无法对桩基具体位置做精确放样。因此,悬崖外侧的桩基施工成为最大的技术难题。

图 5　冉家坝大桥 0 号桥台桩位放样

3　设计及施工方案的选择

3.1　318 国道改道

为避免在冉家坝大桥0号桥台边坡开挖过程中危岩滚落对318国道行人行车造成伤害,经过实地调查,发现桥台下方磨刀溪河道宽阔,且施工期间正值枯水季节,具备初步改道的条件。经取得水利部门的同意,选择对G318国道进行部分路段改移,改移道路位于磨刀溪河道中(图6)。

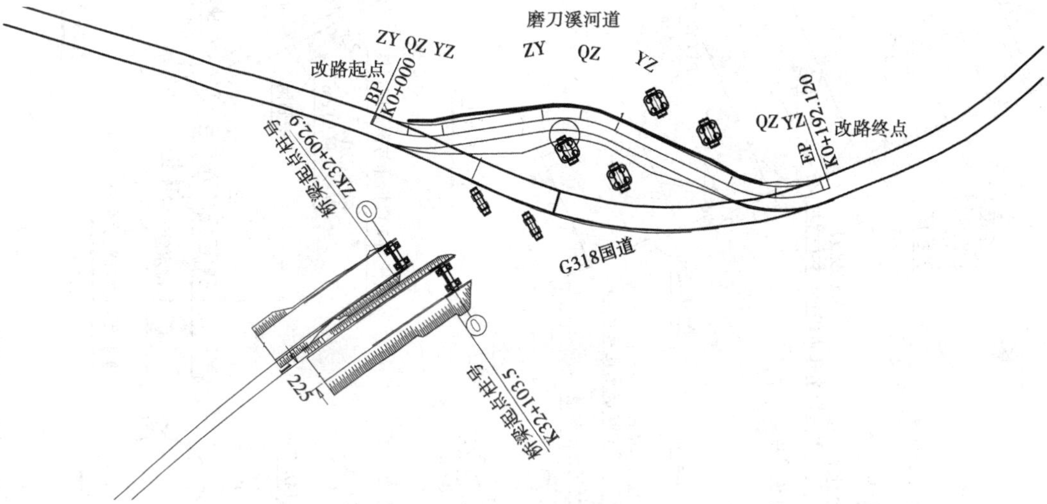

图6　G318国道改道平面图

3.2　边坡防护方案

通过与设计单位对冉家坝大桥0号桥台边坡进行实地踏勘,确定原设计边坡防护偏弱,无法满足边坡开挖安全及运营期间的长期稳定。

由于0号桥台紧邻悬崖,且边坡长度较短,如增加抗滑桩支挡,抗滑桩将切断部分岩体,破坏岩体纵向的整体性,容易引起临边岩体的失稳。

结合出露岩层的顺倾角度和节理层厚,对开挖边坡采取挂网锚喷的防护措施。锚杆采用ϕ25钢筋制作,钢筋网采用10 cm×10 cm网格ϕ6.5 mm钢筋制作,锚杆长度为9~12 m,喷射混凝土厚度为4 cm+6 cm。喷混表面采用爬藤植物进行绿化(图7)。

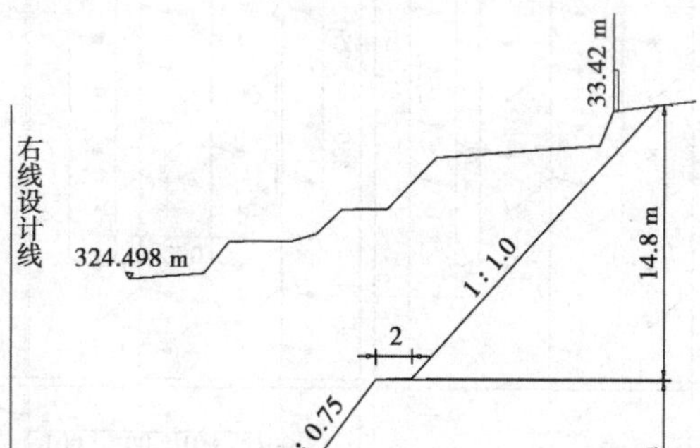

(a)

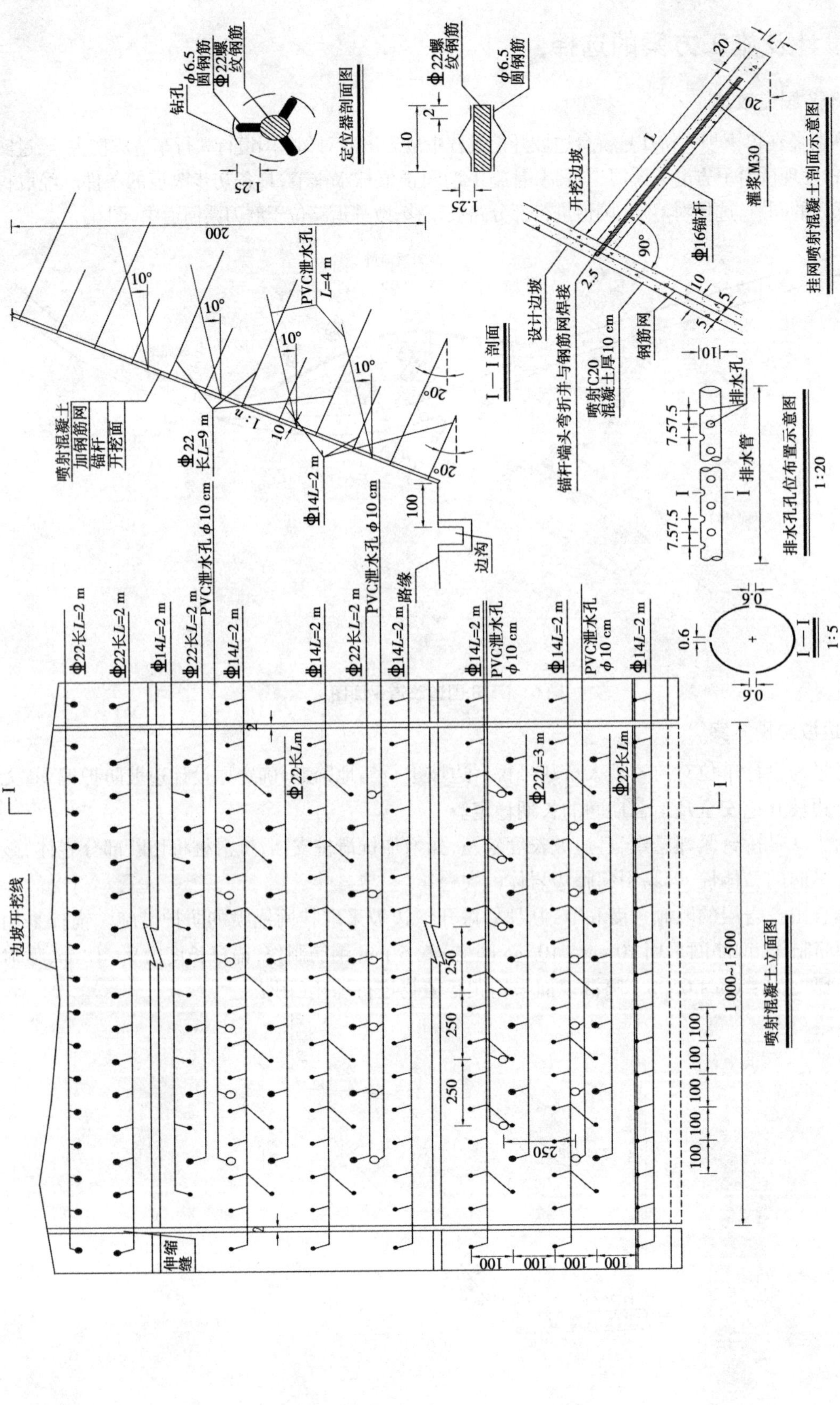

(b)

图7 冉家坝大桥0号桥台边坡防护设计图

3.3　桥台及桩基平台设计

3.3.1　桥台设计方案优化

为了防止桥台的深度开挖对边坡及下方G318国道带来安全隐患，同时为了解决3根桥台桩基位于悬崖外侧的技术难题，经对现场进行多次踏勘和现场方案对比及计算分析，最后确定桥台设计方案调整为：取消承台，将原设计4根 ϕ1.2 m的桩基变更为2根 ϕ2 m的桩基，对桥台台帽进行锚杆加固，桥台形式调整为"桩基+台帽"轻型桥台。这意味着桩顶高程抬高，减少桥台开挖量；桩基位置后移，缩短桩基和悬崖边的距离（图8）。

通过设计方案的优化，避免了桥台深度开挖带来的潜在质量、安全隐患，更解决了桩基大面积悬空无法施工的难题。

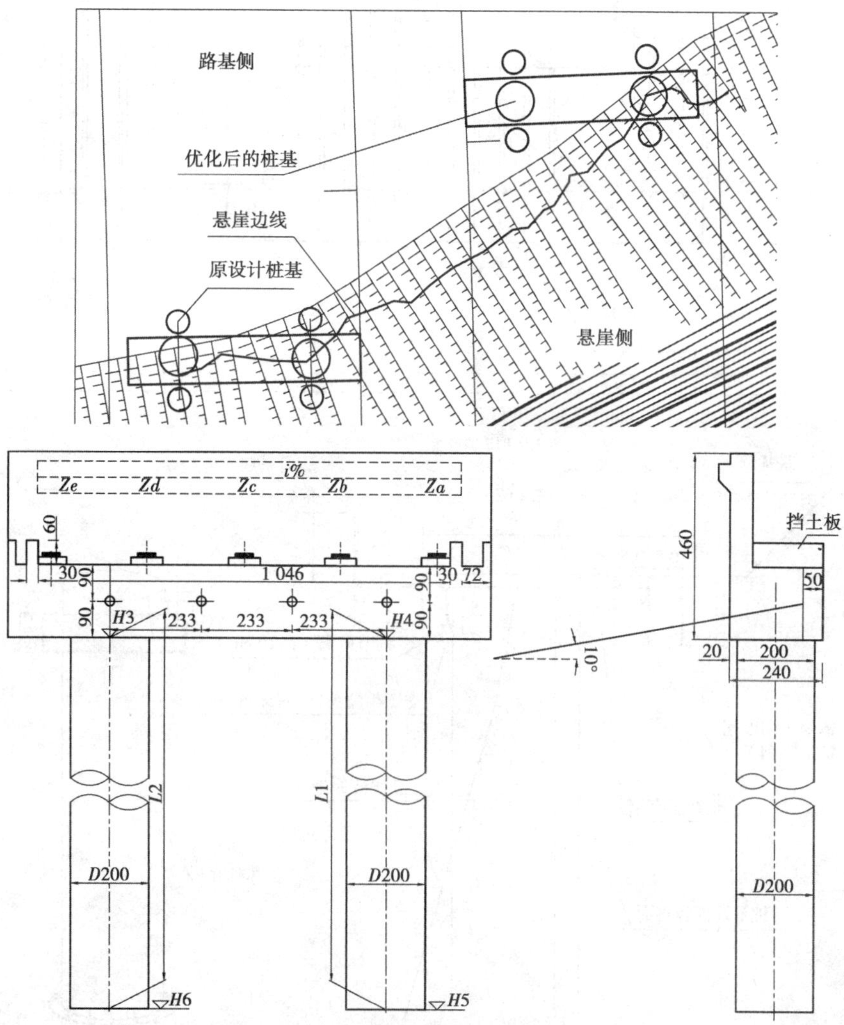

图8　冉家坝大桥0号桥台设计图（单位：cm）

3.3.2　桩基平台设计

冉家坝大桥0号桥台方案优化后，由原来的8根桩基调整为4根，分别由2根桩基承载1个台帽。经实地放样，发现仍有1根桩基紧邻悬崖边，两根桩基分别有一半面积位于悬崖外侧（图8）。

为了保证有基本的桩基施工平台，避免桩基开挖产生的渣土掉落到下方的 G318 国道，通过对施工现场反复踏勘后，对冉家坝大桥 0 号桥台桩基平台作专项设计。现以冉家坝大桥右幅 0 号桥台施工为例（图 9）：

在悬崖边安装一排I 18 工字钢悬臂梁作为桩基施工平台及台帽施工底模，工字钢固定端采用 $\phi25$ 锚杆锚固。悬空部分桩身采用钢护筒作为工人挖孔及出渣的防护措施以及桩基浇筑的桩身模板，钢护筒采用下口锚固，上口与平台采用焊接的固定方式。

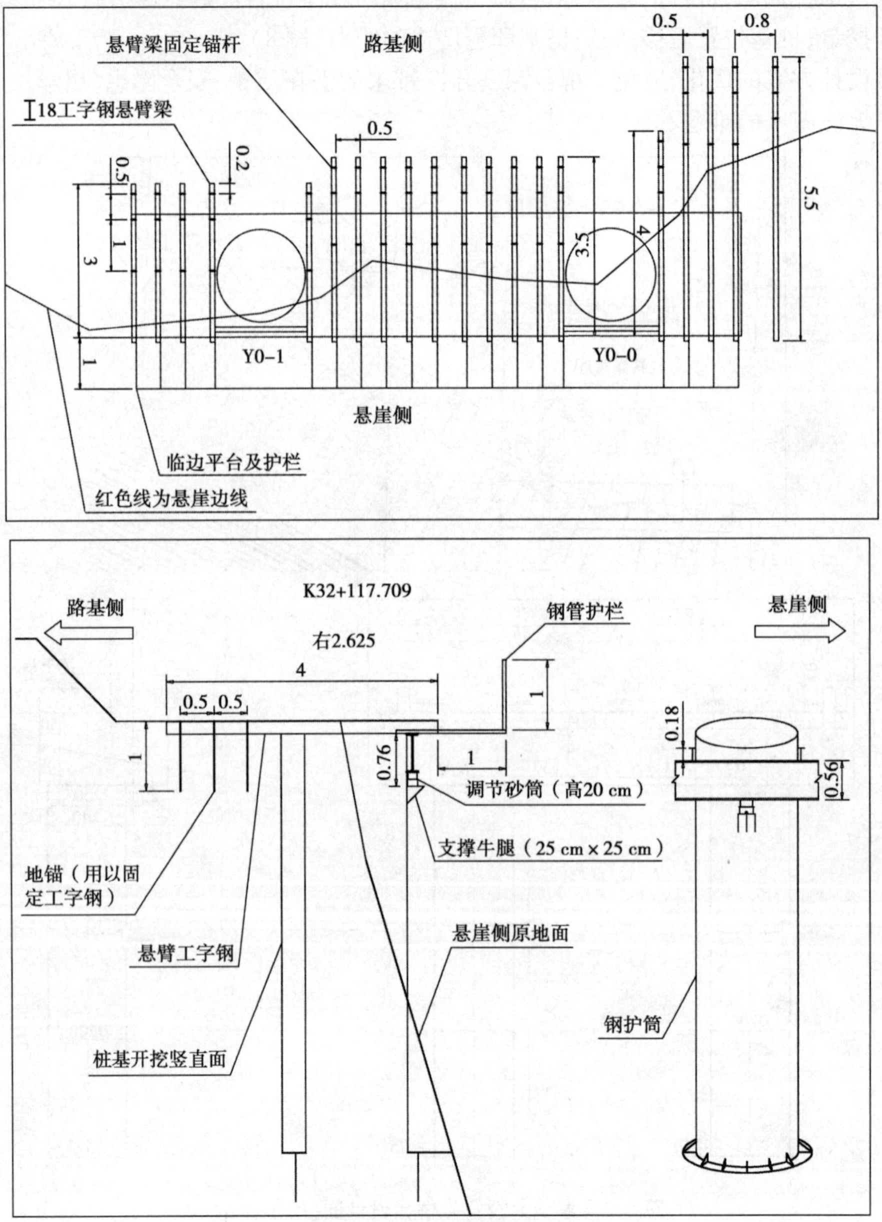

图 9　冉家坝大桥 0 号桥台桩基平台设计图

4　施工过程控制

4.1　G318 国道改道

4.1.1　改道原则

G318 国道改道需遵循“少占河道、不影响行洪、文明施工、安全通行”的原则。尽量按照既有道路宽度、横坡、纵坡、曲线半径等要求进行修建。如有特殊情况，应设置明显的减速装置及警示、提示标志，保证行车安全。

4.1.2　方案审批

改道施工技术（安全）方案除了按照正常程序完成参建单位内部审批外，必须同时征得地方水利部门的同意并报备相关资料。

4.1.3　交通疏导、管制

改路运行期间，在国道两端设置醒目标志标牌（警示区、施工减速区、禁止通行区等），提醒过往车辆减速行驶，沿路边设置反光锥、警示标志等引导车辆。

冉家坝大桥 0 号桥台边坡开挖期间计划对 G318 国道进行交通管制。管制期间对改路起点、终点前后 100 m 处设置交通管理点，安排专人指导交通，防止道路改移造成交通事故的发生。同时在国道两端设置专职安全人员全程守候，禁止任何行人和车辆进入禁止通行区。若在封闭过程中发生危险，立即启动应急预案，及时解决突发情况。

4.1.4　河道恢复

冉家坝大桥 0 号桥台边坡开挖施工结束后，应立即按期对占用的磨刀溪河道进行清理，保证河道恢复原貌不影响雨季行洪（图 10）。

图 10　磨刀溪河道清理

4.1.5　控制要点

（1）由于 G318 国道改道需占用部分河道，因此施工前必须做好前期策划，施工期必须安排在枯水季节，同时制订详细的工期保证措施。

（2）与地方指挥部、交管部门进行联系，并发布改道通告。

（3）严格控制改路路基施工质量，路基填筑采用填石路堤施工工艺，保证路基压实度，对路床顶面 30 cm 采用碎砾石填缝找平并碾压密实。改路路面结构层采用 C30 混凝土现浇，浇筑厚度为 25 cm，路面净宽 7 m，且在硬化时设置向内侧 2% 的横坡以利于路面排水（图 11）。

图 11　改路路基路面施工

(4)改路路面硬化完成后,在两侧设置防撞护栏,临江一侧栏杆采用公路波形栏杆。立杆直径为 114 mm,壁厚 4.5 mm,高度为 1.95 m,间距为 4 m。波形栏杆板宽 310 mm,厚度为 3 mm,外波高 85 mm,内波高 83 cm。靠山一侧采用 1 m 宽、3 m 高双排钢管支架防护墙,外围用铁丝网覆盖,防止危石溅落至改路路面(图 12)。

图 12　改路防护及疏导措施

4.2　边坡防护

4.2.1　边坡开挖

冉家坝大桥右线 0 号桥台右侧边坡陡峭,岩体破碎,边坡开挖极易引发山体滑坡。因此,开挖过程严格按照自上而下、自内而外分层开挖的原则进行施工(图 13)。每级开挖垂直高度为 2.5 m。由于地质条件差,且下方为 G318 国道,开挖过程全程采用机械开挖,避免爆破。在开挖过程中,随时观察并记录坡体岩层情况,如发现不良地层出露,及时向设计单位汇报,及时调整开挖高度或防护措施。

图 13　冉家坝大桥 0 号桥台边坡开挖

4.2.2 边坡支护

1)危石清理

边坡开挖完成后,立即对坡面残留危石进行清理,清理人员为外聘专业施工人员,固定安排4人进行排危清理工作。排危期间,作业人员按要求正确佩戴好安全绳、安全带、安全帽等个人防护用品。所有防护用品必须从正规渠道购买并具有出厂合格证,使用过程必须保证安全绳固定端牢固、锁死,自由端长度能满足工人在危石附近自由行走即可,安全绳自由端不可低于危石,避免危石滚落对工人造成人身伤害(图14)。

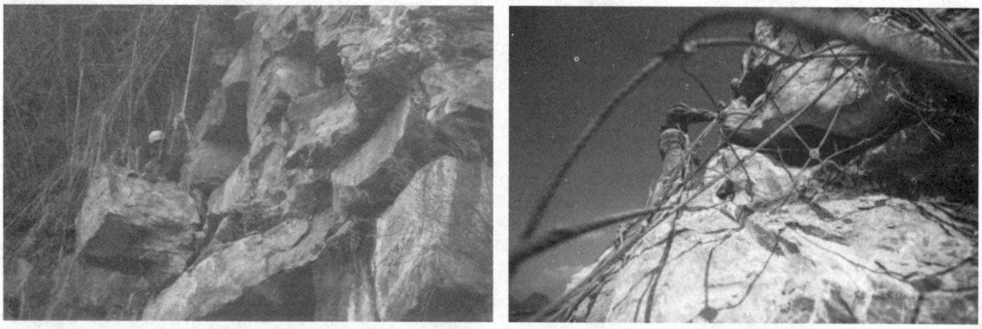

图14 坡面危石清理

2)初喷及锚杆钻孔

为防止坡面不连续掉块造成坡体滑塌,边坡每开挖一级后立即喷射混凝土固结坡面。初喷完成后再进行锚杆钻孔作业,锚杆钻孔采用干钻工艺(图15)。钻进过程中,对每个孔的地层变化、钻进状态(钻压、钻速)、地下水及一些特殊情况做好现场施工记录。如遇塌孔缩孔等不良钻进现象时,须立即停钻,及时进行固壁灌浆处理并上报设计单位。

图15 初喷及干钻成孔工艺

3)锚杆安装及复喷混凝土

锚杆类型为全黏结水泥砂浆锚杆。沿锚杆轴线方向每隔2.0 m设置一组钢筋定位器,保证锚杆的保护层厚度不低于15 mm。锚杆外露端头弯成90°竖直向上固定,弯头长度为15 cm,并与钢筋网片焊接(图16)。锚杆注浆采用孔底返浆工艺,如一次不能注满或注浆后产生沉降,要补充注浆,直至注满为止。注浆压力为0.2~0.4 MPa,注浆量不得少于计算量。复喷采用湿喷C20混凝土,喷射混凝土厚度为6 cm。水泥为42.5普通硅酸盐水泥,混凝土中掺加液体速凝剂。喷射混凝土时,保证混凝土密实及坡面平整。

图 16　锚杆安装及复喷混凝土

4.3　桩基施工

4.3.1　平台施工

1）桩位放样

桥台开挖到位后，立即对桩位进行放样。优化后的设计方案仍有 1 根桩基紧邻悬崖边，两根桩基分别有一半面积位于悬崖外侧（图 17）。

图 17　实测桩中心位置

2）垫层施工

对开挖出的平台浇筑 C30 混凝土垫层。垫层顶面高程低于台帽底高程 19 cm。因为桩基施工平台即台帽底模采用I 18 工字钢 + 1 cm 厚钢板组成。浇筑垫层混凝土顶面必须进行收面，保证顶面平整，且不设置横纵坡。

3）工字钢安装

由于冉家坝大桥 0 号桥台部分桩基位于陡坡上，在开挖平台之外。为使平台能够满足施工需求，对平台进行加宽。经计算，设置一排 I18 工字钢悬臂梁，每根悬臂梁固定端采用 3 排 ϕ25 钢筋锚杆锚固，工字钢间距为 50 cm，工字钢顶面铺设 1 cm 厚钢板作为桩基施工平台及台帽底模。

（1）由测量人员对台帽四角及桩中心在垫层混凝土上放样。技术人员按照工字钢设计间距在垫层顶面布点画线，标出每根工字钢以及每根锚杆的位置。然后按照桩基圆周半径扩大 10 cm，在垫层混凝土顶面画出圆周线。

（2）施工人员按照锚杆标记首先进行钻孔，钻孔深度为 1.2 m，锚杆入孔深度为 1 m。锚杆安装后立即灌浆，灌浆采用 M30 砂浆。待砂浆强度满足设计强度 50% 时，在平整的垫层上面安装工字钢，同时锚杆与工字钢端头焊接牢固，工字钢悬臂端与台帽悬崖侧边线平齐(图 18)。

图 18　工字钢安装

(3)工字钢安装完成后，对工字钢顶面整体平整度进行检测。为了保证工字钢整体受力，临时对工字钢悬臂端采用方钢连接，保证工字钢顶面水平。然后在工字钢之间采用 C20 混凝土填充，填充混凝土顶面与工字钢顶面平齐。

4)临边防护

每根工字钢悬臂端焊接 $\phi28$ 钢筋，钢筋悬臂 1 m，并在端头设置直角弯钩，弯钩长度为 20 cm。在悬臂钢筋上铺设竹跳板构成台帽施工的操作平台。在直角弯钩上焊接 1 m 高的钢筋，钢筋之间绑扎防落网及密目网作为桩基施工及台帽施工的临边防护措施(图 19)。

图 19　桩基施工平台及临边防护措施

4.3.2　桩基开挖

(1)由于桩位紧邻悬崖或位于悬崖外侧，桩外覆盖层薄弱，因此所有桩基均采用水磨钻成孔工艺。每根桩基选用两台水磨钻，水磨钻型号采用 LM150 型，功率为 4 kW，钻筒长度为 60 cm，直径为 15 cm。成孔方式为在孔内沿护壁方向钻取周边岩芯，贯通后将中间岩层松动后整体出渣而达到进尺目的。钻孔过程中，需保证成孔内径净距满足设计要求并随时检查桩孔中心偏位。水磨钻施工具有成孔规则、对孔壁扰动小、安全性高的优点。桩基开挖避免爆破作业。水磨钻施工流程如图 20 所示。

(2)以冉家坝大桥右幅桥台左侧桩基为例，部分桩基位于悬崖外侧。用水磨钻开挖时，将悬空部分桩基开挖半径扩大 10 cm，按照技术员标注的圆周线进行开挖，所有开挖渣土清运至路基侧，防止掉落造成人身伤害(图 21)。

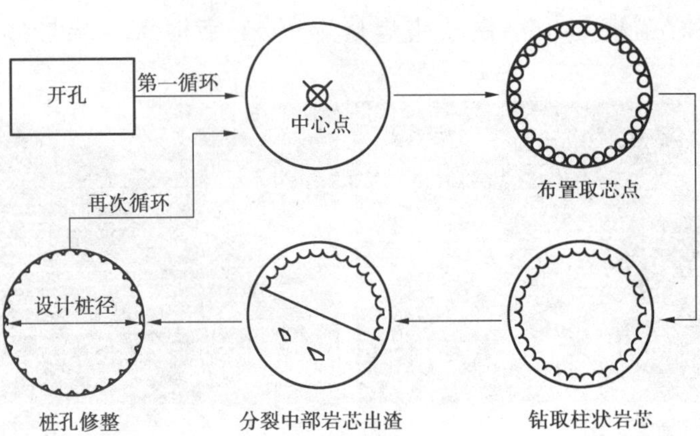

图 20　水磨钻施工流程

图 21　水磨钻施工

对于悬空部分桩基，每开挖完成一循环，对桩孔外侧悬空部分做钢筋护圈临时支护。钢筋采用 $\phi25$ 螺纹钢，钢筋连接采用焊接。钢筋护圈内侧采用防落网围护（图 22）。

图 22　临边防护

4.3.3　钢护筒施工

以冉家坝大桥右幅桥台左侧桩基施工为例，当具备全断面桩基开挖时，保证外侧围岩顶面厚度至少 30 cm。然后按照扩大后的桩基继续下挖 50 cm，以下部分按照设计桩径开挖。

当桩孔开挖至具备全断面条件以下 50 cm 位置时，安装钢护筒（图 23）。钢护筒采用 1 cm 厚钢板卷制而成，直径为 2 m，高度为 6 m。钢护筒上口设置 20 cm 高加强钢板护圈，以加强筒口的刚度，底口设置 10 cm 宽底座，与钢护筒全断面焊接并采用三角形加劲板焊接加固。钢护筒与桩孔围岩的连接采用地锚连接，地锚外漏端头与钢护筒底座钢板采用套筒连接。地锚为

ϕ25 螺纹钢制作,地锚锚固深度为 80 cm。钢护筒安装好后,对钢护筒与桩孔围岩之间 50 cm 搭接部分采用 C30 细石混凝土填充并振捣密实。钢护筒顶面与工字钢平台焊接为整体,钢护筒安装需严格控制垂直度和中心偏位,保证倾斜度不大于 1%,且中心偏位不大于 1 cm。

图 23 钢护筒施工

4.3.4 外观修饰

桥台施工完成后,拆除大工字钢及临边防护等临时措施。为保证钢护筒不受雨水空气侵蚀以及桥台美观。对 Ⅰ18 工字钢、台帽底板及钢护筒外露部分涂刷混凝土色防锈漆两层,涂刷层厚度不小于 2 mm(图 24)。

图 24 钢护筒外观修饰

5 实施效果

5.1 G318 国道改道

通过将部分 G318 国道改至磨刀溪河道中,消除了冉家坝大桥 0 号桥台施工过程中对 G318 国道行人及车辆产生的安全隐患。施工过程中,G318 国道未发生任何安全事故。原计划 0 号桥台开挖工期为 20 天,实际仅用 18 天完成了开挖防护工作。施工期安排在 10 月份枯水季节,不对磨刀溪河道构成危险,施工结束后立即对占用河道进行彻底清理,并顺利通过了地方水利局的验收。

5.2 边坡防护

冉家坝大桥 0 号桥台右侧边坡采用挂网锚喷方案,既保证了边坡的稳定,也避免了防护偏弱带来的滑坡风险及国道安全隐患,同时锚喷施工循环作业利于工期保证,为项目阶段性目标的实现奠定了基础,提供了保障(图 25)。

图 25　冉家坝 0 号桥台右侧边坡防护

5.3　桩基施工

冉家坝大桥 0 号桥台设计方案的优化解决了桩基大量悬空的施工难题，避免了陡壁危岩对桩基及 G318 国道带来的安全、质量隐患。

通过平台设计实施及钢护筒的成功安装实现了陡壁桩基施工的安全、质量、工期管理目标，顺利完成了节点计划任务。

6　结　语

冉家坝大桥 0 号桥台作为本项目重点、难点、节点工程，项目集思广益，反复对比甄选，合理优化了设计方案并成功解决了施工难题。施工过程安全、文明、迅速，施工效果明显，成果显著，得到了各级单位领导的认可。这也为今后同类型工程施工积累了宝贵的经验和数据。

参考文献

[1] 中华人民共和国行业标准. 公路桥涵施工技术规范(JTG/T F50—2011)[S]. 北京:人民交通出版社,2011.
[2] 中华人民共和国行业标准. 公路建设项目环境影响评价规范(JTG B03—2006)[S]. 北京:人民交通出版社,2006.
[3] 中华人民共和国行业标准. 公路工程质量检验评定标准(JTG F80—2004)[S]. 北京:人民交通出版社,2004.
[4] 交通运输公路局. 高速公路施工标准化技术指南第二分册:路基工程[M]. 北京:人民交通出版社,2012.
[5] 中交一公局公路勘察设计院有限公司. 重庆万州至湖北利川(重庆段)两阶段施工图设计[Z],2014.
[6] 常永健. 山区陡壁挖孔施工技术[J]. 公路,2016(5):75-78.

浅谈预制 T 梁梁底预埋钢板纵坡控制技术

常永健　李　辉　刘济远

（中交一公局海威工程建设有限公司　北京　101119）

摘　要　目前，桥梁运营过程中时有支座损坏的现象发生。究其根源，大多是因为桥梁支座不能与上下受力面紧密贴合导致。按照常规设计思路，上部结构荷载通过梁底预埋钢板将力传递给支座再传递到下部结构，因此，梁底预埋钢板的角度控制直接影响支座及桥梁的使用寿命。经反复实践总结，研究并设计出一套预制梁底预埋钢板纵坡调节装置，可避免因梁底预埋钢板纵坡控制不力带来的处理及返工损失。

关键词　预制梁　梁底预埋钢板　纵坡　控制

1　引　言

在梁体支点处预埋的钢板称为支座钢板，它是为了增加梁体的抗冲击性能和增大梁体受力点的接触面积。也就是说，在有支承关系的两个单体构件结合面存在的、与支座反力相垂直的钢板，都称为支座钢板，其作用是保证荷载能均匀地传递。根据设计图纸及相关规范要求，梁体安装完成后，梁底预埋钢板必须要保持水平状态并与支座紧密贴合。因此，在梁体预制过程中，要求预埋钢板形成与桥梁设计纵坡相反的坡度。如预埋钢板纵坡调节不准，梁体安装后将会造成支座偏压，从而导致支座有可能过早受到损坏，严重影响桥梁的使用寿命，对今后桥梁的运营造成很大的安全隐患，并且处理起来相当麻烦，所以桥梁预埋钢板安装是否准确对桥梁运营安全至关重要。

2　工程概况

本合同段是重庆万州至湖北利川高速公路（重庆段）WL05 合同段，起始桩号为 K28 + 200，终止桩号为 K35 + 820，全长 7.62 km。共设置大桥 4 座，中桥 1 座，设计预制 T 梁共 562 片，包括 40 m T 梁 415 片，35 m T 梁 10 片，30 m T 梁 137 片。其中，40 m T 梁梁底预埋钢板尺寸为 65 cm × 60 cm × 4 cm（长 × 宽 × 高），纵坡为 −3.2% ~ +1.2%；35 m T 梁梁底预埋钢板尺寸为 65 cm × 60 cm × 4 cm（长 × 宽 × 高），纵坡均为 +0.8%；30 m T 梁梁底预埋钢板尺寸为 60 cm × 50 cm × 4 cm（长 × 宽 × 高），纵坡为 −3.2% ~ +0.8%。从以上数据可以看出，本合同段桥梁纵坡多有不同，因此，梁底预埋钢板的纵坡控制成为 T 梁预制过程中一道重点控制的工序。为提高预制 T 梁预埋钢板纵坡控制的精度，经过多次实践，设计出一套简单的预埋钢板纵坡调节装置，并用于实际施工中，大大简化了施工工序且保证了施工质量。

作者简介：常永健（1985—），男，本科，工程师。
李　辉（1986—），男，本科，助理工程师。
刘济远（1992—），男，本科，技术员。

3 常规的施工方法

一般情况下,很难控制梁底预埋钢板以达到设计要求的纵坡,按照梁底预埋钢板不同的设计方案,目前主要的施工方法有以下几种:

(1)常规施工方法为:先在梁底预埋一块与梁底面相平的钢板,然后在梁体安装时再和另一块已按设计纵坡设计并制作好的楔形钢板焊接。该施工方法增加了楔形钢板的制作和梁底预埋钢板与楔形钢板的焊接两道工序,且楔形钢板不仅加工难度大,而且在工厂单独加工费用昂贵,施工成本较高。

(2)当设计梁长、梁高、预埋钢板纵坡都为固定值时,可以在预制梁板台座上固定的位置设置一定纵坡的钢板底座,从而保证梁底预埋钢板位置和纵坡的控制精度。

(3)在预制梁长度为标准梁的情况下,可以将台座进行加工,在台座预埋钢板处增加一道弧形的钢板。在钢板下设置多道拉杆,计算出纵坡的调节值,通过拉杆的伸缩来调节纵坡。这种方式可以精确地调整纵坡,但它的局限性是只适用于梁长统一而纵坡变化的梁板。对于本合同段T梁长度不一致、纵坡多样的现状,此种方法不能适用。

(4)对预埋钢板两端支垫来调节纵坡。计算好纵坡的调节值后,在预埋钢板的前后两端用条形钢板支垫。这种方法简单,但不能精确地调整纵坡值,也不能保证预埋钢板中心外露高度。因为在模板的安装过程中,可能碰撞到预埋钢板,从而导致支垫的条形钢板移动,致使已经调节好的纵坡发生变化。

以上是目前常见的调节梁底预埋钢板纵坡的一些方法,为了既能保证预埋钢板纵坡的控制精度,又能节约成本且在所有T梁预制上推广,本合同段设计出一套高精度、低成本、高效率的有效调节T梁梁底预埋钢板纵坡的施工方案。

4 改进的施工方法

按照设计图纸要求,预埋钢板中心处要求外露梁底1.5 cm。以40 m T梁为例,在制作台座时,在钢板调节处降低11 cm并保持降低部分呈水平状态。经统计,40 m T梁梁底预埋钢板设计纵坡范围为 -3.2% ~ +1.2%,按最大纵坡计算,预埋钢板安装后两端最大高差约为2 cm。因此,设计出一套可以轻松并精确调节预埋钢板纵坡的装置。将预埋钢板安放在装置上,通过调整装置顶面托板的纵坡来精确控制梁底预埋钢板的坡度。该装置具有以下明显优点:

(1)可以精确控制预埋钢板中心处外露尺寸。在满足外露的前提下,可以精确调整纵坡,保证预制T梁成品梁底预埋钢板纵坡满足规范及设计要求。

(2)可以根据不同的梁长来调整预埋钢板的位置,解决了在台座处调整的局限性,可以在所有T梁预制进行推广。

(3)节约成本,加工的装置可以反复利用,适用性强。跟常规使用楔形钢板来调节梁底纵坡相比,节约了较大的成本。

(4)提高了施工效率。使用预制T梁梁底预埋钢板纵坡调节装置,方便调节钢板纵坡且固定快捷,节约了安装的时间,减少了辅助机具的投入。

5 预埋钢板纵坡调节装置的设计

5.1 台座的制作

以40 m T梁为例，台座高度为40 cm、宽度为60 cm，梁底预埋钢板尺寸为65 cm×60 cm×4 cm，中心外露高度为1.5 cm。考虑到需要外露高度为1.5 cm，且需要安放预埋钢板纵坡调节装置，故在预埋钢板位置处将台座下降11 cm并保证下降部分呈水平状态，下降部分长度需满足不同长度T梁预埋钢板的自由安装。

5.2 预埋钢板纵坡调节装置的设计

为保证梁底预埋钢板中心外露尺寸，并能有效控制预埋钢板的纵坡，设计一套精度高、成本低、效率高的控制装置。装置主要由1 cm厚的钢板、楔形钢板、螺栓、高强弹簧组成，分为底板、调坡系统、中心支板及托板4部分。

5.2.1 底板

底板由1 cm厚钢板制作而成，尺寸为67 cm×50 cm，为了减轻装置质量，采用镂空设计。在底板的长边两端焊接宽50 cm、高6.5 cm、厚1 cm的端板，并在端板中心预留1 cm宽、3 cm高的螺栓孔，保证调节螺栓可以上下移动却不能左右移动(图1)。

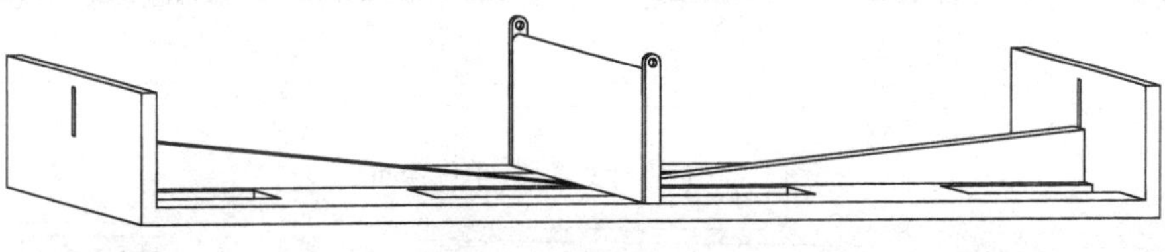

图1 底板设计图

5.2.2 调坡系统

调坡系统主要由楔形钢板、螺栓、高强弹簧及旁支板组成。楔形钢板尺寸为长32 cm，宽4 cm，高0~3 cm；螺栓采用直径为1 cm、长30 cm的普通螺栓；高强弹簧采用直径为2 cm、长16 cm、伸缩量为10 cm的高强弹簧；旁支板采用宽8 cm、高6.5 cm、厚1 cm的钢板加工而成(图2、图3)。

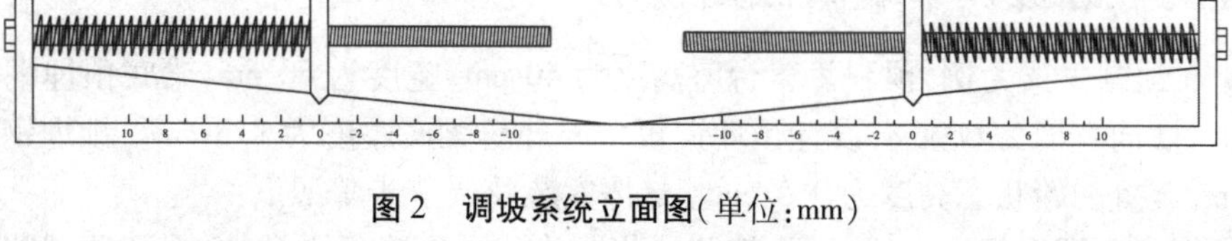

图2 调坡系统立面图(单位:mm)

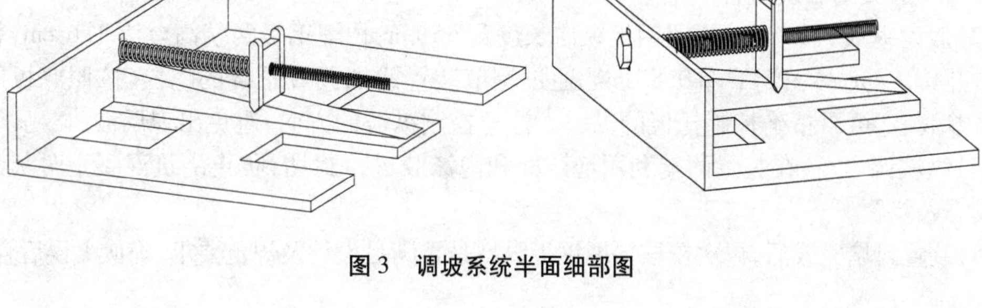

图3 调坡系统半面细部图

5.2.3 中心支板

中心支板是由宽 50 cm、高 8.5 cm、厚 1 cm 的钢板制作而成。中心支板的作用是使托板能以中心支板为支点做“跷跷板”运动(图 4)。

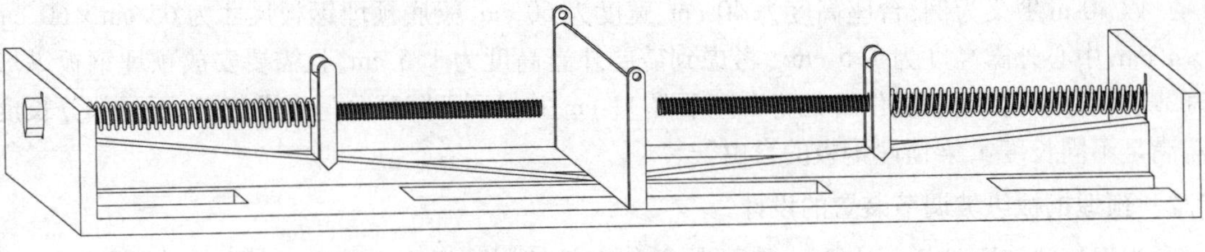

图4 中心支板设计图

5.2.4 托板

托板是由长 65 cm、宽 50 cm、厚 1 cm 的钢板加工而成。托板的两端焊接宽 50 cm、高 1 cm、厚 1 cm 的端板用以固定预埋钢板。为了减轻装置质量,托板采用镂空设计(图 5、图 6)。

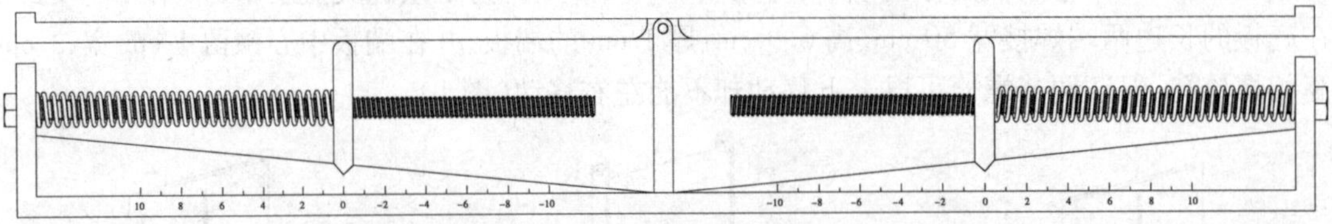

图5 托板设计立面图(单位:mm)

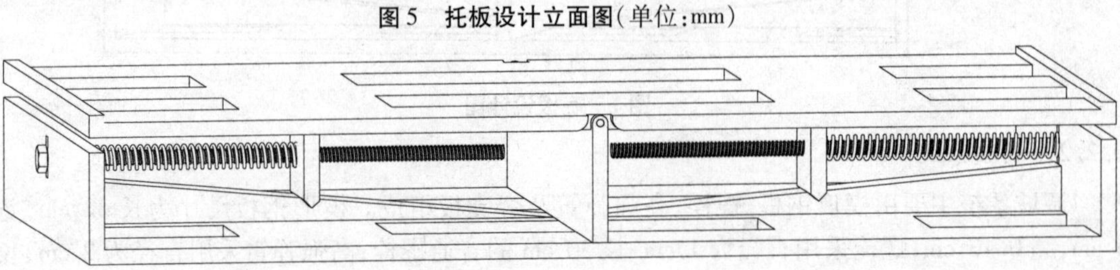

图6 托板设计图(三维)

6 预埋钢板纵坡调节装置应用说明

以 40 m 预制 T 梁为例,预制 T 梁台座高度为 40 cm,宽度为 60 cm,梁底预埋钢板纵向长度为 65 cm,横向宽度为 60 cm,设计预埋钢板中心外露梁底厚度为 1.5 cm。预埋钢板处台座降低 11 cm,装置初始状态高度为 9.5 cm。具体安装及调节步骤如下:

(1)计算出预埋钢板中心线位置,将调坡装置放于台座降低平台处,保证调坡装置中心线与梁底预埋钢板中心线重合。

(2)假设纵坡为 2.5%,预埋钢板纵向长度为 65 cm,预埋钢板两端高差为 1.6 cm,相当于一端上升 0.8 cm,另一端下降 0.8 cm。通过调节装置两端调坡系统的螺栓,按照底板侧面刻有的高差数字,可以精确控制托板的纵坡。注意控制纵坡的方向,避免出现反坡。

(3)纵坡调好后,在装置两端利用泡沫板和泡沫胶进行封堵,防止浇筑混凝土时灰浆污染螺栓或进入装置。

(4)装置封堵完成后,再次校核预埋钢板纵坡是否满足设计及规范要求,确认无误后合模。

7　总　结

通过对预制T梁梁底预埋钢板纵坡调节装置的设计与应用，从3个方面解决了现有技术及施工方法的不足。

（1）利用调节装置可以精确控制梁底预埋钢板的纵坡，从而避免因纵坡控制不严格而导致后期利用楔形钢板或其他方法来弥补质量缺陷带来的经济损失及工期损失。

（2）利用调节装置可以大大节约预埋钢板的安装时间，提高了工作效率。

（3）调节装置使用便捷，周转率高，跟常规施工方法及处理办法相比，很大程度上节约了施工成本且保证了施工安全。

从现场应用效果来看，预制T梁梁底预埋钢板纵坡调节装置，基本可以满足设计及施工的各项指标要求，可以在预制T梁施工中广泛推广应用。

参考文献

[1] 中华人民共和国行业标准. 公路桥涵施工技术规范（JTG/T F50—2011）[S]. 北京：人民交通出版社，2011.

[2] 中华人民共和国行业标准. 公路工程质量检验评定标准 第一册：土建工程（JTG F80/1—2004）[S]. 北京：人民交通出版社，2011.

[3] 交通运输公路局. 高速公路施工标准化技术指南[M]. 北京：人民交通出版社，2012.

[4] 中交一公局公路勘察设计院有限公司. 重庆万州至湖北利川高速公路（重庆段）两阶段施工图设计[Z]，2014.

[5] 陆士平. 预制梁板坡度设置设计方案的优化[J]. 公路交通科技：应用技术版，2013（3）.

预制T梁后张法预应力张拉“滑丝”原因及影响分析

周久林　常永健

（中交一公局海威工程建设有限公司　北京　101119）

摘　要　预应力是目前T梁施工中常用技术之一，T梁预应力张拉是控制T梁质量的关键，T梁张拉施工质量对桥梁的结构安全有着重要的影响。本文以重庆万利高速公路冉家坝大桥T梁张拉为例，分析预应力T梁张拉过程中夹片滑丝的原因及影响，确定了防止夹片滑丝的对策。

关键词　T梁　预应力　夹片　滑丝

1　引　言

在公路、铁路和市政工程中，大量采用预应力桥梁结构。在预应力张拉施工中，尤其是在后张法预应力T梁张拉过程中，常出现夹片咬不住钢绞线，出现“滑丝”现象，严重影响了T梁张拉施工质量。本文结合现场实际分析出现“滑丝”的主要原因及影响后果，并针对“滑丝”现象提出有效措施，希望能为同类型预制梁预应力张拉施工提供参考。

2　工程概况

重庆万利高速公路冉家坝大桥全长约574 m，上部结构采用预应力（后张法）混凝土T梁，为先简支后连续结构。冉家坝大桥预应力T梁共150片，其中，30 m T梁30片，35 m T梁10片，40 m T梁110片。采用“双控”法进行预应力张拉控制。钢绞线采用7丝捻制标准型：1×7-15.20-1 860，其公称直径为15.20 mm，公称面积为140 mm^2，标准抗拉强度为1 860 MPa，弹性模量为210 GPa，最大松弛率为3.5%。预制T梁正弯矩钢束采用15-5型、15-6型、15-7型、15-8型、15-9型、15-10型、15-11型、15-7型系列锚具及其配件；预制梁在墩顶处的负弯矩钢束采用BM15-3、BM15-4型扁锚及其配件。每一批产品进入梁场时，钢绞线需做硬度、伸长率、弹性模量等相关检测工作；夹片需做硬度检测，进行静载锚固性能试验，保证每一批产品入场时均合格才开始使用。

3　T梁预应力张拉施工

按照设计要求，预应力T梁混凝土强度、弹性模量均达到设计强度及28 d弹性模量的90%以上且龄期不小于7天时，方可进行预应力张拉施工。预应力钢绞线的下料需按照图纸的要求进行。钢绞线下料时，在距切口30～50 cm用铁丝绑扎，采用切断机或砂轮锯切断，严禁采用电弧切割。钢绞线的下料长度=预应力筋曲线实际长度+端头工作长度。穿束时，将

作者简介：周久林（1992—），男，大专，技术员。

常永健（1985—），男，本科，工程师。

钢绞线的一端用宽胶带反复缠绕绑扎，防止穿束过程中钢绞线头戳破波纹管，同时可在钢绞线上绑扎活卡口，从波纹管的另一端穿入铁丝，通过钢绞线穿梭机可加快钢绞线的穿束速度。预应力张拉采用两端对称同时张拉，张拉力和伸长量“双控”。预应力张拉安装顺序为：工作锚→夹片→限位板→千斤顶→工具锚→工作夹片（如图 1）。

图 1　张拉安装顺序

当使用限位板进行张拉时，随着张拉千斤顶油缸的运动，工具锚（千斤顶夹片）夹紧钢绞线向张拉方向运动，同时锚具中的夹片也随钢绞线向后移动。当工作夹片移动到限位板的限位工作面位置时，被限位板的限位工作面卡住不再继续位移，从而达到张拉作用。其中，30 m T梁张拉顺序为 50% N_2→100% N_3→100% N_2→100% N_1；35 m T 梁张拉顺序为 50% N_2（N_3）→100% N_1→100% N_2（N_3）→100% N_4，40 m T 梁张拉顺序为 50% N_2（N_3）→100% N_1→100% N_2（N_3）→100% N_4。钢绞线布置如图 2 ~ 图 4 所示。

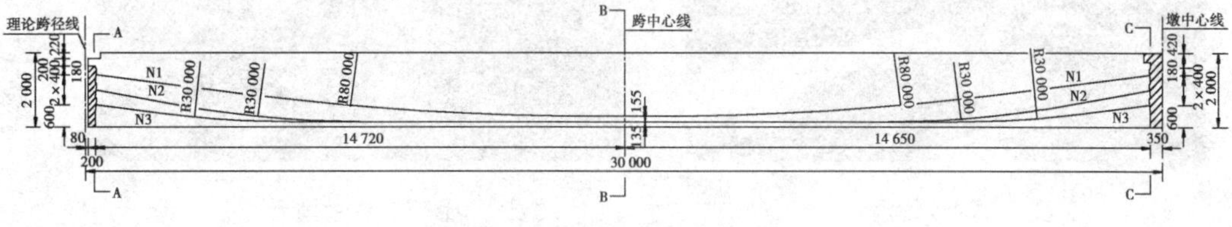

图 2　30 m T 梁钢绞线布置图

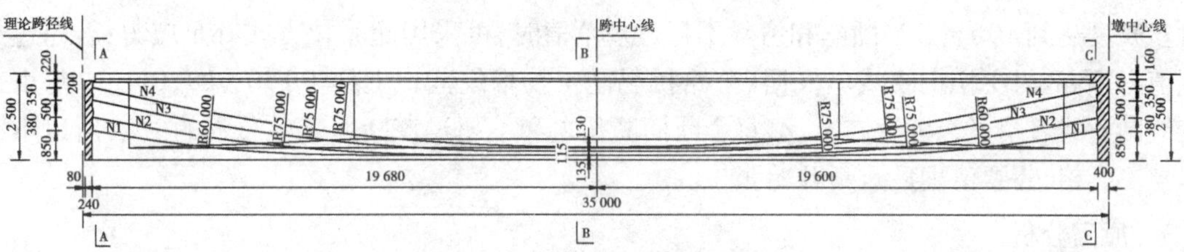

图 3　35 m T 梁钢绞线布置图

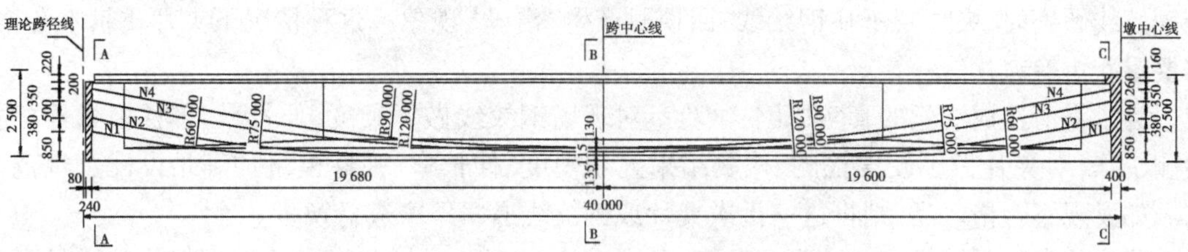

图 4　40 m T 梁钢绞线布置图

4 滑丝的判断及原因分析

4.1 现场情况

通过对冉家坝大桥T梁张拉施工过程监管,有一次发现在张拉作业时有非常明显的异响,油表指针摇摆不定,钢绞线伸长量实测值明显大于设计值,可以判断为工具夹片滑丝。T梁张拉回顶时两端共有5个孔的工作夹片无法从工具锚里退出,有一部分卡死在工具锚里面,使张拉无法正常进行下去(图5)。

另一种情况是,千斤顶在回油过程中有非常明显的响声,油表指针摇摆不定,工具夹片不能同步退出,可以判断为工作夹片滑丝。

图5 回顶时工作夹片无法退出

4.2 事实判断

由图6、图7可以发现,钢绞线及夹片有明显磨损现象,未发现夹片齿间有锈迹和沙子的存在,则可以初步判断为此次滑丝可能是夹片硬度低或者夹片与锚具不同心而造成的。

图6 钢绞线滑丝

图7 夹片滑丝

由图可以得知,此次滑丝有明显痕迹的一股钢绞线有3丝滑丝、一股钢绞线有2丝滑丝,滑丝长度达到10 cm。当断丝和滑丝不超过规范值时,可采用超张拉方式补足应力;若超过规范值必须卸锚,更换钢绞线。根据《公路桥涵施工技术规范》(JTG/T F50—2011)要求每束钢绞线断丝或者滑丝只能存在1丝,每个断面断丝之和不超过该断面钢丝总数的1%,所以本次张拉不合格,需要清理后重新开始张拉。

4.3 原因分析

钢绞线硬度一般要求为HRC53左右,夹片硬度一般要求HRC60-64左右。当夹片硬度低于钢绞线硬度时,夹片咬不住钢绞线,回顶时产生“滑丝”现象。这种情况下夹片质量不合格,需要重新更换夹片。

为了查清造成滑丝的真实原因,试验室对现场钢绞线做了硬度、伸长率、弹性模量等相关检测工作;对夹片做了硬度检测,检测结果显示硬度、伸长率、弹性模量均满足设计及规范要求。如发现不合格产品,则将这一批次夹片或钢绞线退回厂家进行换货。

锚具的夹片与锚板有一个配合角度,厂家设计为14°,通过现场对比发现夹片和锚具合上后存在细小缝隙。为了确定夹片与锚具是否存在不同心的问题,试验室将相应夹片和配套锚具外委有资质的检测单位检测。检测结果发现，锚具锚孔的角度与夹片设计角度存在少许偏差，从而可以判断，造成本次滑丝的主要原因为张拉夹片与锚具锚孔不同心。

当张拉夹片与锚孔不同心时，会造成张拉伸长时一边夹片刮伤钢绞线，而刮掉的铁屑会充满夹片牙齿的缝隙。回顶时，由于夹片牙齿缝隙中充满了铁屑而无法嵌入钢绞线，此时钢绞线的高速回缩会损伤夹片的牙齿，造成“滑丝”。针对这种情况，需要重新加工锚具或者更换夹片，使夹片与锚具同心后才能开始张拉。

5　处理措施及影响

由于回顶时工作夹片无法退出工具锚，此时张拉没有到位，工作夹片也无法退出，需要采取预应力钢丝束放张。将钢绞线在夹盘内楔紧，一端张拉，当钢绞线受力伸长时，锚塞被带出，这时立即用钢钎卡住锚塞螺纹（钢钎可用 $\phi 5$ mm 钢丝、端部磨尖制成，长 20 ~ 30 cm）。然后油缸缓慢回油，钢绞线内缩，锚塞因被卡住而不能与钢绞线同时内缩。如千斤顶行程不够，可如此反复进行至锚塞退出为止。最后，拉出钢绞线，更换新的钢绞线和锚具。

6　处理滑丝注意事项

（1）处理滑丝时，采用单个千斤顶超张拉实现放张，超张拉控制应力不能够超过 $0.8R_{yb}$，即 1 488 MPa。

（2）两端必须设立红色醒目标志，非张拉施工人员不得入内。

（3）钢绞线正面设置挡板，严禁人员穿行、站立，千斤顶侧面 2 m 内严禁站人。

7　预应力检测

由于滑丝现象的出现，故委托第三方有资质的检测单位对已张拉完成的 T 梁预应力进行抽样检测，采用基于等效质量法的无损检测方法。有效预应力偏差均未超过 5%，整束张拉锚固后有效预应力允许偏差为设计张力的 ±10%，孔道锚下预应力合格率为 100%（图 8）。

图 8　T 梁无损应力检测

8 造成滑丝的其他原因及处理措施

通过总结本次的“滑丝”现象,结合以往的施工经验,对产生“滑丝”的原因分析如下:

(1)张拉时夹片牙齿有铁锈、沙子或钢绞线上有铁锈、沙子(图9)。使用时,沙子充填在夹片牙齿的间隙里,当回顶时,夹片无法嵌入钢绞线而产生“滑丝”。所以,平时要注意保护夹片,当夹片生锈时严禁使用。

(2)安装工作夹片时未使用弹性圈(图10)。安装工作锚时,有时套在工作夹片上的弹性圈(耐油“O”形圈或钢丝圈)会损坏或丢失,部分操作人员图省事不要弹簧圈。当回顶时,夹片与钢绞线的摩擦力变小而导致夹片不跟进。高速回缩的钢绞线会损坏夹片牙齿,产生“滑丝”。所以,平时要注意保存弹性圈,加强现场监控。

图9 夹片有锈迹

图10 工作夹片未安装弹性圈

(3)锚具生锈或锚环孔内粘上较多灰尘,张拉或放张时,影响夹片的跟进造成滑丝。预防处理措施为:安装完锚具后应及时张拉,如遇到锚具生锈或粘上灰尘的情况,应重新除锈、除尘,并在夹片或锚环孔内涂上黄油,保证放张时夹片能正常跟进。

(4)夹片安装不规范。主要发生在张拉端锚垫板安装与水平方向存在一定角度,尤其是张拉端位于板面(或梁面)时,两片式夹片采用上下安装,很容易造成上下夹片跟进不协调,造成滑丝。夹片应采用左右安装,保证同步跟进。

(5)限位板磨损。随着使用次数的增加,在相当大的压力作用下,限位板(尤其是弹孔限位板)的支撑部分会被压瘪,限位尺寸变小。张拉钢绞线向后移动时,夹片内孔打不开,高速回缩的钢绞线会损伤夹片牙齿。因此,对使用时间较长的限位板,应定期检查磨损情况,对影响张拉效果的限位板应及时更换。

由此可知,造成滑丝的原因有很多,主要原因是钢绞线、夹片有铁锈,夹片安装不规范等,所以在进行预应力张拉时应按照规范要求操作,同时注意钢绞线和夹片的存放。

9 结 语

(1)产品进场前,必须进行夹片的洛氏度测试,确保夹片硬度达到设计要求。

(2)进行夹片与锚板配合角度实验,确保锚具和夹片同心。

(3)进行静载锚固性能试验,使每一批产品均合格才开始使用。

(4)要注意保养锚具和夹片,防止弹性圈丢失或夹片生锈。

(5)张拉施工时,现场管理人员要加强监控,要求工人规范操作,避免人为操作原因造成滑丝。如还是发生滑丝,现场管理人员应该针对具体问题进行多方面的分析研究,找出滑丝原因,进而“对症下药”,避免“滑丝”现象重复发生。

参考文献

[1] 中华人民共和国行业标准.公路桥涵施工技术规范(JTG/T F50—2011)[S].北京:人民交通出版社,2011.

[2] 中华人民共和国行业标准.公路工程质量检验评定标准 第一册:土建工程(JTG F80/1—2004)[S].北京:人民交通出版社,2011.

[3] 交通运输公路局.高速公路施工标准化技术指南[M].北京:人民交通出版社,2012.

[4] 中华人民共和国国家标准.预应力筋用锚具、夹具和连接器(GB/T 14370—2015)[S].北京:中国标准出版社,2015.

[5] 中华人民共和国行业标准.预应力筋用锚具、夹具和连接器应用技术规程(JGJ 85—2010)[S].北京:中国建筑工业出版社,2010.

[6] 中华人民共和国国家标准.预应力混凝土用钢绞线(GB/T 5224—2003)[S].北京:中国标准出版社,2013.

浅谈预制 T 梁起拱值的影响因素及施工注意事项

任耀森　任玉涛

（中交一公局海威工程建设有限公司　北京　101119）

摘　要　预应力混凝土结构主要是对结构施加预压应力，利用混凝土承受的预压应力抵消使用荷载引起的混凝土的拉应力，施加预应力解决了混凝土受拉的问题，但梁体又在预压应力的作用下产生起拱现象。起拱值会影响预应力结构受力，改变桥梁设计荷载，对桥梁耐久性产生影响。预制 T 梁为典型的预应力混凝土结构，本文结合重庆万利高速公路 WL05 合同段预制 T 梁工程实例，以预制 T 梁实测起拱值数据为基础，以起拱值异常的预制 T 梁为研究对象，通过对可能引起起拱值异常的控制因素的变化、异常情况进行排查、分析，确定导致起拱值发生异常的原因，并制订解决措施，防止后续发生类似情况或异常扩大。本文最后还提出了防止梁体起拱值异常的施工注意事项，对预制 T 梁起拱值控制有一定的借鉴价值。

关键词　预制 T 梁　起拱值　梁体质量　原因分析

1　引　言

近年来，随着高速公路行业的快速发展，预制 T 梁逐渐成为现阶段我国高等级公路桥梁建设中使用最常用的结构形式之一。预制 T 梁作为一种预应力混凝土结构，其起拱值对于梁体质量具有重要影响。预制 T 梁起拱值通常利用在制梁台座预设反拱值来进行控制。预应力混凝土 T 梁结构预制施工过程中，受施工工艺、台座变形等因素影响，会出现 T 梁起拱值不满足设计或规范要求的情况。本文通过分析预制 T 梁起拱值发生异常的原因，提出解决措施，并总结了施工注意事项，为今后预制 T 梁起拱值的控制提出可行性的建议。

2　T 梁体起拱值对梁体质量的影响

2.1　影响预应力结构受力

对结构施加预应力的目的是用混凝土承受的预压应力抵消使用荷载引起的混凝土的拉应力，混凝土不受拉，就不会出现裂缝，但是梁体又在预应力的作用下产生起拱现象。梁体起拱值过大可能会影响预应力筋的张拉效果，导致预应力不足，影响预应力结构受力，导致梁体受力能力下降。梁体起拱值过小时，张拉可能造成裂缝，影响结构质量。

2.2　影响桥梁结构恒载

由于梁体起拱值变化，梁体安装后，可能会导致桥面横坡及纵坡发生变化。起拱值过大时，为了保证桥面铺装厚度，梁体周边铺装厚度增大，导致梁体自重增加，增加了桥梁下部结构

作者简介：任耀森（1987—），男，本科，助理工程师。

任玉涛（1978—），男，中专，工程师。

荷载，相当于改变了桥梁原设计荷载，对桥梁整体结构安全构成威胁。

2.3　对桥梁耐久性产生影响

梁体所施加的预压应力是根据梁体和桥梁的设计荷载计算确定的，梁体起拱一方面引起所施加给梁体的预应力发生变化；另一方面通过增加梁体自重改变了桥梁设计荷载，两个因素叠加将对桥梁使用耐久性产生很大的影响。

3　工程概况

重庆万利高速公路 WL05 合同段共 4 座大桥，上部结构均为先简支后连续结构预应力混凝土 T 梁，共计 562 片 T 梁，包括 40 m、35 m 和 30 m 3 种形式。以 40 m T 梁为例进行分析，研究梁体起拱度对梁体质量的影响，其他形式 T 梁可参照控制。

4　起拱值控制原则

4.1　控制原则

根据设计图纸要求，预制 T 梁起拱值控制原则如下：

(1)预制 T 梁在钢束张拉完成后，40 m T 梁跨中上拱度计算值及二期恒载所产生的下挠值如表 1 所示。

表 1　预加力引起的上拱度及二期恒载产生的下挠值表

位置		钢束张拉完上拱度/mm	存梁 30 d 上拱度/mm	存梁 60 d 上拱度/mm	存梁 90 d 上拱度/mm	二期恒载产生的下挠值/mm
边梁	边跨	27.7	52.8	57.8	60.4	-5.5
	中跨	21.4	40.7	44.6	46.6	-1.6
中梁	边跨	29.4	55.9	61.2	64.0	-6.0
	中跨	22.8	43.3	47.4	49.5	-1.8

(2)根据设计要求，为防止预制梁上拱过大，预制梁与桥面现浇层由于龄期差别而产生过大收缩差，若累计上拱值超过计算值 10 mm，应采取控制措施。

(3)根据实际情况，T 梁安装远远快于 T 梁预制，基本可不考虑存梁时间，按照张拉后立即安装进行研究。若考虑存梁期时，反拱值应相应增大。施工设置反拱时，预应力管道也同时反拱，预制梁梁顶线形与梁底线形一致。

(4)预制梁应设置向下的二次抛物线反拱，施工时应根据工地的具体情况(存梁期、混凝土配合比、材料特性及地区气候等)以及经验设置反拱。反拱值的设计原则是使梁体在二期恒载施加前上拱度不超过 20 mm，桥梁施工完成后桥梁不出现下挠。

(5)反拱值计算：

a. 按照梁体在二期恒载施加前上拱度 20 mm 进行计算，施工时应设置的最小反拱值为：29.4 − 20 = 9.4(mm)。

b. 按照桥梁施工完成后桥梁不出现下挠的原则，设定桥梁施工完成后桥梁上拱值为 0 进行计算，施工时应设置的最大反拱值为：21.4 − 1.6 − 0 = 19.8(mm)。

4.2 实际情况

根据设计图纸计算结果，T 梁预制施工时，反拱值范围应为 9.4 ~ 19.8 mm，台座设置 19 mm反拱值（图 1、图 2）。

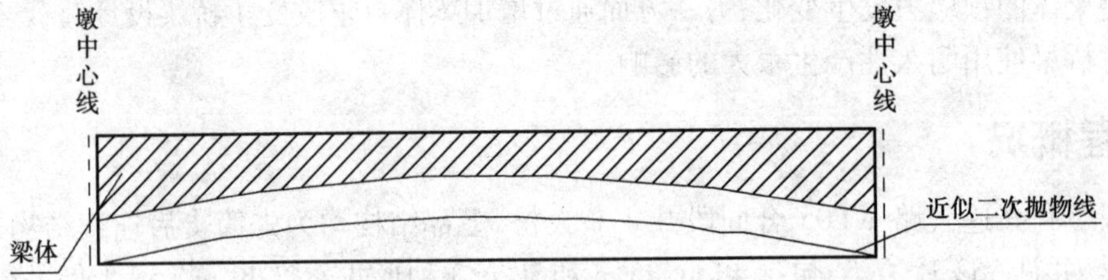

图 1　T 梁起拱示意图

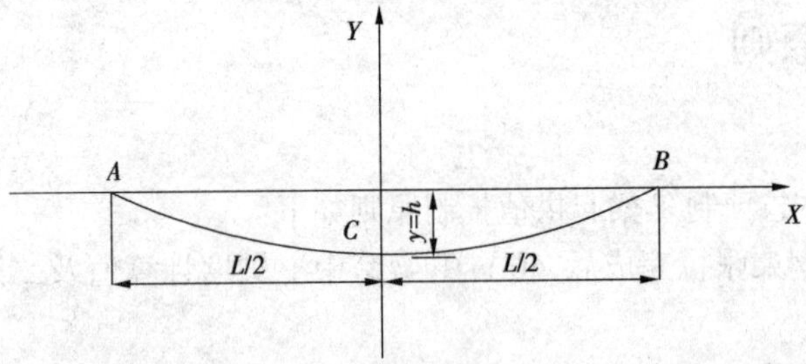

图 2　反拱值设置示意图

5　工程实例

冉家坝大桥位于重庆市万州区长滩镇，上部结构采用预应力混凝土（后张）T 梁，为先简支后连续结构。桥梁中心桩号为 K32 + 388，右线分为 4 联，孔径布置为 3 × 40 m + 4 × 40 m + 4 × 40 m + 4 × 30 m，跨径总长为 560.0 m，全长 574.5 m。在完成 T 梁预制、复测梁顶面上拱度时发现 5-1、5-4 号 T 梁起拱值异常，虽未突破临界值，但需查找数据异常原因，具体数据如表 2 所示。

表 2　起拱值实测数据

序号	T 梁编号	计算起拱值/mm	台座反拱值/mm	设计起拱值/mm	实际起拱值与设计起拱值之差/mm
1	5-1	21.4	19	2.4	+9.9
2	5-2	22.8	19	3.8	−1.1
3	5-3	22.8	19	3.8	−0.9
4	5-4	22.8	19	3.8	−9.5
5	5-5	21.4	19	2.4	+2.9

6　原因分析及解决措施

6.1　原因分析

施工过程中，影响预制T梁起拱度的因素有很多，如台座反拱度设置、波纹管安装、张拉力控制等。

6.1.1　复核使用的制梁台座反拱值

复核发现，5-1号T梁所使用的制梁台座出现起拱现象，台座跨中位置原设置19 mm反拱值。复测时，反拱值变小，仅为14.8 mm，减小了4.2 mm，而编号为5-1号T梁起拱值偏大4.9 mm。由此证明，台座反拱值变化是引起T梁起拱值偏大的主要原因，5-4号T梁所使用台座反拱值基本符合要求。

6.1.2　查找造成5-4号T梁起拱值偏小的其他因素

根据5-4号T梁波纹管安装后完成后的报检影像资料，波纹管线形、坐标均满足设计及规范要求。核实张拉预应力记录也显示张拉力满足设计及规范要求。随后在仔细翻看张拉施工影像资料时发现，5-4号T梁与其他T梁相比，发现在工具夹片的安装上有细微区别。

(1)工具夹片在张拉前被打入工具锚孔中时，夹片的松紧程度会影响到钢绞线的伸长量，约1 mm。

(2)工具夹片的外露长度至少应量测多个夹片，取其平均值作为准确夹片外露长度。若只量取1个夹片长度，也会对钢绞线伸长量造成一定影响。

(3)在张拉前，工具锚和锚垫板之间连接不紧密，也会对结果造成一定影响。张拉完后测量，钢绞线端头有发散现象。

通过查看影像资料，预应力张拉施工中存在上述可能影响预应力的情况，但并未采取有效措施补偿预应力损失。

6.2　解决措施

(1)针对5-1号T梁所使用台座反拱值发生变化影响T梁起拱值的情况，首先查找台座沉降原因。通过复测梁场及台座高程，路基沉降造成台座基础发生沉降，进而引起台座反拱值变小。由于梁场建设在填方路基上，现场踏勘发现，填方路基受右侧冲沟影响发生不均匀沉降。首先，对右侧冲沟进行处治，使冲沟内汇水通过临近涵洞排出；其次，对受影响路基进行注浆处理；最后，加强对台座的观测，目前台座尚可使用，根据进一步变化情况决定对台座进行处理或废弃。

(2)针对5-4号T梁起拱值偏小的原因，采取超张拉方法解决。理论上，张拉过程中可采用超张拉方法补偿预应力的损失，超张拉一般为锚下控制力的103%。

7　梁体起拱值控制措施

7.1　台座反拱值的影响

(1)梁场应建立在稳固的基础上，避免因基础发生沉降导致台座变化。

(2)根据设计要求计算台座反拱值，确保反拱值设置合理。

(3)台座使用过程中，定期复核台座反拱值变化，发现异常立即查找原因。

7.2 张拉力的影响

(1)波纹管安装时,按照设计及规范要求做好波纹管定位,确保线形平顺,避免增加管道摩阻力,防止因波纹管定位不准确、不牢固引起预应力偏差。

(2)钢绞线安装时做好编束,避免出现钢绞线缠绕等影响预应力偏差的情况出现。

(3)混凝土浇筑时,控制好振动棒振捣的位置及深度,避免振捣棒碰撞波纹管,引起波纹管定位不准确。

(4)张拉施工时,要严格按照设计要求控制张拉力。张拉力过大,可能使梁体产生裂缝,影响梁体质量,甚至导致钢绞线崩断,造成安全事故;张拉力偏小,可能使梁体起拱度不足,影响梁体的承重能力,进而影响桥梁质量。

(5)压浆施工要及时,尽量减小预应力损失,保证梁体有足够的拱度。

(6)保证工作锚和锚垫板紧密,严格控制工具夹片的外露长度。

(7)根据现场情况,预应力受损、起拱值不能满足要求时,适当进行超张拉。

8 总 结

(1)通过对冉家坝大桥5-1、5-4两片预制T梁梁体起拱值异常原因进行分析,总结了影响梁体起拱值的各项因素,并制订了相应的控制措施。

(2)通过控制措施的落实,重庆万利高速公路WL05合同段预制T梁起拱值控制较好,满足设计及规范关于梁体起拱值的要求。

(3)本文所总结的梁体起拱值的影响因素及控制措施,通过实践证明,对类似工程具有一定的参考价值。

参考文献

[1] 中华人民共和国行业标准. 公路桥涵施工技术规范(JTG/T F50—2011)[S]. 北京:人民交通出版社,2011.

[2] 周水兴,何兆益,邹毅松,等. 路桥施工计算手册[M]. 北京:人民交通出版社,2001.

[3] 龙驭球,包世华. 结构力学——基本教程[M]. 3版. 北京:高等教育出版社,2012.

[4] 中华人民共和国行业标准. 公路路基施工技术规范(JTG F10—2006)[S]. 北京:人民交通出版社,2006.

[5] 中华人民共和国国家标准. 混凝土结构工程施工规范(GB 50666—2011)[S]. 北京:中国建筑工业出版社,2012.

[6] 中交一公局公路勘察设计院有限公司. 重庆万州至湖北利川高速公路(重庆段)两阶段施工图设计:装配式预应力混凝土T梁上部结构通用图[Z],2014.

三角控制网在高山峡谷地区高墩测量放样的应用

廖启兵　常永健　乔会强

（中交一公局海威工程建设有限公司　北京　101119）

摘　要　随着交通建设行业的发展，目前在高山峡谷地区建设高速公路的案例越来越多，高墩的放样控制是山区修建桥梁的一大重点，测量放样的精度直接影响桥梁的施工质量、安全和进度。本文通过重庆万利高速公路高墩桥梁的施工实践，总结出三角控制网在高山峡谷地区的测量放样应用方案，在提高高山峡谷区高墩的放样控制的精度和提升施工放样效率方面具有较好的效果。

关键词　高山峡谷区　高墩桥梁　放样精度　三角控制网

1　概　述

高山峡谷地区山高坡陡，垂直落差大，峡谷底部范围狭窄，一般伴有河流或小溪，底部水流冲刷地形复杂，两侧山壁较陡，一般呈“V”形或“L”形。在高山峡谷地区修建桥梁时，墩柱高，通视条件差，高墩测量放样的难度较一般山地地区更加困难。常规测设方案在控制精度和作业效率上难以满足在高山峡谷地区进行高墩桥梁测量放样作业的需求。为了在实际测量中更好地做好高墩桥梁的测设放样工作，根据工程测量理论结合重庆万利高速公路高墩放样经验，对三角控制网在高山峡谷地区的应用和高墩施工测量放样精度控制及其注意事项进行探讨。

2　工程概况

本标段为重庆万州至湖北利川高速公路（重庆段）WL05 合同段，线路全长 7.62 km。沿线地形复杂，多峡谷沟壑，共设置有大桥 4 座、中桥 1 座，其中，桥梁墩柱 169 根，墩柱高差大于 40 m的有 49 根。墩柱高度最大为冉家坝大桥左线 2 号墩，达 73.21 m。因此，放样精度的控制尤为重要，而常规的控制方法难以满足高山峡谷地形中通视性和大高差对保障放样精度及放样效率的要求。

3　设计控制网

本标段地处峡谷地区，测量放样时受地形地势、通视条件、施工进度等方面的影响，在建立桥区控制网时将平面和高程控制一起考虑。为了减少控制网边长和角度对控制点精度的影响，建立 2 ~ 3 组的控制网来互相校核。这样可以增加施工放样时可用的控制点，减少因通视受阻而采用精度效果较低的后方交会法进行放样的情况，且两端闭合至高等级控制网点。

作者简介：廖启兵（1988—），男，大专，技术员。
常永健（1985—），男，本科，工程师。
乔会强（1988—），男，大专，技术员。

因为三角高程的引入,需将施工放样时竖直角控制在小于25°的范围内,最优测距控制在200~600 m,以保障三角高程测量的精度,这就需要把控制点布置在不同的高程面上来控制竖直角。布设控制网前,在地形及桩位图上选点,避开墩柱等结构物施做前后对控制点间通视的影响。

综合上述条件,布设控制网具体为:在山体两侧稳定且具有布设条件的情况下在不同的2~3个水平面上沿桥区两侧分层交叉布设控制点,并分别对各层控制网进行附合导线闭合测量;分别测量后再对各层控制点进行交叉复核,建立分层复型区域三角控制网(图1),最大限度地保证控制点的精度和增加施工放样时的可直接使用控制点。

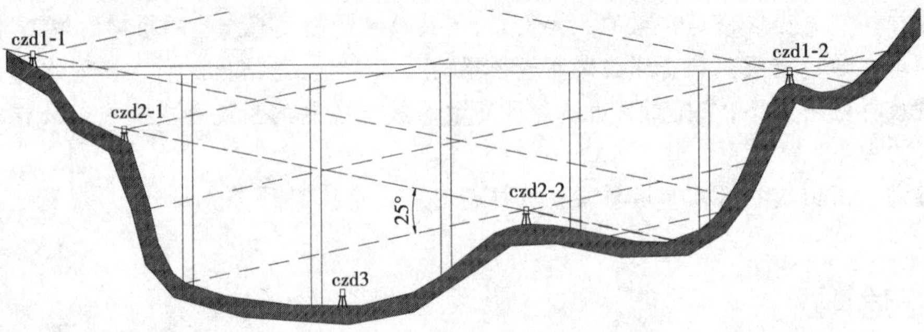

图1 分层复型三角控制网示意图

3.1 分层复型三角控制网的布测

埋设控制点时,充分考虑工程进度及河道流水面等因素对控制点的通视性和稳定性的影响,保证在施工中测量放样时有点可用、用点可信,避免结构物放样时临时转点。在布设控制点前,先在图上进行控制点位置的选定,控制点埋设前对桥梁桩位进行初放定位,确定结构物位置,确认控制点的稳定性和位置不会受墩台施工的破坏,且结构物施工期间不阻碍两点间通视。

控制网测量时,选用两台尼康全站仪,测角精度为2″,分为两队分别进行。每队测量主测人员都是有过独立观测经验,相对经验较丰富,观测成果独立计算,计算结果进行相互校核,并对测量成果进行复核签认。测量成果成型后,对不同层级的相邻控制点进行现场交叉核对,确认精度是否满足施工放样要求。复核完成后,将测量成果报送项目技术负责人及监理单位审核后方可使用。

控制网应每半年进行定期复测,如有控制点被破坏的情况应及时进行补点复测,以保证控制网的完整性。

3.2 分层复型三角网应用分析

图2所示为合同段内万家塘大桥所使用的分层复型控制网布置图。大桥单幅总长889.25 m,桥位区属宽谷低山地貌,桥梁跨越砚溪河,河流谷地呈"V"形,拟建大桥大部分位于陡坡中下部。桥位区最低点河面高程约为328.50 m,桥位区最高点位于桥位起点桥台处,高程为363.46 m,相对高差为34.93 m;为典型的峡谷地形,且河谷底部蜿蜒盘旋,通视性较差。在桥区放样控制中,适合采用建立分层复型区域三角控制网的方法提高放样控制精度。施工时,布设有3组独立的附和导线网,分上、中、底层控制放样,都闭合至桥梁首尾的标段联测高级控制点。

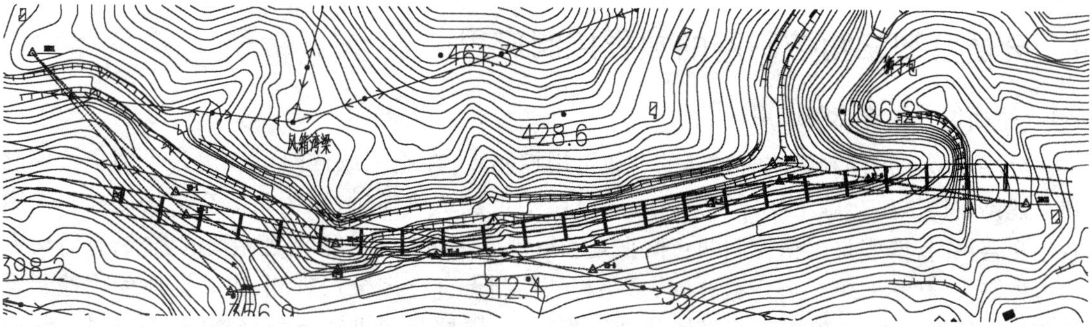

图 2　万家塘大桥分层复型控制网示意图

图 3 所示为合同段内冉家坝大桥所使用的复型控制网布置图。大桥单幅全长 574.5 m，线路两次跨越 G318 国道，有 15 根墩柱在河道内，两根在陡坡山腰，右侧为陡坡峭壁，左侧为河谷激流，桥区横断面呈“L”形。桥位区最低点位于磨刀溪河床底部，地面高程为 233.16 m；桥位区最高点位于万州岸桥台 G318 国道边坡顶部，高程为 326.24 m，相对高差为 93.08 m，为典型的高山峡谷高墩桥梁。在桥区放样控制中，适合采用建立分层复型区域三角控制网的方法提高放样控制精度。施工时，布设有 3 组独立的附和导线网，分上、中、底 3 层控制放样，其中，中间层和上层左侧控制点共用，桥梁首尾及左侧控制点为标段联测高级控制点。

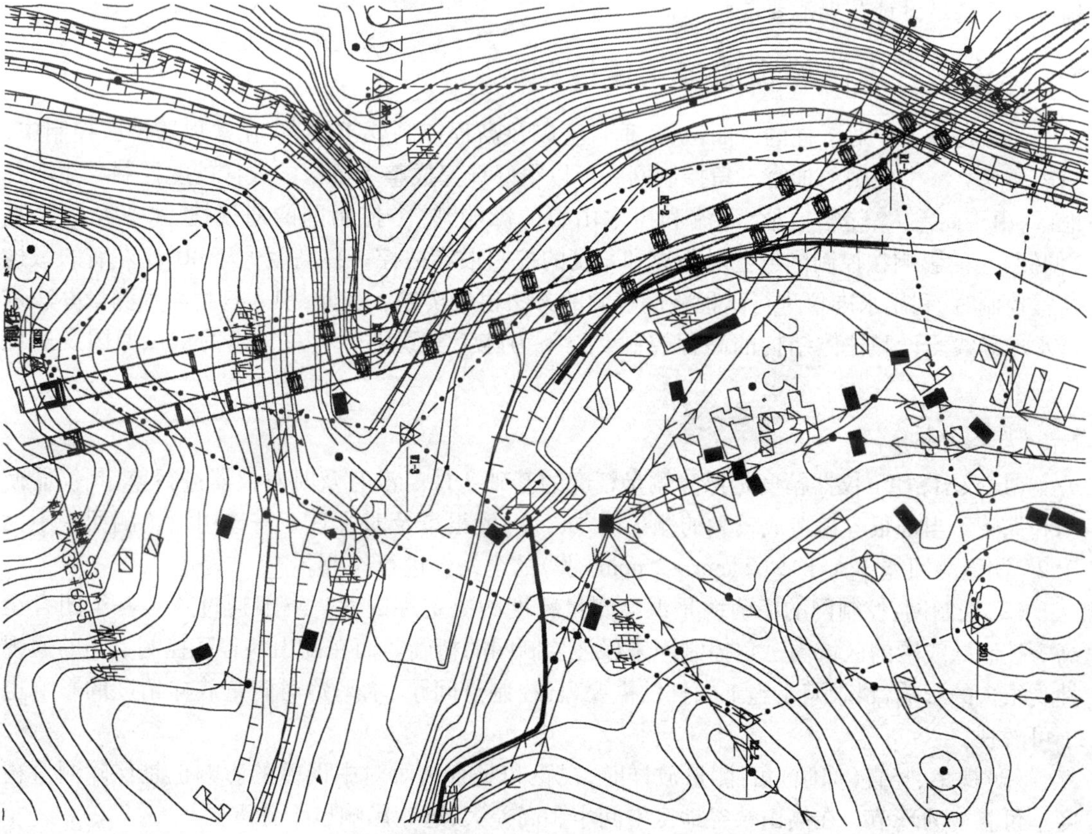

图 3　冉家坝大桥分层复型控制网示意图

4 分层复型三角控制网的放样控制应用

4.1 平面位置放样控制应用

分层复型三角控制网内有足够的有效可用控制点,在施工放样时可以优先采用全站仪已知点建站放样法进行施工放样。条件不满足已知点建站放样时,采用后方交会法放样。采用后方交会法时,能满足严格控制两点间夹角和后视最短边长不小于前视距离的要求,且后交夹角可控制为60°~120°。施工放样时,可用相邻控制点进行多余点观测,以验证所使用控制点及所设测站的精度。例如,万家塘大桥使用第一、二层控制网进行下部结构施工放样控制,使用第二、三层控制网进行上部及桥面系结构进行放样控制。万家塘大桥和冉家坝大桥布设的三层复型控制网均满足全桥施工放样的控制点需求,放样精度均满足设计及规范要求。

4.2 高程放样控制应用

分层复型三角控制网的建立对提高三角高程测量的精度有显著的效果。万家塘大桥和冉家坝大桥均采用三角高程控制为主和钢尺量测为辅的方法进行墩柱高程控制。高墩上部结构采用三角控制引测水准点,再使用水准仪进行精确水准测量的方法进行控制。万家塘大桥和冉家坝大桥所布设的分层复型三角控制网控制点能满足现场高程测量的需求,三角高程测量精度均能满足设计及规范要求。

5 高山峡谷地区施工放样精度控制

高墩在施工中对墩柱的平面位置、垂直度以及高程控制要求较高,在常规的桥区控制中,只需要建立一个规则的加密三角控制网就可以很好地完成整个桥区的放样精度控制。在峡谷地区,由于高差大、陡峭地形、河流和树木山石的影响,整个控制网的通视性、水平角和竖直(仰倾)角的影响在控制网形上对距离和角度的控制很难把控。在高度大于40 m左右的墩柱高程控制时,利用水准仪进行高程精确控制的方法很难实施。因此,引入三角高程测量办法进行水准导线测设和柱体结构的高程控制。以下为施工实践中分析总结出的重点原因及避免措施。

5.1 原因分析

(1)仪器精度:仪器精度是保障测量精度的基础条件。没有及时对仪器进行鉴定、仪器使用和保管不当都很容易造成较大的测量误差,且一般很难及时发现。需选用测角测回差不大于2″、测距测回差不大于±(2 mm+2 ppm×D)的全站仪进行作业。

(2)控制网:控制网的精确性是保障测量精度的决定性因素。一般通过建立一组闭合至高等控制导线网的区域内三角控制网来保证控制网的精确。而在高山峡谷区控制点间的通视性受很大的影响,很难满足施工放样的需要,且控制点间距、水平角对测量放样精度的影响也不可忽视。

(3)视距、竖直(仰倾)角:测量放样时,视距和竖直角对对中误差的影响也是保障测量精度不可忽视的环节。在高山峡谷地区空间小和高差大,这一影响也十分重要。

(4)严格操作规范:作业人员必须熟悉仪器、规程以及产生测量误差的诱因。严格执行规范操作,加大操作中的复核检校频率和力度,避免人为因素造成测量放样精度不足。

5.2 避免措施

(1)仪器精度:高山峡谷区测量作业时,需选用测角测回差不大于2″、测距测回差不大于±(2 mm +2 ppm × D)的全站仪,并定期对仪器进行检校和检定。

(2)控制网:通过建立多组控制网,进行校核,减少控制点通视受阻的影响。

(3)视距、竖直(仰倾)角:视距越远竖直角越大,对对中误差的影响越大。有数据表明,布设控制点时,测距控制在200 ~600 m,通过减少控制点间高差以减小仰(倾)角,确保放样时竖直角角度小于25°。在这个数值区间内,全站仪对向三角高程测量的精度可满足三等水准测量的要求。受峡谷地区空间影响,在保障竖直角的条件下将测距控制在200 ~300 m是可行的。

为使测量结果准确可靠、施工放样及时高效,通过选用高精度仪器、引入三角高程测量办法、规范操作和建立合理三角控制网的方法,以保障在高山峡谷地区测量放样时的精度并提高测量放样工作效率。

6 结　语

在高山峡谷区进行高墩放样精度控制时,需要建立更加细化、完善的控制网。建立分层复型三角控制网,既能够很好地保证控制网精度,又能增加可用控制点数量,提高测量放样效率。配合高精度仪器、三角高程测量、规范操作和严谨的复核校对等,能够很好地提高高山峡谷地区高墩控制放样的测量控制精度。

从实际应用效果来看,建立分层复型三角控制网能够很好地提高高山峡谷区高墩的放样控制精度,提升施工放样效率,可以在实际施工中运用。

参考文献

[1] 朱成,王祥. 铁道工程测量学[M]. 北京:人民铁道出版社,1979.
[2] 周建郑,唐保华,马文明,等. 工程测量[M]. 郑州:黄河水利出版社,2006.
[3] 张正禄. 工程测量学[M]. 武汉: 武汉大学出版社,2002.
[4] 陈永奇. 工程测量学[M]. 4版. 北京:测绘出版社,2016.
[5] 中华人民共和国国家标准. 工程测量规范(GB 50026—2007)[S]. 北京:中国计划出版社,2007.
[6] 中华人民共和国国家标准. 精密工程测量规范(GB/T 15314—1994)[S]. 北京:中国标准出版社,1994.
[7] 黄兆铭,张智韬. 全站仪三角高程测量误差与边长及角度的关系科技资讯[J]. 科技资讯,2009(7):50-51.

半填半挖路基上预制梁场的不均匀沉降预防控制技术

吴高俊　任耀森

（中交一公局海威工程建设有限公司　北京　101119）

摘　要　本文以重庆万利高速公路第5合同段预制梁场为例，通过分析建设在半填半挖路基上预制梁场发生沉降的原因、采取的处治措施以及处治效果，对半填半挖路基上预制梁场不均匀沉降的预防控制技术进行总结，为今后类似工程提供借鉴经验。

关键词　半填半挖路基　预制梁场　不均匀沉降

1　引　言

随着国家公路网规划的扩大及高速公路的快速发展，公路建设的主体逐渐走向山区或边远地区。山区高速公路施工最大的局限性在于地形限制，线路内多高山、深谷。预制梁场建设时，受限于地形条件，通常将梁场建设在路基上。相较于高填路堤或深挖路堑，半填半挖路基地势相对平坦，场地平整难度相对较小，通常作为预制梁场的建设场地。但半填半挖路基受路基施工质量或地下水影响，极易发生不均匀沉降。填挖方不均匀沉降反馈到预制梁场时，对预制梁场稳定性以及预制T梁施工质量的影响极为明显。因此，总结如何避免半填半挖路基上预制梁场沉降的施工经验及教训，对山区高速公路路基施工及预制梁场建设具有重要意义。

2　工程概况

重庆万利高速公路第5合同段起始桩号为K28+200，终止桩号为K35+820，全长7.62 km，属构造侵蚀、剥蚀丘陵-低山地貌，多斜坡沟谷，地形地貌受地质构造控制，山脊多呈东西走向，山间夹平行沟谷，经现场踏勘，未发现适合预制梁场建设的场地。全线路基合计约4 km路基，大部分段落位于滑坡地带，不适宜作为场站建设场地。桩号K31+470~K31+720段为半填半挖路段，最大挖方高度约为7 m，最大填筑高度约为14 m，场区内未发现不良地质，且该处交通方便，距离拌和站较近，适宜建设预制梁场。本段路基纵坡为-2.797%，梁场场地整体不设置纵坡、横坡；梁场内运梁便道无纵坡，梁场外利用路基作为运梁便道，最大纵坡为3.3%。桩号K31+618处有一个盖板涵洞，梁场内排水汇总后经涵洞排出。

桩号K31+618盖板涵顶标高为319.6 m，梁场按照323.4 m控制。该标段40 m T梁较多，共计415片，设置20个40 m T梁台座；35 m T梁共计10片，设置3个35 m与40 m T梁的

作者简介：吴高俊(1991—)，男，专科，技术员。

任耀森(1987—)，男，本科，助理工程师。

公用台座;30 m T梁共计137片,设置5个30 m T梁台座;共计25个台座。梁场整体不设置纵坡、横坡,局部设置1.5%横坡。每排5个台座,共设置5排;同排台座之间设置横坡及纵向排水沟,每两排台座之间设置横向排水沟,纵向排水沟汇至横向排水沟。梁场平面布置如图1所示,图中除高程和里程以m计外,其余以cm计。

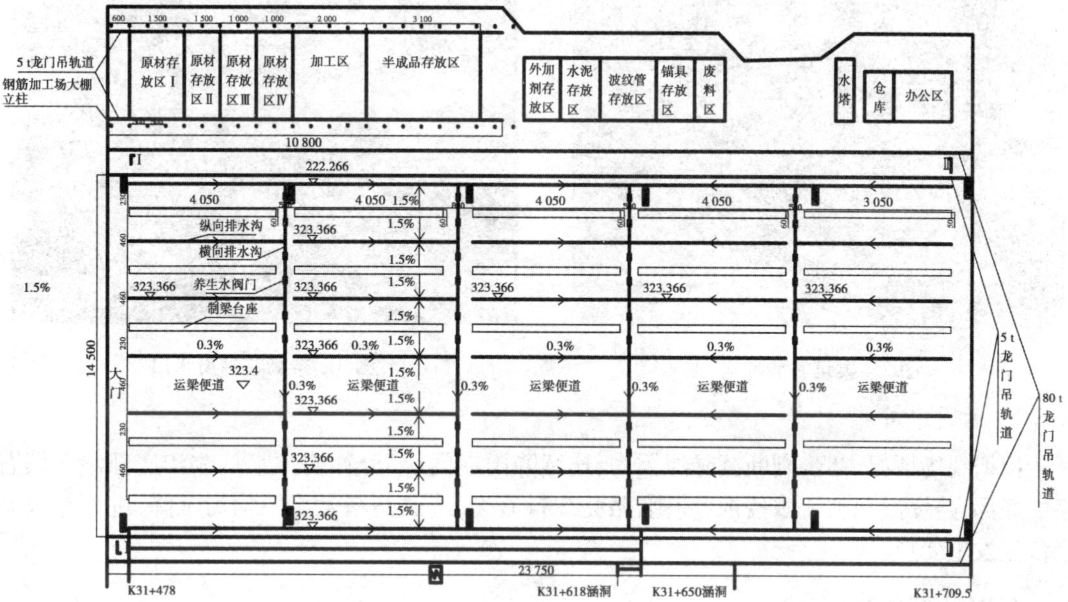

图1　梁场平面布置示意图

3　梁场沉降及原因分析

3.1　梁场沉降情况

在利用预制梁场第4排制梁台座进行T梁预制施工时,张拉完成复核梁体起拱值发现起拱值偏大(未超出设计允许最大偏差)。复核台座高程发现,台座反拱值发生变化引起梁体起拱值偏大。排查预制场所有制梁台座显示:位于桩号K31+618~K31+650段的第4排制梁台座均发生了不同程度的沉降,其他台座基本未发生变形。通过现场踏勘,发现桩号K31+618~K31+650段路基上存在多道裂纹,推断为路基不均匀沉降引起的台座变形。通过对台座及路基进行持续性沉降位移监测,路基最大沉降量约为6 cm,证明确实为路基不均为沉降引起的台座变形。因此,需对路基不均匀沉降原因进行分析。

3.2　沉降原因分析

3.2.1　现场踏勘情况

(1)沉降段位于K31+618、K31+650两涵洞之间,该段路基原地貌横向呈斜坡状,属半填半挖路基:左侧为填石路堤,右侧为低挖路堑。

(2)台座发生沉降前以及持续观测期间,重庆市万州区发生连续降雨。

(3)路基右侧K31+630处有一自然冲沟,现场已按照设计图纸进行改沟施工,将冲沟与K31+618涵洞进口顺接。根据降雨期间现场勘察结果,冲沟内汇水能够进入涵洞,但涵洞过水量明显小于冲沟汇水量。

(4)路基左侧边坡底部有一出水口,降雨期间或降雨完成后一段时间均有水流出,降雨期间出水量较大,降雨停止后出水量变小。该段路基顶面基本已全部硬化,可排除路基顶面积水渗水原因的影响,初步推测水源为冲沟汇水从改沟底部渗入(图2、图3)。

图2　梁场右侧冲沟

图3　梁场左侧出水口

3.2.2　原因分析

根据现场情况,初步判断沉降原因为:连续降雨期间,部分冲沟汇水从改沟底部渗入填石路堤底部,路堤底部被流水侵蚀、冲刷,路堤细料流失,造成路基发生不均匀沉降,进而导致制梁台座发生变形。

4　处治措施及效果

4.1　处治措施比选

根据现场情况,拟定两种措施对沉降路基进行处治。

(1)方案一:对沉降路基进行深孔注浆,并延长改沟工程。

(2)方案二:注浆结合挖除换填方案。

由于该段路基主要为填石路堤,路基孔隙率较大,注浆处理效果难以得到保证,且费用较高。结合现场情况,采用注浆结合挖除换填的方式进行处治。

4.2　沉降处治

4.2.1　处理范围及方式

(1)对桩号 K31 +616 ~ K31 +652 段路基进行挖除换填。

(2)对已施做的第3排和第5排台座处路基进行钻孔注浆处理。

4.2.2　挖除换填

沉降处治示意如图4、图5所示。

(1)由于桩号 K31 +616 ~ K31 +652 段路基原地面距离顶面高差为3 m,为保证换填效果,换填深度为3 m。

(2)纵断面方向台阶按照2 m×2 m(高×宽)开挖至原地面,若遇到涵洞洞顶盖板或侧壁,可根据实际情况调整台阶开挖宽度和高度。横断面方向按照原地面线开挖2 m宽台阶,台阶高度根据地形情况自行调整,台阶设向内反坡,坡度为4%。

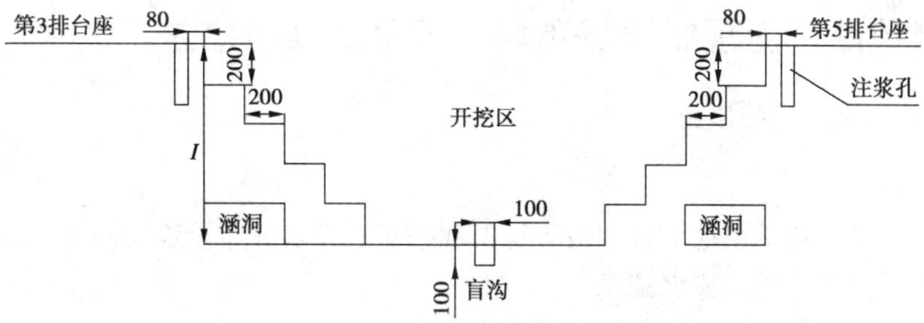

图4 沉降处治断面图(单位:cm)

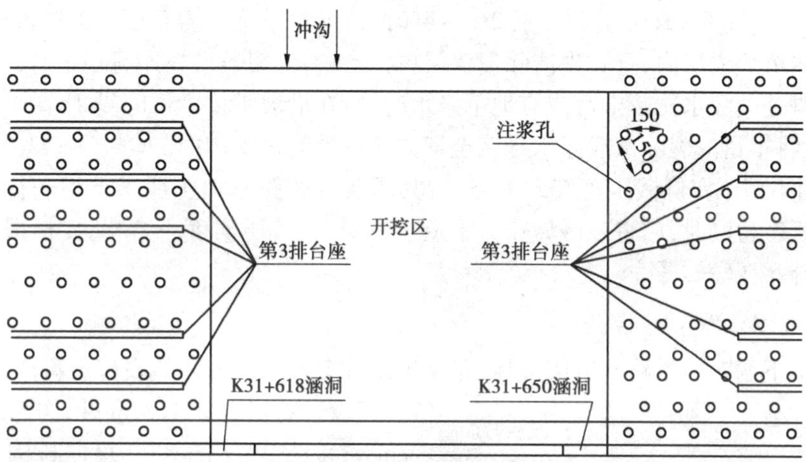

图5 沉降处治平面图示意图(单位:cm)

(3)在开挖最低处设置1 m×1 m(高×宽)碎石盲沟,盲沟应采用砂岩或灰岩等强度较高的岩石作为填料,填料粒径可根据盲沟通用图施做。盲沟采用透水土工布进行包裹,开挖后若发现出水点,在出水点处铺设透水土工布。

(4)挖除区填筑材料应采用透水性材料填筑,分层回填碾压至路基顶,每层台阶处铺设土工格栅,防止路基发生不均匀沉降,严格按照原设计施工图及相关规范进行。

4.2.3 注浆处理

(1)第一排注浆孔距离涵洞80 cm。

(2)注浆孔采用梅花形布置,间距为1.5 m,孔径为50 mm,注浆孔伸入原地面线以下1 m。

(3)注浆导管可采用ϕ50 mmPVC管。

(4)压浆浆体采用水泥浆,采用P·O32.5水泥,水灰比为1.0,浆液的初凝时间控制在10 min以内。

4.3 处治效果

处治前,路基最大沉降为6 cm。处治完成后,根据台座及路基持续监测结果,路基沉降基本处于稳定状态,处治效果较好。

5 半填半挖路基上预制梁场不均匀沉降的预防措施

5.1 路基不均匀沉降预防措施

5.1.1 地基处理

半填半挖路基及路基填挖结合部最容易出现路基不均匀沉降导致梁场发生沉降，因此，施工中应严格按照设计及规范要求施工。

(1)路堤填筑前将坡面的植被、松土等清理干净。

(2)在坡面上沿纵向开挖台阶，台阶的宽度根据其地形情况挖成宽2 m以上，坡脚附近为2～2.5 m，高度为0.5～1.0 m，并做成2%～4%的反向横坡。当岩基面上的覆盖层比较薄时，台阶应挖至弱风化岩层内，且宜先清除覆盖层再挖台阶；当覆盖层较厚且稳定时，可予以保留。当坡面或坡脚处裂隙水比较丰富或有地下泉水时，应在沿坡脚位置每间隔2～3个填层高度设置一个盲沟，将丰富的裂隙水或泉水导流至填方区以外的排水沟内。

(3)采用小型压实机械压实或人工夯实，其压实度按路基填土要求严格进行检测。在进行填方区压实度检测时，应将该区域作为重点检测对象，若压实度不合格，要根据不合格原因进行返工或补碾压。

5.1.2 路基排水工程

为避免地下水对填方路基造成破坏，路基填筑施工前在填方一侧设碎石盲沟处理，横向盲沟埋设于封层以下1.3 m处，沟深50 cm，宽40 cm，坡度为2%(图6)。横向盲沟顶面与边坡交点向内50 cm处为横向盲沟的终点，并用反滤土工布包裹，横向盲沟每30 m设置一道，水量丰富处适当加密。在横向盲沟终点处设置ϕ10 mmPVC管，长2 m，有75 cm露在边坡外，纵向盲沟设置在中央分隔带处，与横向盲沟相连。

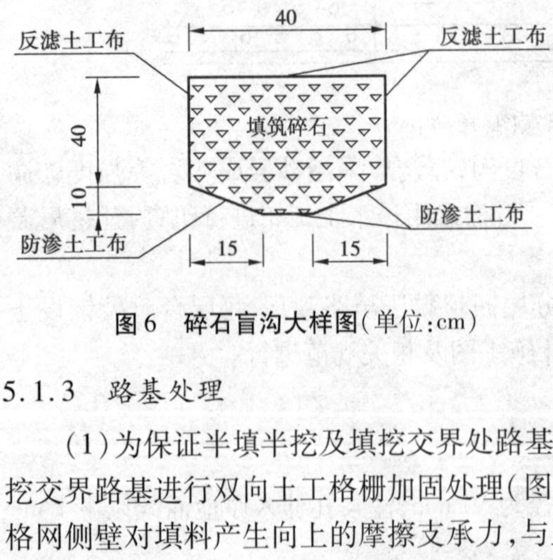

图6 碎石盲沟大样图(单位:cm)

5.1.3 路基处理

(1)为保证半填半挖及填挖交界处路基的稳定性，减少不均匀沉降，对部分半填半挖和填挖交界路基进行双向土工格栅加固处理(图7)。土工格网对填料提供较大的侧向约束作用，格网侧壁对填料产生向上的摩擦支承力，与土体形成一个具有较大弯拉刚度与抗剪强度的复合体。此复合体能够隔离应力和位移的传递，从而能够柔性过渡并协调半填半挖路基顶面的沉降。它对局部荷载具有网兜效应，使荷载分布更为均匀；土工格网的加筋作用减小了土中的竖向应力和剪应力，增强了路基的稳定性，从而减小路基不均匀沉降。在半填半挖路段设置1～3层土工格栅，封层上间距80 cm一层，封层下间距30 cm一层，土工格栅宽度为填、挖两侧每侧5 m，共10 m，搭接宽度为15 cm。

路堤边坡加筋土工格栅采用双向经编聚酯土工格栅，土工格栅原料为涤纶工艺长丝，涂敷原料为改性沥青、丙烯酸树脂，极限抗拉强度不小于25 kN/m，对应延伸率≤10%，网孔尺寸为25 cm×25 cm，幅宽3 m，成品克重≥135 g/m^2，涂敷率(DPU)≥20%，结点强度≥130 N。

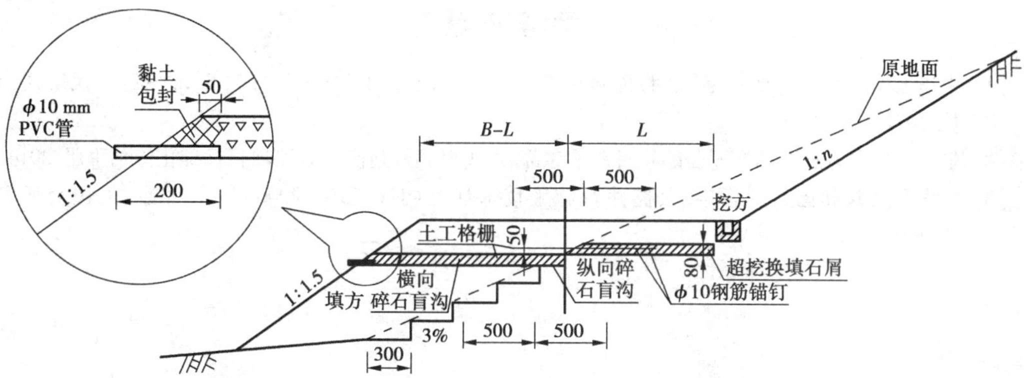

图7　半填半挖路基横断面图(单位:cm)

(2)半填半挖路基中,由于填挖路基之间、不同填筑高度的填方路基之间的自然沉降速率不同,必然会出现不均匀沉降。为了减小自然沉降差异引起的不均匀沉降,应提前组织高填路堤施工,在梁场建设前达到自然沉降稳定的状态。

(3)若在梁场建设时,路堤未达到自然沉降稳定期,宜采用强夯对填方路堤进行夯实,最大程度地减小自然沉降差异。

5.2　台座制作及使用预防沉降措施

5.2.1　台座布设原则

预制台座应坚固、无沉陷,台座各墩间距应适宜,以保证底模挠度不大于2 mm。台座表面应光滑平整,在2 m长度上平整度的允许偏差为2 mm,气温变化大时应设伸缩缝,混凝土等级不小于C25。

5.2.2　基础压实处理

梁场建设时,台座要坐落在稳固的基础上,根据实际情况,采用小型机具进行夯实处理。

5.2.3　扩大基础

由于台座端头受力较大,在进行台座建设时,端头位置宜采用扩大基础形式,增大受力面积,提高承重能力。

5.2.4　定期监测

台座使用期间需在台座上设置监测点,定期对台座沉降、变形情况进行监测,发现异常及时处理。

6　总　结

(1)通过对桩号K31+618~K31+650段路基沉降进行处治,解决了路基及制梁台座沉降的问题,后续的监控数据证明处治效果较好。

(2)本文分析了半填半挖路基上梁场沉降原因,总结了切实有效的半填半挖路基上梁场不均匀沉降的原因和预防措施,对于类似工程具有一定的参考价值。

参考文献

[1] 中华人民共和国行业标准. 公路桥涵施工技术规范(JTG/T F50—2011)[S]. 北京:人民交通出版社,2011.

[2] 中交一公局万利万达高速公路项目总承包部. 重庆万利万达高速公路项目标准化体系手册,2014.

[3] 中华人民共和国行业标准. 公路路基施工技术规范(JTG F10—2006)[S]. 北京:人民交通出版社,2006.

冉家坝大桥 1 号墩桩基施工技术

任耀森　常永健

（中交一公局海威工程建设有限公司　北京　101119）

摘　要　山区陡壁挖孔桩施工最大限制条件为地形限制，主要难题在于无便道、无平台。重庆万利高速公路冉家坝大桥位于坡度近 90°的山体上，山体紧邻 G318 国道，国道下方埋设有军事光缆，是陡壁挖孔桩施工的典型工况。本文以冉家坝大桥 1 号墩桩基施工为例，对临近既有道路、管线，以及无便道、无平台工况下陡壁挖孔桩施工措施进行方案策划，对棚架配合支架法、支架法、挡墙法及马道法，从经济性、工期、可操作性、安全性 4 个方面进行测算、比选。根据比选结果，棚架配合支架法和挡墙法基本满足要求，考虑经济性，选定棚架配合支架法。通过对比选结论及实施情况进行分析，总结了各种方案的适用条件，为类似工况下的桩基施工积累经验。

关键词　陡壁　挖孔桩　措施　国道　管线

1　引　言

随着高速公路建设的快速发展，高速公路建设主体逐渐走向山区，山区高速公路施工最大限制在于地形条件，最大难题在于无便道、无施工平台。随着国家公路网规模的扩大，高速公路与既有道路交叉或临近情况愈发常见，对施工安全提出了更高的标准。重庆万利高速公路冉家坝大桥 1 号墩位于坡度近 90°的山体上，山体紧邻 G318 国道，国道下方埋设有军事光缆。本文主要介绍桩基施工措施的比选，以确保在按期完成施工任务的基础上，确保施工、国道及管线安全。

2　工程背景

2.1　工程概况

重庆万利高速公路四分部所负责标段起始桩号为 K28 + 200，终止桩号为 K35 + 820，梁场位于 K31 + 470 ~ K31 + 720 处。冉家坝大桥起始桩号为 K32 + 103，终止桩号为 K32 + 678，是 T 梁架设作业大桩号方向的起点。冉家坝大桥左右线 1 号墩基础分别为两个为 2.5 m × 4 m 矩形桩，桩长 25 m。

冉家坝大桥临近梁场，是架梁作业大桩号方向的起点，1 号墩下部构造 I 期是总体工期计划的最重要影响因素之一。冉家坝大桥左右线 1 号墩位于坡度近 90°的陡崖上，崖高 80 m，且坡面上危岩耸立；桩基顶与 G318 国道路面高差 28 m，桩基施工难度大，安全风险高（图 1）。

作者简介：任耀森（1987—），男，本科，助理工程师。

常永健（1985—），男，本科，工程师。

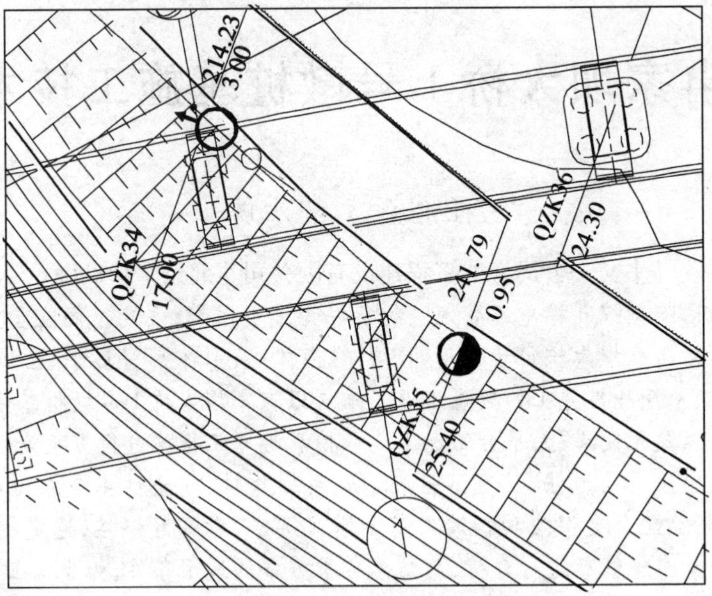

图1　冉家坝大桥1号墩平面布置图

本文主要结合1号墩桩基施工措施,从方案策划、方案比选、实施效果及方案实施中的注意事项等方面进行总结,以期为类似工况下的桩基施工积累经验。

2.2　地形水文

冉家坝大桥左右线1号墩位于坡度近90°的陡崖上,崖高80 m,山体岩性为砂岩,桩基顶与G318国道路面顶高差为28 m,国道另一侧紧邻磨刀溪。桩位处原地面标高与桩顶标高最大高差约8 m,桩基施工前需在山体上开挖桩基施工平台,拟定平台位置上方边坡危岩耸立,体积较大且结构复杂。

重庆市万州区夏季高温,多大雨、暴雨,降雨多集中在每年的5—9月,约占每年降雨总量的70%。

3　施工重难点

(1)1号墩所处山体陡峭,墩位处孤石耸立,岩石表层覆盖有松散碎石土,桩基开挖过程中易发生落石、滑坡;坡脚紧邻G318国道,国道车流量较大,行人较多,易出现落石砸车、伤人事故,存在很大的安全风险,安全性是施工控制重点和难点。

(2)1号墩桩基是重要节点控制工程,工期紧,按期完成1号墩桩基施工是施工控制的重点和难点。

(3)桩基施工平台距离国道路面最大处约28 m,高空作业安全控制是施工控制重点。

(4)国道水沟下方有军事光缆,施工过程中需防止滚石滚落下来破坏军事光缆,施工中如何保证军事光缆的安全是施工控制重点。

(5)桩位地形陡峭,完全无施工场地和便道,如何设置开挖施工平台及人员、材料的上下通道,是施工难点。

(6)受地形条件及周围环境影响,桩基施工会产生一定的措施费,措施费的成本控制是控制重点和难点。

4　方案策划

（1）根据现场地形条件，结合项目管理人员及作业队伍以往的施工经验，经多位专家现场指导、会议讨论，初步选择4套方案作为桩基施工配套措施。

（2）冉家坝大桥左右线1号墩墩位处山体较为陡峭，山体局部表面有覆盖层，且紧邻G318国道，国道行人、车辆较多。如采用爆破施工，可能诱发山体表层浮土、碎石下滑，造成人员伤亡。国道边沟下方埋设有军事光缆，爆破震动对其影响较大，不具备爆破施工条件。通过现场勘察，该处山体均为砂岩，岩体强度较高，且完整性较好。不管采用何种施工措施，桩基开挖施工均采用水磨钻钻孔，辅以凿岩机和风镐进行开挖。钢筋笼安装均采用孔内绑扎方式。混凝土浇筑均利用汽车泵配合。

4.1　棚架配合脚手架

考虑到G318国道交通繁忙，为确保施工中交通安全、通畅，同时考虑钢材和脚手架可循环利用，拟采用棚架配合脚手架方式作为施工平台及通道（图2）。

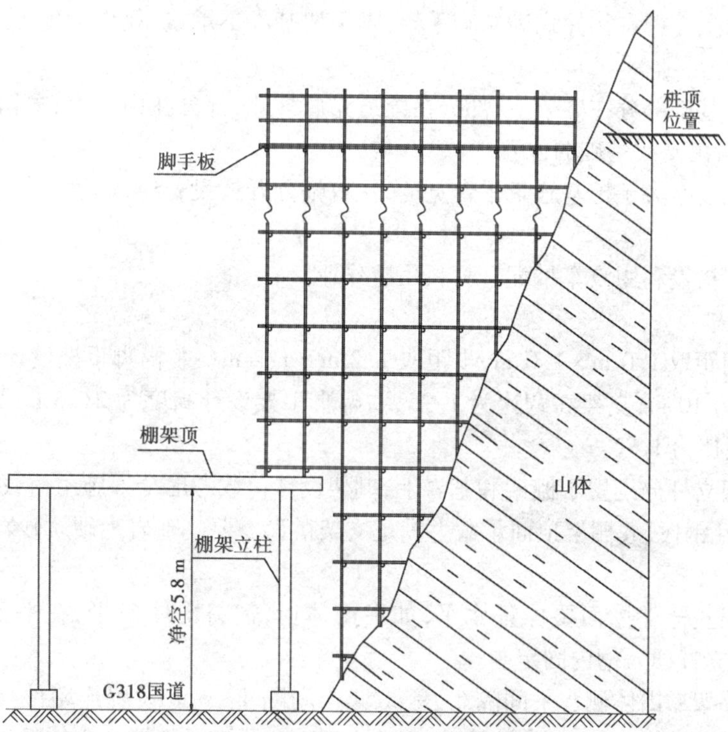

图2　棚架配合脚手架法立面示意图

4.1.1　棚架设置

1）总体方案

（1）在冉家坝大桥跨G318国道段设置防护棚架。

（2）棚架方案由有资质的单位进行专项设计，棚架搭设所用材料均采用合格的国标材料。

（3）棚架下部结构采用钢管柱形式，上部结构采用工字钢配合钢板的结构形式。

（4）棚架长与左右幅总宽度一致，左右幅之间空隙处连通；宽度与国道宽度一致，基础位于路肩处，不侵占国道行车空间，高度为5.5 m。

2）施工方法

（1）首先由测量人员根据棚架施工设计图将棚架基础放样，施工人员根据点位将基础底凿平，清理干净后再次放样。根据点位绑扎基础钢筋及预埋基础锚固钢筋。

（2）安装基础模板，加固后进行混凝土浇筑，确保基础顶面水平。

（3）待棚架基础施工完成后，采用吊车配合施工人员安装棚架立柱，所有立柱安装好后用[12 槽钢进行连接，使所有立柱形成整体。

（4）在地面将两根40c 工字钢并排焊接为一个整体作为横向分配梁，用25 t 吊车将其吊装固定在立柱顶面，并及时施焊。

（5）纵向分配梁采用40c 工字钢，安装在横向分配梁上，并及时焊接，待全部安装完成后，其上满铺8 mm 厚钢板，钢板与纵向分配梁采用焊接。

4.1.2　脚手架设置

1）总体方案

（1）在棚架上方搭设扣件式满堂脚手架，脚手架基本不承重，仅作为施工平台及出渣溜槽支架。

（2）脚手架基础部分在棚架上，部分在国道路肩外侧，部分在山体上；根据基础位置需要，在山体斜坡上凿出支架基础的位置。

（3）支架宽度略大于桩基施工平台宽度，左右幅分开搭设；支架高度与桩基所在位置的最高点高度一致。

（4）脚手架搭设利用汽车吊配合材料吊装作业。

2）施工方法

（1）立杆间距取1.0 m×1.0 m，步距取1.2 m×1.2 m。左幅脚手架设计高度为19.5 m，设计最小宽度为10 m，支架高宽比为1.95，右幅脚手架设计高度为21.6 m，设计最小宽度为11 m，支架高宽比为1.96。

（2）脚手架立杆分别置于棚架和基岩上，棚架设计荷载考虑全部施工荷载为20.0 kN/m^2，棚架顶面为刚性钢板，故棚架顶面承载力满足支架搭设需要。基岩为硬质砂岩，承载力也满足承载力要求。

（3）脚手架立杆支撑面要保证水平，如在山体上，需将山体凿平，在平台上凿55 mm×20 mm圆槽，将立杆插入槽内固定。

（4）在脚手架靠山体侧水平间隔6～9 m、竖向间隔4～6 m 设置连墙件与山体拉结，连接采用钢管与锚杆双面焊接的方式，焊缝长度不小于100 mm，锚杆锚入山体的长度不小于1 m。

4.1.3　其他

1）爬梯

在棚架一侧设置钢管扶梯，脚手架部分设置“之”字形斜道，作为人员上下的通道。“之”字形斜道拐弯处应设置平台，其宽度不应小于斜道宽度。斜道两侧及平台外围均应设置栏杆及挡脚板，栏杆和挡脚板均应搭设在外立杆的内侧，上栏杆上皮高度应为1.2 m，挡脚板高度不应小于180 mm。

2)出渣装置

桩基开挖时,渣土通过溜槽弃至河道边,再利用挖掘机装至自卸车,运至弃渣场。溜槽宽1.8 m,为保证溜槽牢固,将溜槽固定在脚手架上,溜槽底面满铺3 mm厚钢板,钢板与脚手架采用焊接方式固定,钢板下方满铺竹条板,竹条板利用铁丝固定在脚手架上。溜槽两侧设置1 m高竹条板挡板,防止渣石滚落。溜槽下方设置防坠网,防止渣石掉落,伤害行人、车辆;溜槽下端头设置串筒,防止渣石随意丢弃,出现意外。

4.2　锚杆混凝土挡墙

4.2.1　总体方案

在G318国道与山体之间对应左右幅1号墩桩基位置,设置锚杆混凝土挡墙(图3)。挡墙顶高程与桩顶标高齐平,左右幅分幅浇筑,右幅挡墙长16.6 m,竖向分为3层;左幅挡墙长14.8 m,竖向分为2层。挡墙顶部作为桩基开挖施工平台。

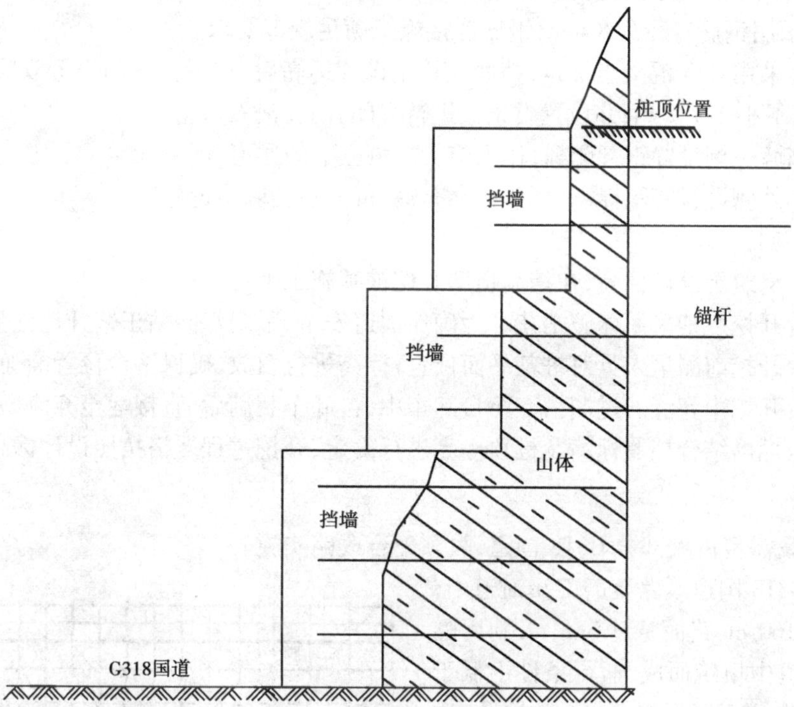

图3　挡墙法立面示意图

4.2.2　锚杆混凝土挡墙施工

挡墙平台位于山体与G318国道之间,内侧随山体起伏布置,始终与山体紧密连接,外侧位于G318国道水沟内侧,不侵占G318国道行车空间。左右幅1号墩挡墙平台分幅浇筑,顶标高根据桩顶标高确定。挡墙分层浇筑,每两层之间设置预埋钢筋连接,确保挡墙整体性良好。挡墙浇筑施工需满足相关规范要求,确保挡墙结构质量。

1)锚杆施工

(1)为确保挡墙稳定性,挡墙与山体之间通过横向锚杆连接,锚杆采用ϕ32 mm螺纹钢,长9.0 m,间距为1.0 m,排距为1.0 m,锚杆位置设置与桩基位置平行,不影响桩基施工。

(2)钻孔施工采用干孔工艺,孔径为35 mm,孔深不得小于锚杆长度。

(3)钻孔前,应根据设计要求定出孔位,做标记。

(4)锚杆孔距的允许偏差为5 cm,锚杆孔深允许偏差为5 cm,锚杆孔径应符合设计要求。

(5)锚杆安装前应做好下列检查工作:

a. 锚杆原材料型号、规格、品种,以及锚杆各部件质量和技术性能应符合设计要求;

b. 锚杆孔位、孔径、深度及布置形式应符合设计要求。

2)挡墙施工

(1)挡墙基础设置竖向插筋,插筋采用ϕ32 mm 螺纹钢筋,长5 m,插筋必须深入G318国道基岩以下,确保挡墙基础生根。

(2)挡墙内部设置纵向、横向钢筋,纵向插筋、横向锚杆均与挡墙内部钢筋通过焊接方式连接,焊接质量满足规范要求。

(3)挡墙内部横向钢筋直径为16 mm,间距为15 cm;竖直钢筋直径为32 mm,间距为25 cm;箍筋采用钢筋直径为8 mm,钢筋连接施工满足规范要求。

(4)挡墙采用C25混凝土浇筑,挡墙浇筑至设计标高后,在平台三面设置双层钢管防护栏杆,栏杆高度不小于1.2 m,并设置竹条板进行封闭,防止渣石散落。

(5)在挡墙一侧设置钢管爬梯,作为施工人员上下的通道。

(6)护栏外侧设置警示标志,严禁社会车辆、行人在挡墙附近停留。

3)平台施工

(1)挡墙浇筑至设计标高,在挡墙顶部开挖桩基施工平台。

(2)平台开挖严禁采用爆破工艺。为确保国道安全,采用水磨钻工艺开挖桩基施工平台。

(3)平台开挖前测量人员对桩基平面位置、标高进行粗放,确保平台位置准确。

(4)平台开挖中弃渣通过溜槽弃至自卸车中,自卸车装满后,直接运至弃渣场。

(5)平台标高结合挡墙标高及桩顶标高进行确定,开挖过程严格按照设计标高进行控制。

4.3 支架法

支架搭设需侵占大部分G318国道,故须配合改路实施。

(1)将G318国道改路至磨刀溪河道中,改路长度为160 m,路面宽度为8 m,利用隧道石渣在河道中填筑而成,通行条件不低于国道通行标准,并配备合格的安全防护设施。

(2)改路完成后,在G318国道及其靠山体侧搭设扣件式满堂脚手架。脚手架高度要高出桩顶标高位置,高宽比要满足规范要求。

(3)在脚手架内侧搭设“之”形爬梯,作为人员上下的通道;在脚手架上铺设脚手板,作为作业工人开挖桩基平台时的工作平台。

支架搭设立面如图4所示。

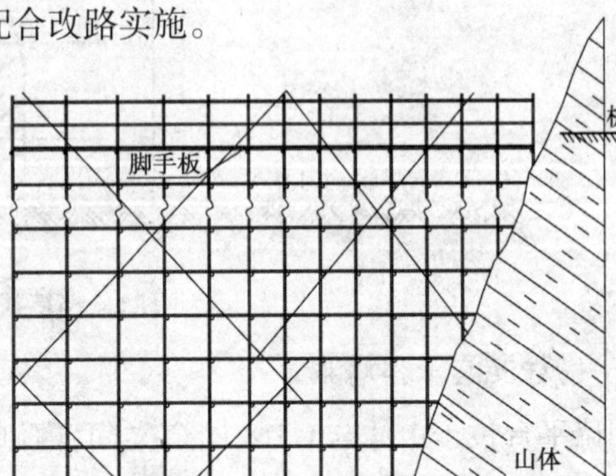

图4 支架法立面图

4.4　马道法

4.4.1　马道

在对应桩基位置的山体上钻平行的两排孔，打入锚杆，锚杆采用直径32 mm的钢筋制成。锚杆伸入山体长度根据山体岩层走向确定，通过计算确定外露部分锚杆长度，使锚杆端头形成平顺坡度。在对应两排锚杆之间设置横向及斜向连接钢筋，连接钢筋与两侧锚杆之间通过焊接方式连接。在两排锚杆之间形成的斜向坡道上满铺竹胶板，形成平顺的斜面，斜面即作为材料运输的马道。在坡顶处设置卷扬机，利用卷扬机牵引手推车，使手推车在马道上运转材料。留出手推车两车轱辘通道，在马道中间位置设置防滑条，作为人员上下的通道。

马道法立面如图5所示。

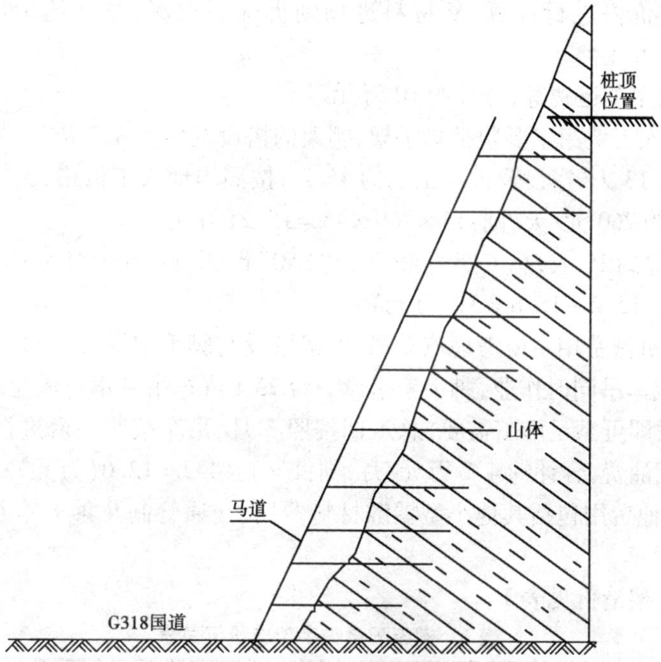

图5　马道法立面示意图

4.4.2　护栏

锚杆外露部分端头设置冷弯头，使弯头竖直向上，钢管套在弯头上，并进行电焊，作为马道栏杆的立杆。立杆之间设置两道横向钢管作为护栏横杆，钢管之间利用扣件连接，上层钢管高度不小于1.2m。人员上下时佩戴安全带，安全带系挂在护栏上，每天上班前检查马道安全情况，确保施工安全。

4.4.3　其他

桩基开挖弃渣时弃在G318国道上，国道上预备转载机及运渣车，随时清理国道上的弃渣。

G318国道实行交通管制，弃渣时临时断道，正常施工时半幅通车，交通管制安排专人负责。

5 方案比选

5.1 经济性

5.1.1 成本造价情况

1)棚架配合脚手架法

(1)钢材费用。钢材主要为A300 mm×10 mm钢管、40c工字钢、[12.6槽钢、8 mm厚钢板及10 mm厚钢板,共计264.5 t。考虑40c工字钢及钢板用量大,按照均价4 100元/t计算,按一次性使用进行考虑,70%计入成本进行计算,则:264.5×4 100×70%=75.9(万元)。

(2)钢管租赁费。ϕ48.3 mm×3.5 mm扣件式脚手架共使用约50 000 m,按照每天0.009元/m的租赁价格进行计算,从材料进场到拆除后退场,总计约180天,则:50 000×180×0.009=8.1(万元)。

考虑进出场费用及运费等,合计约10万元。

(3)人工费。人工费用主要包括脚手架、棚架的搭设及拆除人工费。

脚手架搭设约13人,搭设及拆除工期约45天,按照当地人工价格,大工300元,小工180元,折合人工价格约260元/天,则:13×260×45=15.2(万元)。

棚架搭设、拆除约10人,总工期约45天,约350元/天,则:10×45×350=15.8(万元)。

人工费用合计:15.2+15.8=31(万元)。

(4)机械费。机械费用主要考虑汽车吊,棚架搭设与脚手架搭设为顺序作业,棚架搭设最多使用两台25 t汽车吊同时作业,脚手架搭设一台25 t汽车吊基本可满足施工需要。因大部分时段一台汽车吊即可满足施工需要,总工期按照3月、吊车按照一台进行计算,25 t汽车吊当地租赁价格及燃油费,合计约4.2万元/月,则:1×3×4.2=12.6(万元)。

(5)其他。其他费用包括其他小型零散材料费用、交通管制及零工等人工费用等,按照5万元计入成本。

棚架配合脚手架造价见表1。

表1 棚架配合脚手架造价汇总表

序 号	费用明目	总价/万元
1	钢材材料费	75.9
2	脚手架租赁费	8.1
3	人工费	31
4	机械费	12.6
5	其他	5
6	合计	132.6

2)混凝土挡墙

本方案费用主要考虑锚杆材料费及分包费用、混凝土成本及分包费用。

(1)挡墙施工共计施工直径32 mm锚杆约4 200 m,按照2 900元/t进场单价,80元/m分包单价计算,则:

材料费用为:4 200×6.31×2 900÷1 000=7.7(万元)。

分包费用为：4 200 × 80 = 33.6（万元）。

锚杆施工总费用为：7.7 + 33.6 = 41.3（万元）。

（2）左右幅挡墙共计浇筑1 790 m^3 混凝土，混凝土成本按照308元/m^3 计算，则混凝土材料费用为：1 790 × 308 = 55.1（万元）。

分包单价为310元/m^3，则分包费用为：1 790 × 310 = 55.5（万元）。

挡墙内部设置钢筋网，材料费用约1万元。

混凝土挡墙总费用见表2。

表2　混凝土挡墙费用汇总表

序　号	费用明目	费用/万元
1	锚杆	41.3
2	混凝土材料费用	55.1
3	挡墙分包费用	55.5
4	钢筋网片材料费	1
5	合计	152.9

3）支架法

本方案主要考虑支架租赁费、人工费、机械费及改路费用。

（1）支架租赁费用。根据粗略计算，共计需要 ϕ48.3 mm × 3.5 mm脚手架75 000 m，从材料进场到拆除退场，总工期约150天，按照0.009元/天进行计算，则：75 000 × 150 × 0.009 = 10.1（万元）。

考虑进出场费及运费，合计约11万元。

（2）人工费用。粗略计算，支架搭设及拆除共计需要工人15人，总工期约80天，按照260元/人/天进行计算，则人工费为：15 × 80 × 260 = 31.2（万元）。

（3）机械费用。根据现场需要，一台25 t汽车吊配合可满足施工需要，汽车吊租赁费用为3.5万元/台/月，则机械费用为：1 × 3.5 × (80 ÷ 30) = 9.3（万元）。

（4）改路费用。改路费用主要考虑路基填筑分包费用、路面硬化分包费用及混凝土材料费。

根据设计方案工程量，路基填筑合计方量约10 100 m^3，分包单价约5元/m^3，路基填筑分包费用约为：10 100 × 5 = 5.05（万元）。

改路长度为160 m，宽度为8 m，按照10元/m^2 计算，则路面硬化分包费用为：160 × 8 × 10 = 1.28（万元）。

路面硬化厚度按照30 cm，混凝土成本按照308元/m^3 计算，路面硬化的混凝土材料费用为：160 × 8 × 0.3 × 308 = 11.8（万元）。

改路施工费用合计为：5.05 + 1.28 + 11.8 = 18.13（万元）。

支架法总费用见表3。

表3 支架法费用汇总表

序 号	费用明目	费用/万元
1	支架租赁费	11
2	人工费	32.2
3	机械费	9.3
4	改路费用	18.13
5	合计	70.63

4)马道法

马道法费用主要考虑锚杆施工分包费用及材料费，直径32 mm锚杆合计约720 m，分包单价按照80元/m计算，则分包费用为：720×80=5.8（万元）；材料费用为：720×6.31×2 900÷1 000=1.3（万元）。

马道法合计费用为：5.8+1.3=7.1（万元）。

5.1.2 经济分析

4种方案下经济分析对比见表4。

表4 经济分析对比表

序 号	方 案	费用/万元
1	棚架配合脚手架法	132.6
2	挡墙法	152.9
3	支架法	69.73
4	马道法	7.1

5.2 工期

4种方案工期对比见表5。

表5 工期分析对比表

序 号	方 案	工期/天	备 注
1	棚架配合脚手架法	40	主要包括棚架、脚手架搭设施工工期，不包括拆除
2	挡墙法	30	主要包含锚杆施工及挡墙混凝土浇筑施工工期
3	支架法	25	主要包括支架搭设施工工期
4	马道法	20	主要包括锚杆施工工期

5.3 可操作性

4种方案可操作性分析对比见表6。

表 6　可操作性分析对比表

序　号	方　案	可操作性情况说明	结　论
1	棚架配合脚手架法	(1)需经有资质单位进行设计; (2)工艺较成熟,施工难度小,便于控制; (3)搭设完成后施工较方便; (4)地方相关部门协调难度小	可操作性较强
2	挡墙法	(1)根据现场情况自行设计即可; (2)工艺成熟,无施工难度; (3)完成后施工较方便; (4)地方相关部门协调难度很小	可操作性很强
3	支架法	(1)根据现场情况自行设计即可; (2)工艺成熟,无施工难度; (3)完成后施工方便; (4)地方相关部门协调难度很大	可操作性一般
4	马道法	(1)需经由经验人员进行设计; (2)工艺成熟,但施工难度大,不易控制; (3)完成后施工难度较大; (4)地方相关部门协调难度大	可操作性很差

5.4　安全性

4 种方案安全性对比见表 7。

表 7　安全性分析对比表

序　号	方　案	安全性情况说明	结论
1	棚架配合脚手架法	施工安全性较好,国道安全性较好	较好
2	挡墙法	施工安全性较好,国道安全性较好	较好
3	支架法	施工安全性一般,国道安全性较好	一般
4	马道法	施工安全性较差,国道安全性很差	很差

6　比选结果、实施效果及注意事项

6.1　比选结果

4 种方案综合对比见表 8。

表 8　综合分析对比表

序　号	方　案	经济性/万元	工期分析/天	可操作性	安全性
1	棚架配合脚手架法	132.6	40	较强	较好
2	挡墙法	152.9	30	很强	较好
3	支架法	69.73	25	一般	一般
4	马道法	7.1	20	很差	很差

6.2 实施效果

在方案比选后，结合与地方相关部门沟通的情况，综合考虑，首选棚架配合支架法及挡墙法，两方案之间考虑材料周转使用情况，选取棚架配合支架法。

6.3 注意事项

根据方案比选结果及施工效果的分析，施工中存在以下注意事项：

(1)施工前，必须对山体岩层走向及岩性进行分析，通过分析，选取合理方案。

(2)施工前，必须对边坡进行排查，对存在的孤石、危岩等，施工前必须进行清理。

(3)施工中，必须做好相应安全措施，安排专人进行交通管制。

(4)施工前，必须与地方相关部门做好沟通，确保手续合法。

(5)施工中，必须对所采用的施工措施进行监测，发现异常，立即停止施工，撤出人员，采取相应处治措施。

7 结 论

(1)通过对各项措施进行比选，选取合理的施工措施，顺利实现冉家坝大桥 1 号墩桩基施工安全、质量、工期、成本等管控目标。

(2)通过对各项施工措施进行全面的对比，总结出了各项施工措施的适用条件：

a. 支架法适用于桩基开挖不具备爆破作业条件、桩位与地面高差在 15 m 以下，桩位下方有足够可利用面积的情况。支架法技术较为成熟，安全性较好，工期可控，成本合理。

b. 棚架配合脚手架法。适用于桩基开挖不具备爆破作业条件，桩位下方为既有道路且施工期间不能断道的情况。该措施技术条件较成熟，安全性能够得到保证，工期略长，成本较高。

c. 马道法适用于桩基开挖具备爆破作业条件、桩位与地面高差很大的情况。该措施工期较短，成本较低，技术条件成熟性较差，安全风险较高。

d. 挡墙法适用于桩基开挖具备爆破作业条件，桩位下方为既有道路且施工期间不能占道，桩位与地面高差不大的情况。该措施技术条件很成熟，安全性较好，工期可控，但成本较高。

(3)本文为山区陡壁挖孔桩施工提供了经验数据及施工依据，为解决类似问题提供了思路，可在山区陡壁挖孔桩施工中推广应用。

参考文献

[1] 中华人民共和国行业标准. 公路桥涵施工技术规范(JTG/T F50—2011)[S]. 北京：人民交通出版社，2011.

[2] 中华人民共和国行业标准. 公路建设项目环境影响评价规范(JTG B03—2006)[S]. 北京：人民交通出版社，2006.

[3] 中华人民共和国国家标准. 爆破安全规程(GB 6722—2014)[S]. 北京：中国质检出版社，2014.

[4] 中华人民共和国行业标准. 公路工程质量检验评定标准 第一册：土建工程(JTG F80/1—2004)[S]. 北京：人民交通出版社，2011.

[5] 交通运输公路局. 高速公路施工标准化技术指南[M]. 北京：人民交通出版社，2012.

[6] 中交一公局公路勘察设计院有限公司. 重庆万州至湖北利川高速公路(重庆段)两阶段施工图设计,2014.

[7] 柳春圃,侯君伟,王庆春. 建筑施工常用数据手册[M]. 2版. 北京:中国建筑工业出版社,2001.

[8] 周水兴,何兆益,邹毅松,等. 路桥施工计算手册[M]. 北京:人民交通出版社,2001.

[9] 中华人民共和国行业标准. 建筑施工扣件式钢管脚手架安全技术规范(JGJ 130—2011)[S]. 北京:中国建筑工业出版社,2011.

[10] 江正荣. 建筑施工计算手册[M]. 北京:中国建筑工业出版社,2001.

[11] 中华人民共和国国家标准. 钢结构设计规范(GB 50017—2003)[S]. 北京:中国计划出版社,2003.

[12] 中华人民共和国行业标准. 公路路基施工技术规范(JTG F10—2006)[S]. 北京:人民交通出版社,2006.

[13] 郭喜东. 论挖孔桩的施工技术措施[J]. 文摘版:工程技术, 2015(38):24.

山区陡壁挖孔施工技术

常永健　张海斌

（中交一公局海威工程建设有限公司　北京　101119）

摘　要　本文主要以重庆万利高速公路万家塘大桥桩基施工为例，介绍了山区陡壁挖孔桩施工技术。通过方案比选、实践总结，解决了桩基施工机械无法到位、无操作平台、爆破控制难、钢筋笼安装难等难题，并合理控制了工期，达到了节能减排的目的，为以后山区高速公路桥梁施工积累了经验和数据。

关键词　陡壁　挖孔　平台　水磨钻　孔口绑扎　人行便道

1　引　言

随着国家公路网规划的扩大及高速公路的快速发展，公路建设逐渐走向山区。山区高速公路施工最大的局限性在于地形限制。山区地形的特殊性，使得工程桥隧比增大，工程造价增高。针对桥梁施工，最大的难点在于桩基、高墩及大跨径梁体施工。本工程属于山区高速公路的典型，尤其在陡壁挖孔桩施工中积累了大量数据和经验，希望能为类似山区高速公路施工提供一点浅知拙见。

2　工程概况

重庆万利高速公路万家塘大桥全长约900 m，上部结构采用40 m跨预应力混凝土T梁，先简支后连续；下部结构采用桩柱式桥墩，共有桩基86根，桩径为1.8～2.5 m。桥位区属宽谷低山地貌，桥梁跨越砚溪河，砚溪河北岸为陡坡，陡坡高25～60 m，拟建大桥大部分位于陡坡中下部。大桥轴线地形坡角为15°～50°。线路横向地形较陡，桥位起点为北东向斜坡，斜坡坡角为45°～75°（图1）。

图1　万家塘大桥桩基施工地形

作者简介：常永健（1985—），男，本科，工程师。

张海斌（1977—），男，本科，高级工程师。

3 难点分析

万家塘大桥横向地形最大陡坡坡度接近75°，个别地段工人和机械都无法到位，桩基施工更是无从下手。经现场考察，桩基施工存在以下难点：

(1)桩基施工无操作平台，机械无法到位，人工开挖进度慢，安全隐患大。

(2)桩顶薄壁开挖难度大，爆破作业容易破坏桩顶护壁结构，下层开挖安全隐患大。

(3)左幅桩基靠山体内侧，距施工便道较远，上方为G318国道，车多弯急，机械无法长时间停留作业，桩基钢筋笼安装难度较大。

(4)工人进出施工现场无人行便道，安全隐患大。

4 施工步骤

4.1 开挖操作平台

由于桩位处坡度较陡，机械无法到位。采用爆破法开挖操作平台。

4.1.1 清表

首先由工人对桩位处实施人工清表，清表作业全程正确佩戴安全防护用品，包括安全帽、安全绳，安全绳固定于桩位上方某一固定点处。清表范围按照施工放样并留出适当的安全距离，保证桩基尺寸及挖孔机械就位。

4.1.2 爆破

采用爆破作业开挖施工平台，爆破范围仅需满足桩基尺寸和挖孔机械就位即可，避免大面积开挖破坏自然生态环境以及坡体岩层的自稳能力，造成次生灾害的发生(图2)。

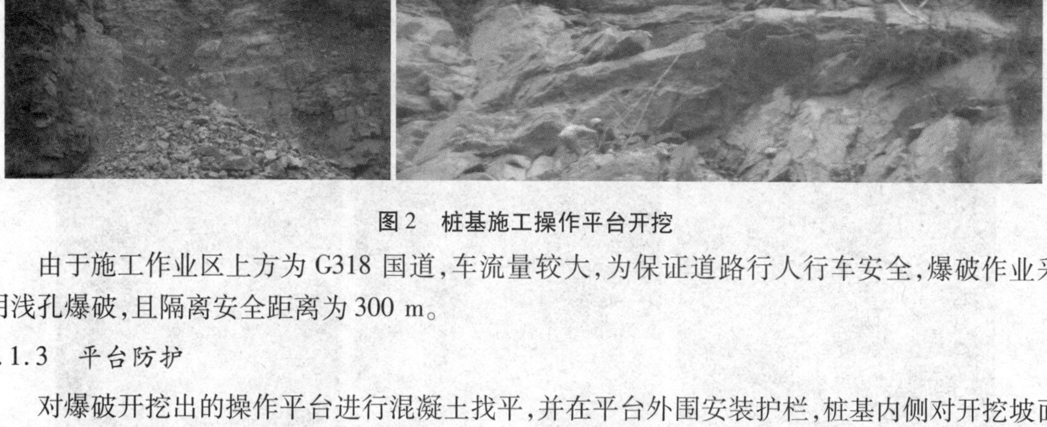

图2 桩基施工操作平台开挖

由于施工作业区上方为G318国道，车流量较大，为保证道路行人行车安全，爆破作业采用浅孔爆破，且隔离安全距离为300 m。

4.1.3 平台防护

对爆破开挖出的操作平台进行混凝土找平，并在平台外围安装护栏，桩基内侧对开挖坡面采用竹胶板防护，防止碎石坠落孔内伤人。挖孔机械用吊车吊至平台就位后，确保机架稳定、牢固(图3)。

图3　桩基施工操作平台防护

4.2　桩身开挖

桩位处坡度较大,导致桩顶外侧覆土层薄弱,而桩基开孔即为岩石开挖,常规的爆破开挖进尺容易破坏坡体岩石的自稳能力,给下层桩基开挖留下安全隐患,且桩位上方为G318国道,车流量较大,爆破作业易对道路行人行车造成安全隐患。

为了保证桩顶护壁结构稳定,坡体岩石完整,桩顶5 m高度采用水磨钻开挖。水磨钻开挖流程如图4所示。水磨钻型号采用LM150型,功率为4 kW,钻筒长度为60 cm。成孔方式为:在孔内沿护壁方向钻取周边岩芯,贯通后将中间岩层松动后整体出渣而达到进尺目的。钻孔过程中,需保证成孔内径净距满足设计要求,并随时检查桩孔中心偏位。水磨钻施工具有成孔规则、对孔壁扰动小、安全性高的优点。通过桩顶水磨钻施工达到了保护孔壁、排除安全隐患的目的。水磨钻施工现场如图5所示。

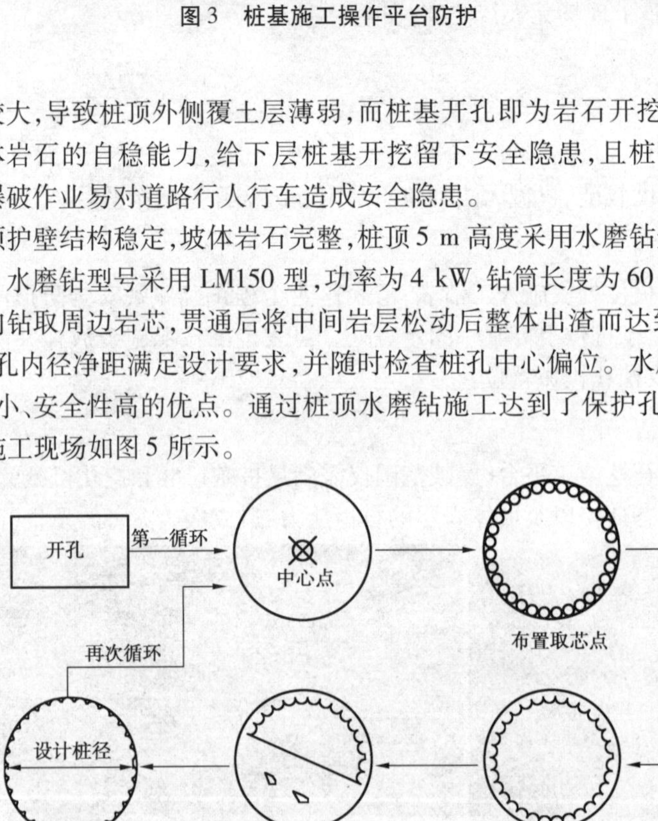

图4　水磨钻施工流程

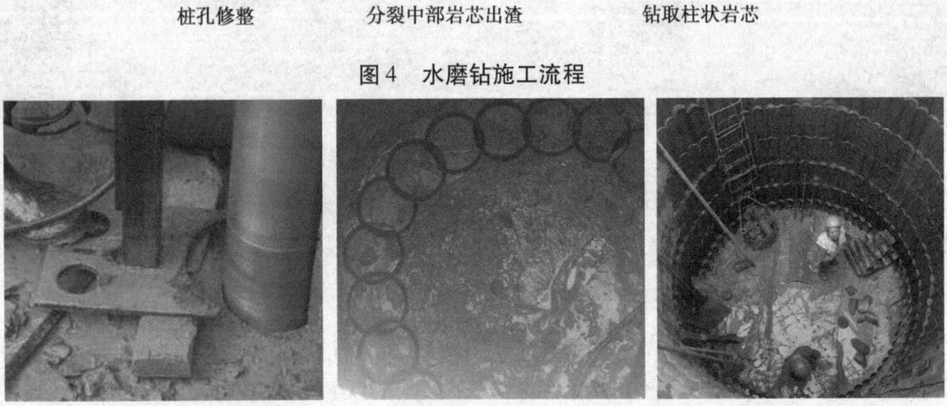

图5　水磨钻施工

桩顶5 m 开挖完成后，下部桩孔采用爆破作业，爆破开挖具有进尺快、劳动强度小、成本低的优点。

4.3　钢筋笼安装

万家塘大桥桩基大部分位于左侧山体内侧，距下方施工便道较远，桩位上方为 G318 国道，车多弯急，机械无法长时间停留作业，桩基钢筋笼安装难度较大。

为了保证桩基钢筋笼安装进度及质量、安全控制，钢筋笼安装分别采用短加工多连接工艺和孔口绑扎工艺。

4.3.1　短加工多连接工艺

对于距离施工便道较近的桩基，项目部有普通 25 t 汽车吊可以起吊短节钢筋笼至桩孔就位。由于钢筋笼分节较多，要求分节段连接严格控制钢筋连接质量及钢筋笼整体垂直度。钢筋连接采用电弧焊。连接接头需满足规范和设计要求，保证钢筋笼同一截面接头数量不超过 50%；焊接采用双面焊，焊缝长度不小于 5 d（d 为钢筋直径），且两接合钢筋的轴线应保持一致。钢筋笼的加工充分考虑搭接长度，避免安装长度不足。

4.3.2　孔口绑扎工艺

对于距离施工便道较远、普通 25 t 汽车吊无法满足钢筋笼安装作业的桩孔，采用钢筋笼孔口绑扎工艺。其施工流程如图 6 所示。

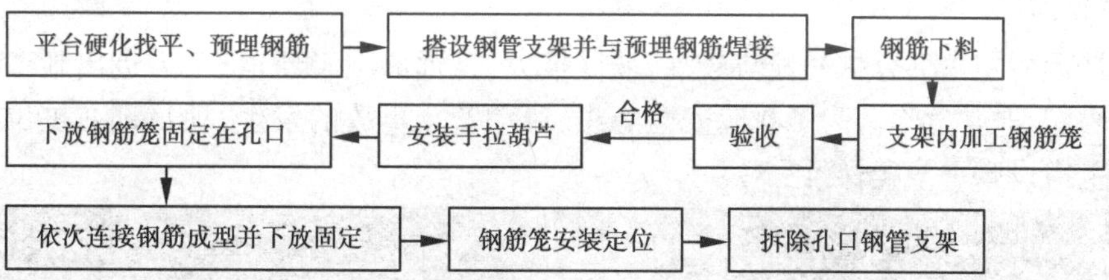

图6　孔口绑扎工艺施工流程

该工艺具体施工步骤如下：

1）平台处理

对爆破开挖出的操作平台进行 C20 混凝土硬化找平，并在硬化层内相应位置预埋 L 形 ϕ25 mm 钢筋，预埋钢筋按比孔径超宽 50 cm 呈正方形对称布置。

2）支架搭设

待操作平台混凝土达到设计强度后，在孔口搭设钢管支架。支架高度为 9 m，立杆数量为 26 根，每根管底与平台预埋钢筋焊接，22 根作为钢筋笼支撑杆件，4 根作为四周稳定支撑杆件。横杆步距为 1 m，每两层设置一道操作平台。支架四周按规范要求设置剪刀撑。在支架顶部安装两根 20a 工字钢作为钢筋笼下放分配梁，其上吊挂下放钢丝绳及手拉葫芦。以万家塘大桥左幅 8-0 号桩基为例，桩基钢筋笼最大质量为 6 t。选择钢丝绳承载质量不小于 10 t，以及 8 t 手拉葫芦两个。

3）钢筋笼制作、安装

支架搭设完成后，在孔口设置两根 20a 工字钢横梁，将第一道加强箍筋安放在孔口横梁上，保证加强箍筋水平放置并位于设计中心，同时按设计间距放置 3 层加强箍筋并用钢管固定。然后分别对称焊接 4 个方向的主筋，待骨架成型后再依次对称焊接剩余加强箍筋和主筋；

主筋与加强箍筋焊接完后，再安装、绑扎螺旋筋。螺旋筋绑扎完经监理验收合格后利用脚手架上方手拉葫芦下放每节钢筋笼，每次下放 2 ~ 6 m 后在孔口用横杆支撑固定。依次循环作业，上下钢筋笼主筋连接采用套筒连接，连接应满足设计及规范要求。支架布置如图 7 所示。

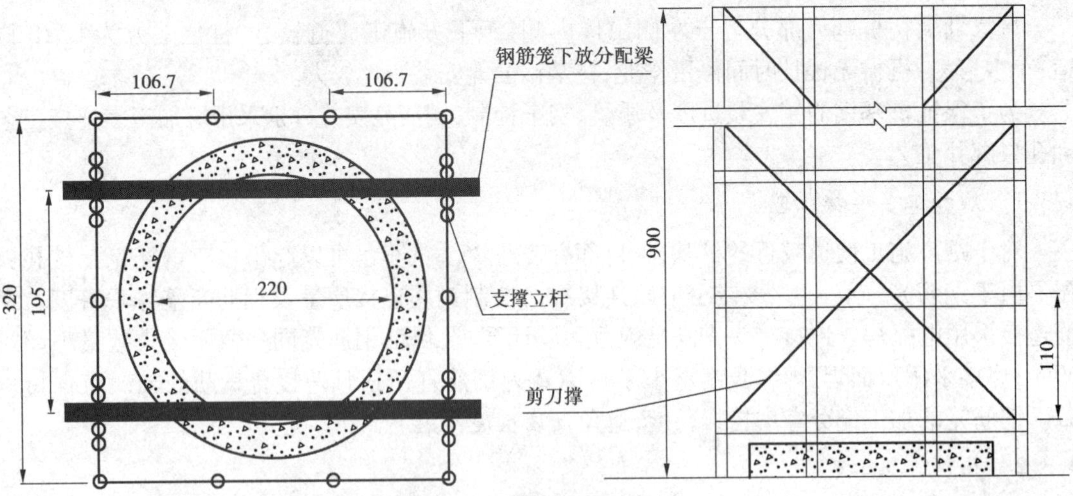

图 7　支架布置图（单位：cm）

4.4　人行便道

万家塘大桥左幅部分桩基地势较高，坡度极大，且远离施工便道，工人进出施工现场在岩石陡壁上攀爬，非常危险。为了排除安全隐患，避免安全事故的发生，项目部在桩位处沿岩石坡面按规范搭设脚手架爬梯（图 8）。

图 8　人行便道

5　施工要点

5.1　平台爆破

平台爆破采用浅孔爆破法。按照测量放样平台开挖线由顶部先行爆破开挖，一次爆破开挖一个台阶，严格控制单响药量和爆破规模。为减少爆破飞石对 G318 国道的影响，采用小间距、小药量布药的原则，使爆破能量均匀分布，采用浅孔松动爆破，确保周围环境安全。

5.1.1　注意事项

(1)爆破前,必须按照桩孔平面位置及设计高程确定开挖线并放样,防止爆破空间不能满足设计或施工要求而进行二次爆破。

(2)严格按施工方案进行钻孔和药量控制,防止钻孔偏移或药量过大造成爆破损失。

(3)严格做好安全防护和交通管制,并按照规范要求控制安全距离。

5.1.2　控制技术

浅孔爆破孔径取 40 mm。每个分层开挖高度为 1.2 m,浅孔爆破参数的选取如下。

1)底盘抵抗线

底盘抵抗线可采用下式计算:

$$W = (0.4 \sim 1.0)H \tag{1}$$

式中　H——分层(台阶)高度;

W——底盘抵抗线。

计算得:$W = 0.48 \sim 1.2$ m,根据经验和实践,取 $W = 0.7$ m。

2)炮孔深度、超深

炮孔深度、超深按下式计算:

$$L = H + h \tag{2}$$

$$h = (0.10 \sim 0.15)H \tag{3}$$

式中　L——炮孔深度,m;

H——分层(台阶)高度,m;

h——超深,m。

计算得:$h = 0.12 \sim 0.18$ m,取 $h = 0.15$ m;$L = 1.2 + 0.15 = 1.35$(m)。

3)孔距和排距

孔距、排距可按下式计算:

$$a = (1.0 \sim 2.0)W \tag{4}$$

$$b = (0.8 \sim 1.0)W \tag{5}$$

式中　a——孔距,m;

b——排距,m。

计算得:$a = 0.7 \sim 1.4$ m,取 $a = 1$ m;$b = 0.56 \sim 0.7$ m,取 $b = 0.6$ m。

4)单位炸药消耗量

初步判断岩层为中硬岩层,经实际统计,浅孔松动爆破时其单位炸药消耗量 q 可取0.22 kg/m^3。

5)单孔装药量

单孔装药量 Q 可按下式计算:

$$Q = qabH \tag{6}$$

代入各参数得:$Q = 0.22 \times 1 \times 0.6 \times 1.2 = 0.158$(kg),取 $Q = 0.16$ kg。

炸药选用直径为 32 mm 的乳化炸药药卷,每支长 20 cm,质量为 200 g,则装下 400 g 的炸药,其装药长度为 0.4 m,炮孔深度为 1.35 m,则能够供填塞部分长度为 0.95 m。

6)填塞长度

1 填塞长度 =(0.7 ~1.0)W=0.49 ~0.7 m。根据计算可知,选取的参数经计算能满足填塞的要求,故填塞长度取0.6 m。根据爆破工程经验,可在距离孔口 60 cm 处用牛皮纸捣填,上部60 cm 用炮泥填塞捣实。

爆破施工过程中,严格按设计参数控制并实施,最终爆破开挖效果良好,达到了预期效果。

5.2 支架施工

5.2.1 注意事项

(1)地面硬化必须预埋 L 形钢筋并与支架立杆焊接,防止支架偏压倾覆。

(2)所用脚手架钢管必须保证质量安全,有裂缝、弯曲的不得使用。

(3)必须按照规范要求设置剪刀撑,保证支架稳定性。

(4)钢筋笼吊点位置需特别加固,尤其随着钢筋笼吊放长度的增加,钢筋笼质量也随之增加,此时加强箍筋与主筋焊接处剪力变大,如果焊接不到位,很容易造成钢筋笼坠落事故。因此,可在加强箍筋两个对称吊点与垂直对角与主筋焊接位置加强箍筋上方各加焊一节钢筋头,以提高此处的纵向抗剪要求,确保钢筋笼不至于因吊点焊接处破坏而发生损坏变形或坠落等事故。吊点加固如图 9 所示。

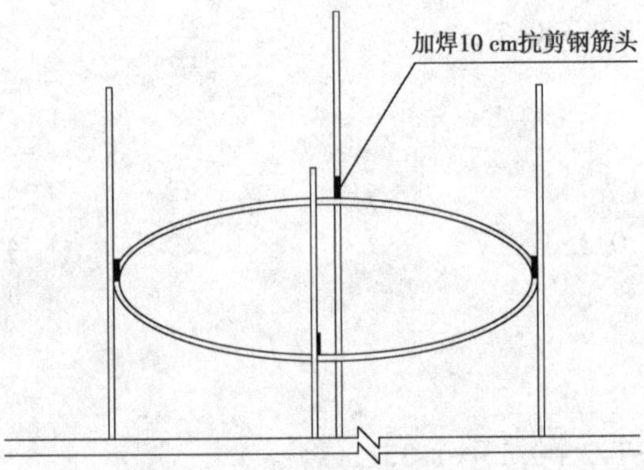

图9 钢筋笼吊点加固示意图

(5)下放钢筋笼时,两个手拉葫芦需同步操作,避免操作不同步产生受力不均对手拉葫芦或钢筋笼造成损坏。

(6)位于支架顶的分配梁支承横梁需特别加强,保证吊装过程横梁始终处于水平、稳定状态。

5.2.2 结构验算

安装支架时,必须通过验算钢管支架满足受力与稳定需求后,方可使用。以万家塘大桥左幅 8-0 号桩基为例,进行结构验算。

1)脚手架验算

钢筋笼最大质量为 6 015 kg。

支架自重为:(9 ×16 +3.2 ×10 ×2 +9 ×6) ×3.84 =1 006.1(kg)(钢管型号为 ϕ48 mm ×3.5 mm)。

分配梁、钢丝绳及手拉葫芦质量:3.5 ×2 ×28.058 6 +10 +50 =256.4(kg)。

支架总承重为:(6 015 +1 006.1 +256.4) ×10 =7 277.5 ×10 =72.78(kN)。

故根据钢筋笼质量,吊放钢筋笼的葫芦,采用承重 8 t 的葫芦。

整个脚手架承重立杆为 16 根,每根立杆承受的重力为:72.78/16 =4.55(kN),钢管壁厚 3.5 mm,外径 4.8 cm。故有:

$$A = \frac{\pi}{4}(d^2 - d_1^2) = \frac{\pi}{4}(48^2 - 41^2) = 489.3(\text{mm}^2)$$

$$i = \frac{1}{4}\sqrt{d^2 + d_1^2} = \frac{1}{4} \times \sqrt{48^2 + 41^2} = 15.87(\text{mm})$$

单根立杆承载力为：

$$\sigma = \frac{N}{A} = \frac{4.55 \times 10^3}{4.89 \times 10^2} = 9.3(\text{MPa}) < [\sigma] = 140\ \text{MPa}$$

根据《路桥施工计算手册》，单根立杆承载力满足要求。

2)受力支撑杆

受力支撑杆采用两根20a 工字钢。

(1)工字钢最不利荷载：每根工字钢承重 $G = 7\ 277.5/2 \times 10 = 36\ 388(\text{N})$。

(2)工字钢强度验算：钢材的弹性模量 $E = 206 \times 10^9\text{Pa}$，20a 工字钢截面惯性矩 $I = 2\ 369\ \text{cm}^4 = 0.236\ 9 \times 10^{-4}\text{m}^4$，构件抗弯截面系数 $W_x = 236.9\ \text{cm}^3$ 转换工字钢均布荷载 $q = G/L = 36\ 388/3.2 = 11.37(\text{kN/m})$。

工字钢受力最大弯矩为：

$$M_{\max} = qL^2/12 = 11.37 \times 3.2^2/12 = 9.7(\text{kN} \cdot \text{m})$$

抗弯应力为：

$\sigma = M_{\max}/W_x = 9.7/236.9 \times 1\ 000 = 40.95(\text{MPa}) < [\sigma] = 140\ \text{MPa}$(满足要求)

(3)工字钢刚度验算

根据受力分析，工字钢跨为变形最大的位置。挠度变形为：

$$\begin{aligned} f_{中} &= 5qL^4/384EI \\ &= 12.94 \times 10^3 \times 3.2^4 \times 5/(384 \times 2.1 \times 10^{11} \times 0.236\ 9 \times 10^{-4}) \\ &= 3.55(\text{mm}) < [f] = L/400 = 3\ 200/400 = 8(\text{mm}) \end{aligned}$$

因此，两根工字钢能够满足要求。

6 实施效果

万家塘大桥桩基施工是项目部的重点工程，也是难点工程。由于地形特殊、环境恶劣，工程施工受季节性影响较大，项目部前期策划中就特别关注。尤其针对操作平台、薄壁开挖、钢筋笼安装以及人行便道更是慎之又慎。为了保证工程质量、安全、工期目标，项目反复研究、严格比对、大胆创新，综合多种施工方法和施工工艺，最终圆满完成了此处桩基的施工任务。施工过程中，不仅没发生一起安全事故，施工质量更是得到有效控制，并提前完成了计划任务。

7 结 语

万家塘大桥陡壁挖孔桩施工经过项目领导和技术人员反复踏勘现场，征求施工队伍的意见，并查阅相关资料，集思广益，最终确定了一套切实可行的施工方案。经过实践验证，对万家塘大桥陡壁挖孔桩采用的施工方法具有技术可行性、经济合理性以及安全可靠性。实践是检验真理的唯一标准，正是因为不断创新、实践、改善和总结提高，最终顺利地完成此项重难点工程，并为类似的工程积累了经验和数据。

参考文献

[1] 中华人民共和国行业标准. 公路桥涵施工技术规范(JTG/T F50—2011)[S]. 北京:人民交通出版社,2011.

[2] 中华人民共和国行业标准. 公路建设项目环境影响评价规范(JTG B03—2006)[S]. 北京:人民交通出版社,2006.

[3] 中华人民共和国国家标准. 爆破安全规程(GB 6722—2014)[S]. 北京:中国质检出版社,2014.

[4] 中华人民共和国行业标准. 公路工程质量检验评定标准 第一册:土建工程(JTG F80/1—2004)[S]. 北京:人民交通出版社,2011.

[5] 交通运输公路局. 高速公路施工标准化技术指南[M]. 北京:人民交通出版社,2012.

[6] 中交一公局公路勘察设计院有限公司. 重庆万州至湖北利川高速公路(重庆段)两阶段施工图设计[Z],2014.

[7] 周水兴,何兆益,邹毅松,等. 路桥施工计算手册[M]. 北京:人民交通出版社,2001.

[8] 中华人民共和国行业标准. 建筑施工扣件式钢管脚手架安全技术规范(JGJ 130—2011)[S]. 北京:中国建筑工业出版社,2011

[9] 江正荣. 建筑施工计算手册[M]. 北京:中国建筑工业出版社,2001.

[10] 中华人民共和国国家标准. 钢结构设计规范(GB 50017—2003)[S]. 北京:中国计划出版社,2003.

可拆卸式龙门架在山区挖孔桩桩基钢筋笼施工中的应用

朱建忠

（路桥华祥国际工程有限公司　北京　100024）

摘　要　山区高速公路地形起伏大，沟谷地形发育，桥隧比高。项目地处重庆市万州区，具有山区高速公路的施工特点，且部分挖孔桩桩基位于较高山体陡峭处，施工难度大，便道修筑困难。根据现场实际情况，项目因地制宜，设计加工了可拆卸式龙门架用于地势险要处挖孔桩桩基钢筋笼的施工。实践证明，此方法在质量、安全、进度方面都取得了很好的保障。

关键词　山区高速　挖孔桩桩基钢筋笼施工　可拆卸式龙门架

1　引　言

重庆万州至湖北利川高速公路（重庆段）WL06 合同段位于重庆市万州区长滩镇、龙驹镇境内，起讫桩号为 K35 + 820 ~ K42 + 845，全长 7.015 km（含 10 m 短链）。本合同段地处四川盆地东部，盆岭相间，多斜坡沟谷，山高谷深，山脊多成东西走向，山间夹平行沟谷；共有大桥 5 座，中桥 3 座，桩基共计 328 根，采用挖孔桩施工共 262 根。由于本项目施工的赶场大桥 9 号和 10 号墩、上窄口大桥左幅 7 号墩、马坝塘大桥右幅 1 号和 2 号墩共 14 根桩基均位于山体陡峭处，施工便道修筑费用高，修筑完成后的便道窄且坡度较大。钢筋笼运输非常困难且容易发生变形，钢筋笼运输车在纵坡较大的便道上运输钢筋笼安全风险高，很容易发生侧翻。为解决以上问题，本项目采用“可拆卸式龙门架法”现场制作桩基钢筋笼，取代常规的施工方法，很好地保证了施工安全、质量和进度要求。

2　可拆卸式龙门架工作原理

以龙门架作为支撑桩基钢筋笼的支架，以高强螺栓作为连接龙门架各组件间的连接件，以悬挂在龙门架横梁上的手拉葫芦作为提升、降落桩基钢筋笼的工具，也可考虑采用卷扬机协助固定就位主筋。

3　可拆卸式龙门架构件组成

可拆卸式龙门架采用无缝钢管、工字钢、连接钢板、高强螺栓等材料加工制作而成，它自重轻，易安装，可拆卸，方便搬运。龙门架两侧支撑采用无缝钢管，中间采用无缝钢管作为横梁，顶部采用工字钢，承受钢筋笼所有质量。在工字钢顶部制作与钢筋笼内径相同的操作平台，在操作平台四周设置凹槽，用于钢筋主筋的定位。在工字钢底部焊接圆钢制成吊环，手拉葫芦布

作者简介：朱建忠（1986—），男，本科，工程师。

置在吊环上。龙门架制作时，应根据钢筋笼的质量计算出横梁及支撑应选择的材料，选择相应的手拉葫芦，保证材料的使用满足钢筋笼受力要求。可拆卸式龙门架构造示意图及单个龙门架材料用量分别如图1、表1所示。

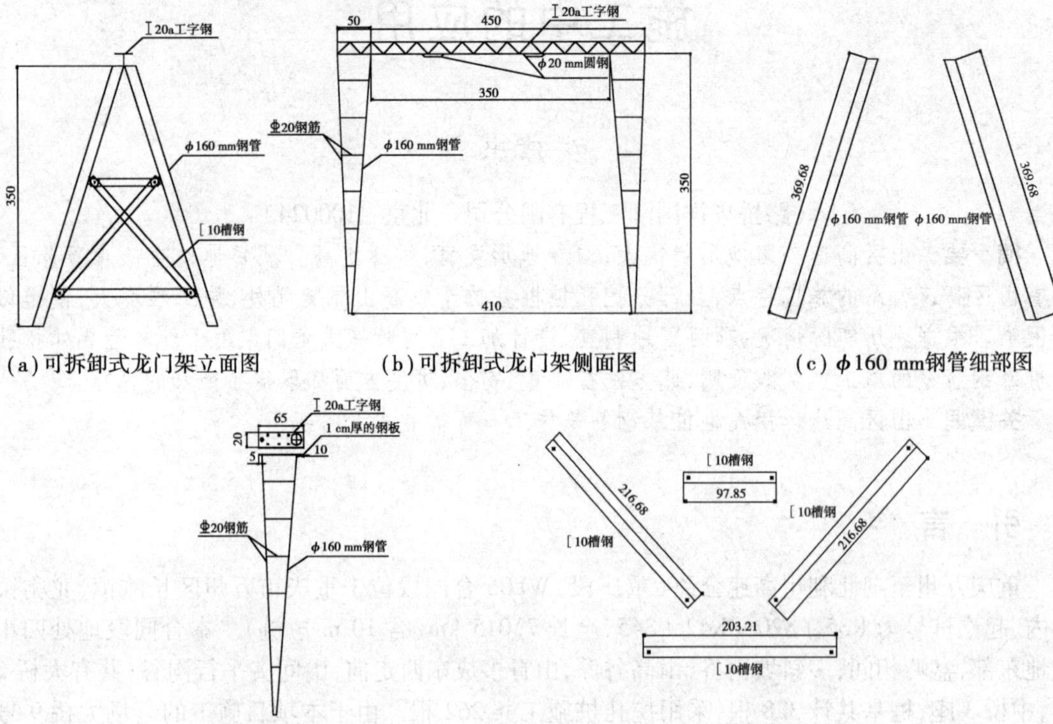

(a)可拆卸式龙门架立面图　(b)可拆卸式龙门架侧面图　(c) φ160 mm钢管细部图

(d)支架顶连接细部图　(e)支架连接构件细部图

图1　可拆卸式龙门架构造示意图

表1　单个龙门架材料用量表

序　号	材料名称	材料数量
1	I 20a 工字钢	长 450 cm
2	φ160 mm 无缝钢管	4 根，单根长 369 cm
3	[10 槽钢	长 97.8 cm 的 2 根，长 216.6 cm 的 4 根，长 203.2 cm 的 2 根
4	高强螺栓(M22 × 65 mm)	24 个
5	1 cm 厚钢板	尺寸为 65 cm × 30 cm 的 4 块，尺寸为 25 cm × 25 cm 的 8 块
6	φ20 圆钢(HPB)	合计 1 m
7	C20 钢筋(HRB)	合计 28 m

4　适用范围

可拆卸式龙门架适用于地处山岭地区地形险要，便道修筑困难，施工场地狭小且对工期要求不是太紧的桥梁桩基钢筋笼安装施工(图2、图3)。

图2　可拆卸式龙门架孔口加工桩基钢筋笼

图3　可拆卸式龙门架孔口加工桩基钢筋笼

5　施工方法

根据施工现场的地势地形及作业平台的尺寸来选择龙门架的种类，如30°腿架、45°腿架、60°腿架。首选将桩基周围场地进行平整并将龙门架4个支腿处进行夯实，并将孔口用井盖进行封闭。然后将龙门架的各个构件搬运至孔口附近，在桩基孔口上方现场进行组拼安装龙门架，依据桩中心点，调整龙门架，使其横梁中心与桩中心点在一条线上，保证桩基钢筋笼中心不偏位。龙门架调整到位后，将下料完成的钢筋运至龙门架旁边，准备开始安装。

为便于首节钢筋笼安装及人员操作的安全，必须将桩基孔口用井盖封闭严密，井盖应坚固可靠。钢筋笼主筋采用滚轧直螺纹套筒进行连接，安装采取逐根安装的方法进行施工。

(1)首先用拉葫芦将钢筋笼底部的第一道加强筋吊起，可在安装过程前将加强圈上主筋的分布位置标记出来，并在吊起过程中保证加强圈水平平稳。

(2)将分段好的第一节主筋与加强圈焊接，为保证主筋接头错开，第一节主筋分段长度为3 m、4.5 m。在主筋2 m的位置与加强圈焊接，施工过程中确保焊缝饱满。因龙门架高度为3.5 m，施工中应注意在龙门架横梁位置处采用分段长度为3 mm的主筋，便于施工。将钢筋笼主筋逐根与加强圈焊接。

(3)主筋与加强圈焊接完成后，开始进行箍筋绑扎。首先将所有分段好的箍筋层层摆放在孔口上，人工缓缓将其抬起后与主筋进行绑扎，直到绑扎至第一个加强钢筋圈后，停止绑扎，将井口盖打开。用手拉葫芦将首节钢筋笼匀速缓慢地往桩基孔内放落到第一个加强圈处停止，横穿穿杠。然后继续绑扎箍筋至离3 m主筋顶20 cm处停止。

(4)用穿杠将绑扎好的第一节钢筋笼架起后，焊接第二道加强圈与第一节4.5 m主筋的交点，完成后将分段的4.5 m长的主筋采用套筒与第一节钢筋笼3 m主筋进行连接。主筋应与加强圈焊接牢固，后续分段钢筋均采用4.5 m固定长度。

(5)拆除手拉葫芦与加强圈的卡扣并更换到第二道加强圈的吊点位置，继续将分段好的箍筋绑扎至第二道加强圈处。

(6)拆除穿杠，缓缓下方钢筋笼至第二道加强圈处，再穿入穿杠。重复上述第3~5步操作，直到整个钢筋笼完成。

6 可拆卸式龙门架特点

(1)整体结构轻便,移动较方便。

(2)对施工现场的地形、平整度要求不是太高。

(3)各构件之间的连接采用预埋螺栓孔,高强螺栓连接,方便拆装,周转使用。

(4)不需要大型机械配合,可独立完成桩基钢筋笼的安装。

(5)施工进度相对较慢。

7 施工总结

7.1 经济效益

采用传统常规的施工方法,先修筑施工便道,需投入大量的人力、物力和财力。根据本项目上述3个工点的现场实际情况,须修筑施工便道约600 m,钢筋笼安装时需吊车配合。而采用可拆卸式龙门架施工,无须吊车及便道投入。便道宽按5 m算,临时征地费用为40 000元/亩(1亩≈666.7 m^2),便道修筑费用为160元/m;常规钢筋笼安装,需吊车3 h/节,吊车租赁费用为260元/h;安装费用为550元/t,龙门架安装钢筋笼费用为1 100元/t。按上述单价进行计算,可节约成本26万元。

7.2 社会效益、安全效益及环保效益

(1)社会效益:采用可拆卸式龙门架,避免因纵坡太大,在运输过程中造成钢筋笼扭曲变形或散架的情况,保证了桩基钢筋笼安装的质量,同时提高了社会效益,节约了人力、物力的投入。

(2)安全效益:若按常规修筑便道施工,则便道紧邻G318国道,施工时须爆破施工且需机械配合,安全风险极高。可拆卸式龙门架施工有效地降低了施工安全风险。

(3)环保效益:若按常规修筑便道施工,则需征用临时用地,且破坏周边生态环境。采用可拆卸式龙门架对周围环境要求较低,且无须再征用临时用地,对周边环境不会产生过多的影响。

8 结 语

可拆卸式龙门架制作成本低,拆装方便,易于转运,消除了山区高速地形地势对挖孔桩桩基施工造成的不利影响,加快了山岭地区挖孔桩桩基的施工进度,减少了对土地资源的污染,节约了施工成本,保证了桩基施工的安全。

参考文献

[1] 中交一公局公路勘察设计院有限公司. 重庆万州至湖北利川高速公路(重庆段)两阶段施工图设计[Z],2014.

[2] 中华人民共和国行业标准. 公路桥涵施工技术规范(JTG/T F50—2011)[S]. 北京:人民交通出版社,2011.

预制边梁内外悬臂线形控制

刘东旭　朱建忠

（路桥华祥国际工程有限公司　北京　100024）

摘　要　通过CAD对在固有坐标系中绘制出预制T梁的具体位置，在结合桥梁平面布置图与支座垫石的位置，准确绘测出预制T梁边梁的轮廓线；通过测量T梁轴线距翼缘板的距离，来确定预制T梁翼缘板梳形块的定位尺寸。此方法可方便快捷地解决公路曲线桥梁线形顺适问题，不涉及复杂的专业计算，只需掌握CAD相关绘图知识即可，但需对施工现场有一定的了解。

关键词　坐标系　翼缘板　梳形块　轴线

1　引　言

随着高速公路在山区的迅速发展，山区地形复杂，在高速公路选线时，既要考虑选线要求，还要考虑施工成本等多方面因素，所以增加了高速公路的选线难度，造成山区高速公路在线路上选定曲线部分占线路总长度的比例逐渐增大，一些桥梁不可避免地处于曲线上。针对目前施工技术现状，参照以往施工技术经验，通过对预制T梁翼缘板梳形块进行圆弧调节，可保证桥梁在曲线上的线形美观、圆滑。该技术操作简单、方便可行，可为同类工程提供借鉴。

2　翼缘板可调节范围的确定

确定项目各类型桥梁所在线路位置的曲线半径，根据曲线半径的最大值及最小值来确定翼缘板调节块的最小值和最大值。这样可以确定翼缘板调节块的范围，以方便预制T梁的生产施工。

2.1　建立坐标系，确定桥梁平面位置

无论桥梁在地形图上的位置如何，都需要坐标系才能确定桥梁边线坐标，此坐标系为固有大地坐标系。首先在将曲线段桥梁边线坐标导入CAD中，为保证后期坐标输入不出现错误，此坐标系为固定坐标系，不可随意改动。然后根据固有半径在CAD中绘制圆，将绘制圆进行移动与桥梁边线坐标重合，将所有坐标相连，从而确定桥梁曲线。因为这种方法不需要计算，只需保证桥梁边线坐标及曲线位置的正确性即可。因桥梁边线坐标是根据桥梁中线坐标反算得出，在计算过程中，如果发现边线坐标有明显错误时，应及时与设计单位联系，确保边线坐标的准确性。

桥梁边线位置定位如图1所示。

作者简介：刘东旭（1990—），男，本科，助理工程师。

朱建忠（1986—），男，本科，工程师。

图1　桥梁边线位置定位图(马坝塘右幅第4跨)

2.2　导入支座坐标,确定外侧T梁轴线位置

在曲线段桥梁边线确定后,以此坐标系为基准导入相应段内的盖梁垫石坐标,确定垫石位置,连接外侧相邻两纵向垫石中心,定出内外侧T梁轴线所在位置。

因T梁预埋钢板的中心与垫石中心坐标一致,所以根据预制T梁图纸反算出T梁两端外边缘距离垫石中心坐标距离,在CAD中对垫石连接线进行前后延长至预制T梁长度一致。

由此将预制T梁轴线在桥梁位置图上准确标出,从而保证下步工作有序进行。为保证后续工作的有序进行,可将不同阶段的工作在CAD中采取分图层处理。

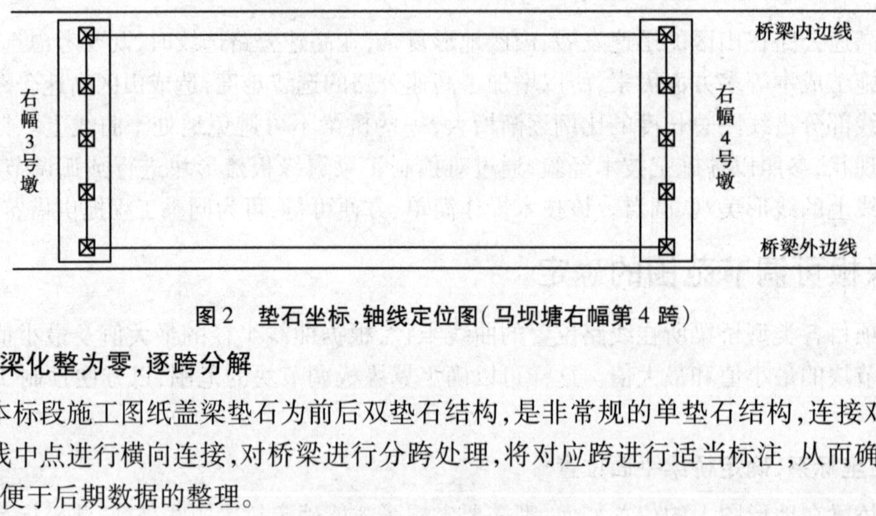

图2　垫石坐标,轴线定位图(马坝塘右幅第4跨)

2.3　桥梁化整为零,逐跨分解

因本标段施工图纸盖梁垫石为前后双垫石结构,是非常规的单垫石结构,连接对应垫石,将连接线中点进行横向连接,对桥梁进行分跨处理,将对应跨进行适当标注,从而确定预制T梁编号,便于后期数据的整理。

打开上一图层,对不同图层进行分色标示,在已确定好的T梁轴线绘制对应的垂线,两端进行延长,与桥梁边线相交,此时内外边梁的外侧翼缘板的形状已准确标出(图3)。

2.4　分段标注,确定翼缘板收放值(C)

将已分离出来的边梁进行分段标注,由于预制T梁模板的局限性,翼缘板梳形块长度设定在1~2 m,所以对T梁内外边梁外侧翼缘板进行逐米分段。以T梁一端为起点,根据轴线长度对T梁轴线进行分段,分段完成后,在每个分段点绘制轴线垂线,测量分段点沿垂线方向距外轮廓线距离。根据对应分段点编号记录相关数据,为预制T梁施工做好施工保障工作。

图4所示为以设计图为准采用3 m分段,为的是与设计参数进行对比,确保其可行性。实际生产中可采用1 m分段,从而确保线形美观。

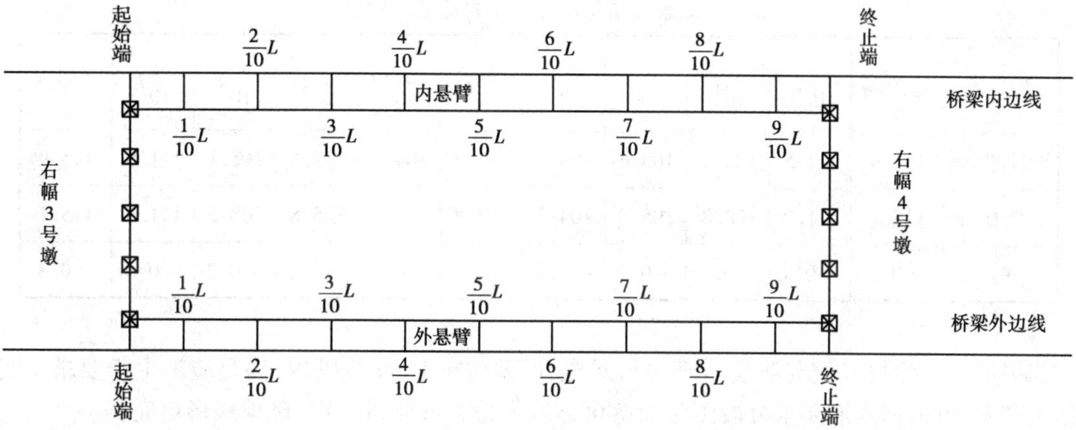

图3　逐跨分段，垂线延长图（马坝塘右幅第4跨）

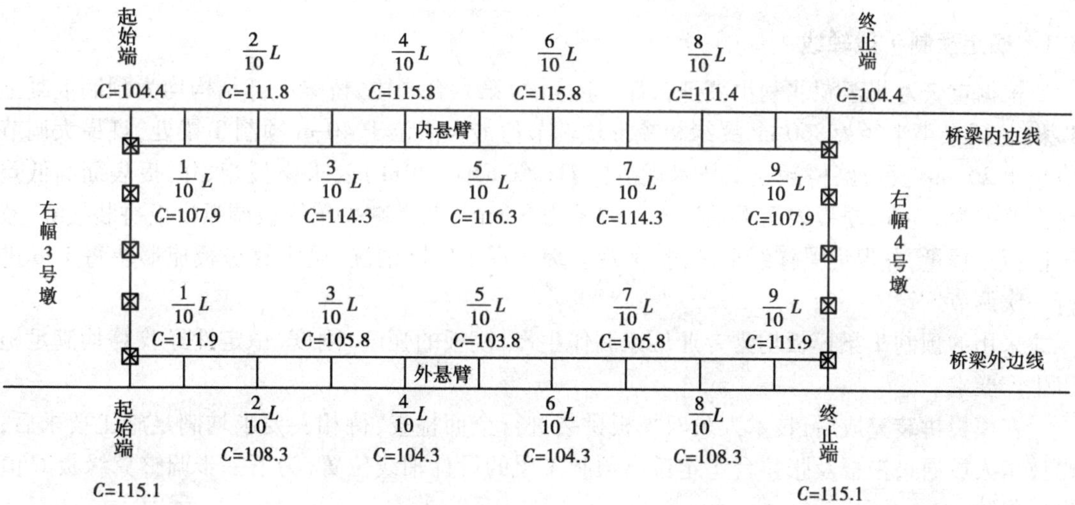

图4　逐段编号，标注 C 值（马坝塘右幅第4跨）

2.5　测绘 C 值与设计 C 值对比

测绘 C 值与设计 C 值对比见表1、表2。

表1　测绘 C 值与设计 C 值对比表（内悬臂）

悬　臂	起始端	$\frac{1}{10}L$	$\frac{2}{10}L$	$\frac{3}{10}L$	$\frac{4}{10}L$	$\frac{5}{10}L$	$\frac{6}{10}L$	$\frac{7}{10}L$	$\frac{8}{10}L$	$\frac{9}{10}L$	终止端
设计 C/cm	104.1	108.6	112	114.5	116	116.5	116	114.5	112	108.6	104.1
测绘 C/cm	104.4	107.9	111.8	114.3	115.8	116.3	115.8	114.3	111.4	107.9	104.4
差值/cm	−0.3	+0.7	+0.2	+0.2	+0.2	+0.2	+0.2	+0.2	+0.6	+0.7	−0.3

表2　测绘 C 值与设计 C 值对比表(外悬臂)

悬　臂	起始端	$\frac{1}{10}L$	$\frac{2}{10}L$	$\frac{3}{10}L$	$\frac{4}{10}L$	$\frac{5}{10}L$	$\frac{6}{10}L$	$\frac{7}{10}L$	$\frac{8}{10}L$	$\frac{9}{10}L$	终止端
设计 C/cm	115.9	111.5	108.1	105.6	104.2	103.7	104.2	105.6	108.1	111.5	115.9
测绘 C/cm	115.1	111.9	108.3	105.8	104.3	103.8	104.3	105.8	108.3	111.9	115.1
差值/cm	+0.8	-0.4	-0.2	-0.2	-0.1	-0.1	-0.1	-0.2	-0.2	-0.4	+0.8

根据设计参数 C 值与测绘 C 值进行对比,误差均在 1 cm 范围内,满足施工生产要求。实际生产中,可根据线形要求分段测量段落可缩减为每 1 m 测量一次,确保线形更完美。

3　边梁翼缘板现场调节应用

3.1　确定预制 T 梁轴线

根据重庆万州至湖北利川高速公路(重庆段)第六合同段,桥梁上部结构均为预制混凝土 T 梁,桥梁最小半径为 860 m,翼缘板梳形块调节值最大值位于 40 m 预制 T 梁处,且最大调节值小于 20 cm。《公路桥涵施工技术规范》(JTG/T F50—2011)要求模板相邻两板表面高低差允许偏差为 2 mm,模板表面平整度允许偏差为 5 mm。为了减少翼缘板调弧模板拼装接缝,减小模板工程量,并保证梁体线形圆滑、美观。综合现场实际情况,确定翼缘板梳形块每 1 m 进行一次调节。

采用的预制 T 梁模板均为专业厂家制作生产,模板的强度、刚度、稳定性经验算均满足施工生产要求。

在模板拼装完成后,技术人员对模板拼装进行全面检查,待相关要求均满足施工要求后,由技术人员通过模板及张拉台座定位出预制 T 梁的设计轴线位置,为下一步调整翼缘板 C 值提供保障。

3.2　分段测量、逐点定位

在模板安装完成后,现场技术人员根据 T 梁端横隔板中线定位出预埋板横向轴线位置,并拉线固定。

现场技术员根据定型模板宽度来量测出 T 梁纵向轴线位置,拉线固定,确保纵向轴线与横向轴线相接处为 T 梁预埋板中心位置。

预制 T 梁施工轴线确定后,技术人员对 T 梁轴线进行拉线定位,定位线采用专用测量线,单位测量长度为 1 m。

测量线就位后,以每延米为单位,拉设纵向轴线垂线。

根据前文叙述结果(以马坝塘大桥第 4 跨所测算出的数据为例),现场技术员实际测量,以每延米为单位,对纵向轴线垂线外边缘进行定点。

根据现场施做的实际定点情况进行梳形板的调整,在调整过程中确保整体线形的流畅性,从而达到设计要求。

4　注意事项

(1)梳形块模板上使用的高强锚固螺栓、螺母应符合要求,使用过的必须严格检查,发现变形和损坏的坚决不用,避免漏上、不上等情况发生,梳形块拼装完成后对每个螺栓进行检查,是否完成紧固。

(2)混凝土振捣时,避免振捣棒触碰模板,防止梳形块变形损坏。混凝土浇筑过程中应随时观察,发现螺栓松动应及时处理。

(3)浇筑完成后,应及时处理梳形块及后方锚口上的混凝土残留物,防止堵塞锚口及螺栓孔洞,并在活动挡块拆除后,在面板涂抹防护油,防止模板生锈。

(4)在梳形块相邻拼缝处架设弹性嵌缝条,防止浇筑混凝土时漏浆。

5　应用效果

预制梁体时应对各跨内外侧悬臂按照绘测出的弧差进行调整,以使桥梁达到设计的曲线线形。实施效果坐标对比如表3、表4所示。

表3　实施效果坐标对比表(马坝塘右幅第4跨 X 轴坐标)

序　号	悬　臂	里　程	X 坐标		实测坐标偏差/m
			设计坐标/m	实测坐标/m	
1	内悬臂坐标	K37 +956	3 396 122.068	3 396 122.07	-0.002
2		K37 +958	3 396 120.18	3 396 120.182	-0.002
3		K37 +960	3 396 118.291	3 396 118.293	-0.002
4		K37 +962	3 396 116.4	3 396 116.401	-0.001
5		K37 +964	3 396 114.507	3 396 114.509	-0.002
6		K37 +966	3 396 112.614	3 396 112.615	-0.001
7		K37 +968	3 396 110.718	3 396 110.719	-0.001
8		K37 +970	3 396 108.821	3 396 108.822	-0.001
9		K37 +972	3 396 106.923	3 396 106.924	-0.001
10		K37 +974	3 396 105.023	3 396 105.024	-0.001
11		K37 +976	3 396 103.122	3 396 103.123	-0.001
12		K37 +978	3 396 101.22	3 396 101.221	-0.001
13		K37 +980	3 396 099.316	3 396 099.317	-0.001
14		K37 +982	3 396 097.41	3 396 097.412	-0.002
15		K37 +984	3 396 095.503	3 396 095.506	-0.003
16	外悬臂坐标	K37 +956	3 396 118.103	3 396 118.105	-0.002
17		K37 +958	3 396 116.242	3 396 116.243	-0.001
18		K37 +960	3 396 114.378	3 396 114.379	-0.001

续表

序号	悬臂	里程	X坐标		实测坐标偏差/m
			设计坐标/m	实测坐标/m	
19	外悬臂坐标	K37+962	3 396 112.514	3 396 112.515	-0.001
20		K37+964	3 396 110.647	3 396 110.648	-0.001
21		K37+966	3 396 108.78	3 396 108.78	0
22		K37+968	3 396 106.911	3 396 106.911	0
23		K37+970	3 396 105.04	3 396 105.04	0
24		K37+972	3 396 103.168	3 396 103.168	0
25		K37+974	3 396 101.294	3 396 101.295	-0.001
26		K37+976	3 396 099.42	3 396 099.42	0
27		K37+978	3 396 097.543	3 396 097.544	-0.001
28		K37+980	3 396 095.666	3 396 095.667	-0.001
29		K37+982	3 396 093.787	3 396 093.788	-0.001
30		K37+984	3 396 091.906	3 396 091.908	-0.002

表4　实施效果坐标对比表(马坝塘右幅第4跨Y轴坐标)

序号	悬臂	里程	Y坐标		实测坐标偏差/m
			设计坐标/m	实测坐标/m	
1	内悬臂坐标	K37+956	510 682.286	510 682.292	-0.006
2		K37+958	510 682.944	510 682.95	-0.006
3		K37+960	510 683.598	510 683.604	-0.006
4		K37+962	510 684.248	510 684.252	-0.004
5		K37+964	510 684.893	510 684.897	-0.004
6		K37+966	510 685.534	510 685.537	-0.003
7		K37+968	510 686.171	510 686.174	-0.003
8		K37+970	510 686.803	510 686.805	-0.002
9		K37+972	510 687.431	510 687.434	-0.003
10		K37+974	510 688.054	510 688.057	-0.003
11		K37+976	510 688.673	510 688.677	-0.004
12		K37+978	510 689.288	510 689.293	-0.005
13		K37+980	510 689.898	510 689.904	-0.006
14		K37+982	510 690.504	510 690.51	-0.006
15		K37+984	510 691.106	510 691.113	-0.007

续表

序　号	悬　臂	里　程	Y坐标		实测坐标偏差/m
			设计坐标/m	实测坐标/m	
16	外悬臂坐标	K37 +956	510 670.959	510 670.963	-0.004
17		K37 +958	510 671.609	510 671.613	-0.004
18		K37 +960	510 672.254	510 672.257	-0.003
19		K37 +962	510 672.894	510 672.897	-0.003
20		K37 +964	510 673.531	510 673.533	-0.002
21		K37 +966	510 674.163	510 674.165	-0.002
22		K37 +968	510 674.791	510 674.792	-0.001
23		K37 +970	510 675.414	510 675.415	-0.001
24		K37 +972	510 676.034	510 676.034	0
25		K37 +974	510 676.648	510 676.65	-0.002
26		K37 +976	510 677.259	510 677.261	-0.002
27		K37 +978	510 677.865	510 677.868	-0.003
28		K37 +980	510 678.467	510 678.47	-0.003
29		K37 +982	510 679.065	510 679.068	-0.003
30		K37 +984	510 679.658	510 679.662	-0.004

6 结　语

圆曲线桥梁上,预制T梁内外悬臂线形控制是一项非常重要的工作,直接影响桥梁整体线形和美观。通过精确绘测对T梁翼缘板进行调弧,可方便快捷地解决公路曲线桥梁线形顺畅的问题。此方法不涉及复杂的专业计算,只需掌握CAD相关绘图知识即可,但需对施工现场有一定的了解。此方法不仅仅适用于圆曲线部分,缓和曲线也同样适用。本文所述适用于预应力混凝土T梁,可为其他同类桥梁施工提供借鉴依据。

参考文献

[1] 中华人民共和国行业标准. 公路桥涵施工技术规范(JTG/T F50—2011)[S]. 北京:人民交通出版社,2011.

[2] 中交一公局公路勘察设计院有限公司. 重庆万州至湖北利川高速公路(重庆段)两阶段施工图设计[Z],2014.

预制梁场通用型台座施工技术

王韫轩　刘东旭

（路桥华祥国际工程有限公司　北京　100024）

摘　要　随着我国经济的飞速发展，山区高速公路建设投入逐步加大。但山区高速公路桥梁施工中，T 梁预制场由于受预制场面积不足、工期紧、T 梁数量大、规格型号多等因素的影响，给 T 梁预制总体施工计划和相关技术措施制订带来困难。本文主要阐述了重庆万利高速公路 WL06 合同段预制 T 梁施工中采用的通用型预制台座施工技术。

关键词　高速公路　预制 T 梁　通用台座

1　引　言

预制梁场采用通用型预制台座能够在预制梁场占地面积不足、台座数量少的情况下做到最大限度地利用台座，同时减少因台座修改造成的人、工、料等资源的浪费，有效地提高了 T 梁预制生产的进度，增加了社会经济效益。

2　工程背景

重庆万利高速公路 WL06 合同段位于重庆市万州区长滩镇、龙驹镇境内，起始桩号为 K35 +820，终止桩号为 K42 +845，全长 7.015 km（含 10 m 短链）。桥梁有 8 座，其中大桥 5 座，中桥 3 座；T 梁共计 775 片，其中 20 m T 梁 185 片，30 m T 梁 340 片，40 m T 梁 250 片。本标段桥梁相对较多，上部结构单一，均为先简支后连续 T 梁。各桥梁跨径不同，有 20 m、30 m 和 40 m 3 种T 梁。全线设置一处 T 梁预制场进行集中预制生产，位于本标段梁场地处主线路基上，横向平面位置狭小。按照常规方法设置台座，预制场用地面积不能满足预制场台座布设。

3　通用台座设计与施工

根据现场施工实际情况，T 梁预制台座建设成通用型预制台座，可大大减少因台座修改带来的不便。在采用通用型预制台座施工中，着重考虑台座的结构尺寸及反拱的设置。要做到统筹安排，在有限的场地内尽量减少预制台座数量，并使台座发挥最大利用率，以满足施工要求。

3.1　台座尺寸的设计施工

为满足台座的通用性和合理性，同时考虑本标段 30 m T 梁较多，采用可调节式台座（长度定型，宽度可调节），其形式分为两种，即第一种为 20 m 与 30 m T 梁通用型台座，第二种为 30 m与 40 m T 梁通用型台座。

作者简介：王韫轩（1987—），男，专科，助理工程师。

刘东旭（1990—），男，本科，助理工程师。

3.1.1 第一种通用型台座(20 m、30 m T 梁)

台座宽度为梁底最窄宽度,20 m T 梁梁底宽度为 44 cm,待要施工 30 m T 梁时需对台座进行加宽,采用槽口向里绑焊 14b 槽钢。根据设计图纸要求横向加宽,具体增加宽度以满足施工需求即可。长度按照 T 梁通用种类的最大梁长设计即为 30 m T 梁长度。台座两端设250 cm × 250 cm × 50 cm 扩大基础,以台座中心位置向两端 10 m 处各做一个 200 cm × 200 cm × 50 cm 扩大基础(根据现场地基情况进行设置,满足地基承载力即可),即一道预制台座 4 个扩大基础(主要考虑 T 梁预制施工时,T 梁张拉起拱后,台座两端头集中荷载较大)。扩大基础采用 C20 混凝土浇筑,台座采用 C25 混凝土浇筑。面板采用 6 mm 厚钢板。

20 m、30 m T 梁通用型台座扩大基础布设如图 1 所示。

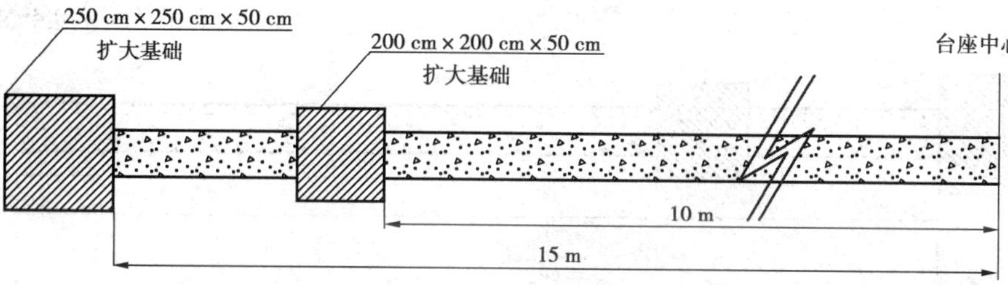

图 1 20 m、30 m T 梁通用型台座扩大基础布设示意图

3.1.2 第二种通用型台座(20 m、30 m T 梁)

30 m、40 m T 梁通用台座与第一种台座设计施工思路相同。但因 40 m T 梁张拉起拱后两端集中荷载较 30 m T 梁要大,故台座两端设 300 cm × 250 cm × 50 cm 扩大基础,以台座中心位置向两端 15 m 处各做一个 250 cm × 250 cm × 50 cm 扩大基础(图 2)。

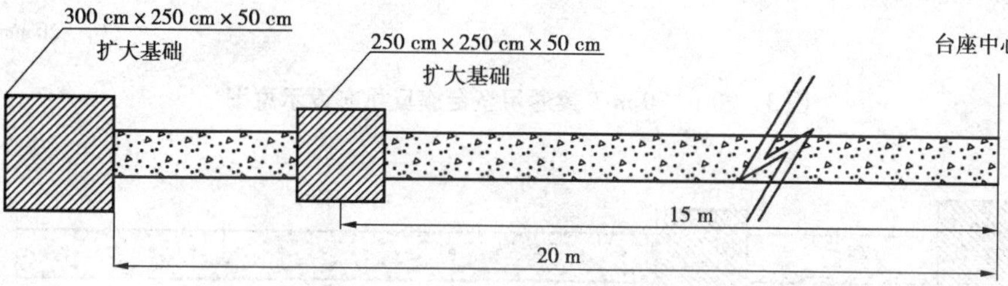

图 2 30 m、40 m T 梁通用型台座扩大基础布设示意图

3.1.3 扩大基础地基承载力验算

扩大基础厚 50 cm,基础下压实情况为路基 96 区,地基承载力为 200 kPa,则扩大基础所受的最大承载力为 200 kPa,否则会基础下沉,扩大基础的最小面积为 2 m × 2 m。

由设计图纸可知,对 40 m 预制 T 梁吊装重量,边跨的中梁为 1 341 kN,边梁为 1 335 kN;中跨的中梁为 1 360 kN,边梁为 1 353 kN。中梁自重最大。

模板重力为:$F_{模板} = 10\ 000 \times 10 = 100(\mathrm{kN})$。

扩大基础轴心荷载力:$P = F_{梁} + F_{模板} = 1\ 360 + 100 = 1\ 460(\mathrm{kN})$,则有轴心荷载作用:$\sigma = (P/2)/S = 182.5(\mathrm{kPa}) < 200\ \mathrm{kPa}$。

故扩地基承载力均符合要求。

3.2 台座反拱的设置

为了防止预制T梁上拱过大,根据设计施工图纸要求,若累计起拱值超过计算值10 mm,应采取控制措施,预制台座上设置向下的二次抛物线反拱。反拱值的设计原则为:使梁体在二期恒载施加前上拱度不超过20 mm,桥梁施工完成后桥梁不出现下挠。施工设置反拱时,预应力管道也同时设置反拱。

根据设计施工图纸给出的建议施工数据以及以往施工经验,同时考虑预制场实际施工情况及台座布设情况设置反拱值:20 m、30 m T梁通用型台座预设最大反拱值为20 mm(台座中心处);30 m、40 m T梁通用型台座预设最大反拱值为24 mm(台座中心处),如图3、图4所示。

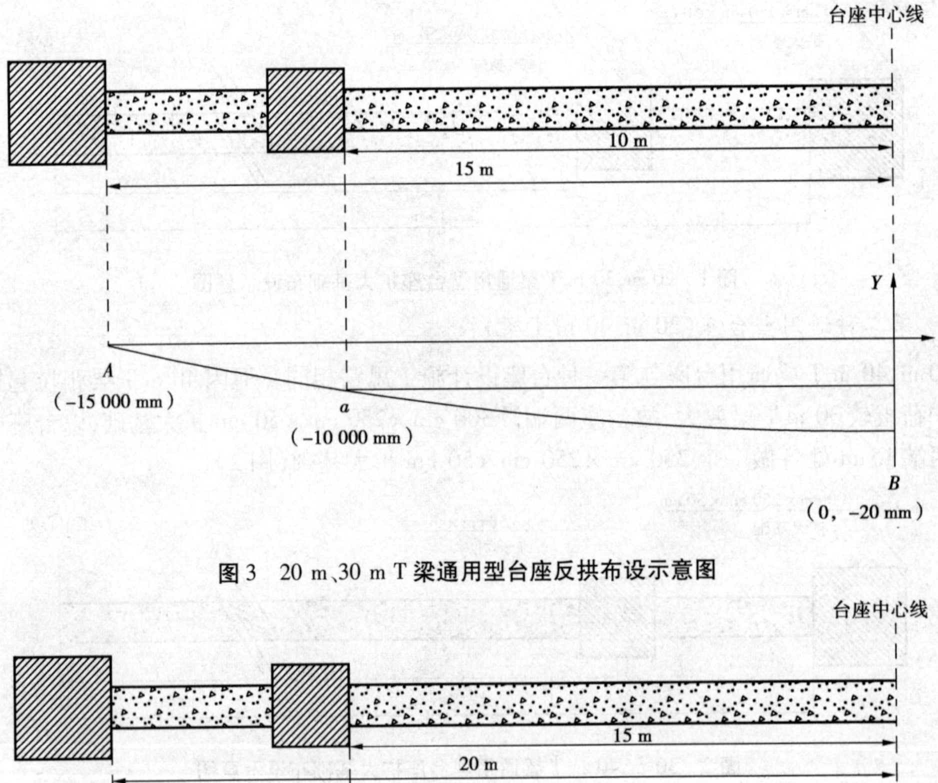

图3 20 m、30 m T梁通用型台座反拱布设示意图

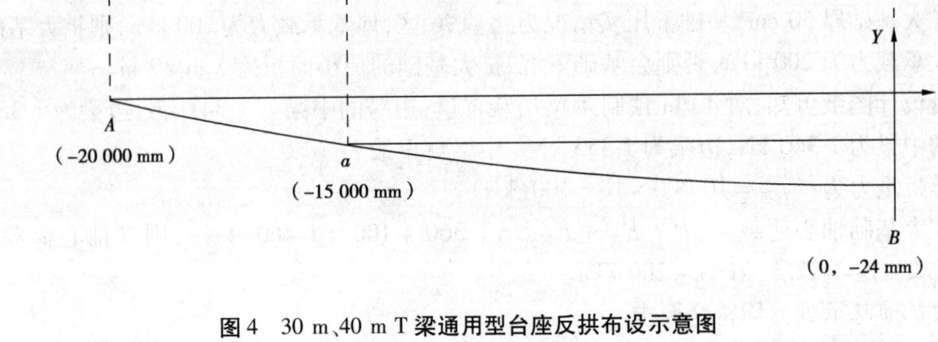

图4 30 m、40 m T梁通用型台座反拱布设示意图

4　通用预制台座的施工

(1)场地平整完成后,根据T梁预制场平面布置图,测量人员对各台座位置进行放样,用白灰撒出轮廓,避免发生超欠挖。

(2)基坑开挖时,四周比基础尺寸挖大10 cm,方便基础模板支设。基坑开挖完成后,基底铺设10 cm厚碎石垫层。

(3)对基坑基础处理完毕后,安装台座基础侧模,绑扎台座基础钢筋,基础内设一层钢筋网,采用ϕ12 mm钢筋,间距为20 cm×20 cm。

(4)暗基浇筑时,要预埋明基钢筋,采用ϕ18 mm钢筋,各深入明暗基础厚度的1/2,确保其形成整体。

(5)为以后T梁张拉后底座的受力情况考虑,20 m T梁预制台座采用200 cm×200 cm×50 cm扩大基础;30 m T梁预制台座采用250 cm×250 cm×50 cm扩大基础;40 m T梁预制台座采用300 cm×250 cm×50 cm扩大基础,其余部分基础最宽为1 m,厚度为25 cm。

(6)待台座基础混凝土强度达到设计强度的80%以上时,测量人员按照台座平面布置图放样台座位置,并用墨线弹出台座轮廓。

(7)绑扎台座内框架钢筋时,要预埋模板对拉螺杆孔洞及T梁吊装孔洞,并根据设计图纸要求设置反拱值。按20 m、30 m T梁通用台座预设最大反拱值20 mm(台座中心处),30 m、40 m T梁通用台座预设最大反拱值24 mm(台座中心处)进行预设。

(8)台座两端头100 cm位置预设吊装孔,尺寸为30 cm×15 cm。混凝土浇筑时,在台座钢板下10 cm处预埋ϕ5 cmPVC管,作为模板对拉螺杆孔洞,间距为50 cm一道。预制梁横坡调整时,只需调整两边模板加垫高度即可。

(9)钢筋绑扎完成后在其顶部、台座两侧焊接∟50×5角钢,安装台座模板,采用C25混凝土浇筑。

(10)待混凝土浇筑到角钢底部且强度达到设计强度的80%以上,角钢内填级配碎石,用砂填塞缝隙,夯锤夯实后,进行台座钢板与角钢通长焊接。

(11)台座钢板安装前,要在梁底预埋钢板位置预留槽口;其内四角预埋ϕ25 mm调节螺栓,中间用ϕ18 mm钢筋结合ϕ50 mm半圆形钢槽设置支撑旋转装置,上盖钢板。钢板下沿半圆形钢槽方向焊接同半径钢棒嵌入钢槽中,如需调整时,只需调节四角螺栓,使钢板角度与梁底预埋钢板角度一致即可。

(12)进行台座钢板打磨,涂抹保护油层,以防打磨好的台座钢板生锈腐蚀。

5　对比分析

5.1　工期对比分析

本项目有3种T梁规格,同时预制场实际占地规划面积小,预制台座的设置相对较少,根据桥梁分布及T梁预制施工计划存在交叉施工。采用普通台座需要根据施工计划修改台座,修改台座既浪费资源,又耽误工期。

根据工期要求,共计416天,考虑天气及假期影响,取1.15放大系数,同时考虑使用普通预制台座需按照施工计划对台座进行修改,每批预制台座修改按照10天计算,依据本项目桥梁分布及施工计划,普通台座至少需修改3次。

T梁通用型有效工期为：$D=416/1.15=362$（天），普通T梁预制台座有效工期为：$D=416/1.15-10\times3=332$（天），故平均日生产量$S=T$梁总片数/有效工期。则：通用型T梁预制台座每天预制片数$=775/362=2.1$片，普通预制台座每天预制片数$=775/332=2.3$片。

根据模板投入量及施工时20 m、30 m和40 m T梁交叉施工，平均每天可生产2.2片T梁。因此，根据模板投入量和日生产T梁数量要求，采用普通预制台座可能不能够满足施工要求。

5.2 经济对比分析

因梁场规划原因预制台座数量较少，且存在预制T梁交叉施工的情况，在预制过程中采用普通预制台座将对台座进行修改，而修改台座多为对台座进行破除后重新进行台座浇筑安装。破除后的钢筋混凝土不能重复利用，造成资源浪费。

梁场预制台座采用C25混凝土，钢筋采用$\phi18$ mm钢筋，横向间距为10 cm，纵向间距为50 cm。

因此，每对T梁预制台座修改一次将浪费20 m T梁预制钢筋193.2 kg，混凝土3.3 m^3；30 m T梁预制台座钢筋471.2 kg，混凝土5.4 m^3；40 m T梁预制台座钢筋705.2 kg，混凝土8.6 m^3。

6 结　语

根据重庆万利高速公路WL06合同段预制T梁，数量多、规格种类多样、工期紧、预制场占地面积不足等特点，在预制场采用通用性预制台座较普通预制台座操作便捷，在预制场占地面积不足、台座数量有限的情况下依然可满足施工进度要求，同时降低了因修改台座造成的人、机、料的费用，取得了一定的经济效益。

参考文献

[1] 刘小飞. 预应力混凝土预制T梁底座的施工控制[J]. 山西建筑，2008，34(22)：155-156.
[2] 石井兵. T梁通用预制台座施工技术[J]. 商品与质量：建筑与发展，2012(3)：157.
[3] 周水兴，何兆益，邹毅松，等. 路桥施工计算手册[M]. 北京：人民交通出版社，2001.
[4] 中交一公局公路勘察设计院有限公司. 重庆万州至湖北利川高速公路(重庆段)两阶段施工图设计[Z]，2014.

半桥半路基段 T 梁预制场规划与设计

王君武　曹高强

（路桥华祥国际工程有限公司　北京　100024）

摘　要　在山区桥梁施工中，一般很少有比较宽阔的场地用来预制 T 梁。预制场的选址尤为重要，一个选址合理的预制场不仅能够满足 T 梁的预制任务，还能加快全线桥梁的施工进度。本文结合重庆万利高速公路 WL06 合同段 T 梁预制场的制梁区、存梁区、生活区、施工便道等各个区域的规划与设计，选用半桥半路基 T 梁预制场来增加场地面积的办法，解决场地狭小导致不能满足施工任务的问题，希望能为类似工程的施工提供借鉴。

关键词　山区　半桥半路基　T 梁预制　规划与设计

1　工程概况

重庆万利高速公路 WL06 合同段起始桩号为 K35 + 820，终止桩号 K42 + 845，全长 7.015 km（含 10 m 短链）。桥梁有 8 座，其中大桥 5 座，中桥 3 座；均为先简支后连续 T 梁，跨径各不相同，主要有 20 m、30 m 和 40 m 3 种 T 梁，且马坝塘大桥和赶场大桥的 30 m 和 40 m T 梁相互交叉。T 梁共计 775 片，其中 20 m T 梁 185 片，30 m T 梁 340 片，40 m T 梁 250 片。

2　T 梁预制场的规划与设计

2.1　T 梁预制场选址

随着我国经济的快速发展，高速公路已经逐步覆盖山区。大多数山区，地势起伏大，桥隧比例高。目前，我国高速公路施工行业较为熟悉的后张法 T 梁预制施工中山区难度比较大。首先面临的难题是 T 梁预制场地的选择，需要考虑交通运输的方便、施工任务的安排、T 梁的架设计划、供排水是否方便等。一般在山区没有宽阔场地作为 T 梁预制场地的情况下，选取长度足够、纵坡较小、边坡较为稳定、曲线半径较小的整体式路基或半桥半路基段作为预制场较为合理。

本标段在没有场地能够满足 T 梁预制场施工要求的情况下，只能选取 K40 + 221 ~ K40 + 896 半桥半路基段作为预制场的场地，全长 675 m。该段路基为二级边坡，一级坡率为1∶0.75，二级边坡为 1∶1，边坡高度为 8 ~ 17 m。为安全考虑，设计单位进行补勘后，设计增加了抗滑桩。该段路基南侧 120 m 为磨刀溪河，北侧 50 m 为磨刀溪河支流，施工用水较便利且紧临 2 号拌和站。

根据地勘资料，磨刀溪河历史最高水位为 272.00 m，而场地地坪标高为 340.00 m，高出最

作者简介：王君武（1988—），男，本科，助理工程师。

曹高强（1992—），男，本科。

高水位68 m,T梁预制场不受河水影响。根据该段路基小桩号一侧245 m纵坡为2.017%,大桩号一侧430 m纵坡为1%。出于龙门吊运行安全考虑,龙门吊轨道、基础纵坡均设置为1.2%;场区内纵向运梁便道纵坡与龙门轨道纵坡设计一致。考虑为场地排水顺畅,场地整体设置纵坡为1.5%。根据场地纵坡计算,小桩号一侧桥台背墙顶标高与场地标高相差20 cm,对架梁不影响。由于本标段路线最大纵坡为赶场大桥纵坡,其值为4%,不影响运梁。其余部分纵坡为0.7%~2.8%。出于安全考虑,路基上运梁便道纵坡控制在2%以下,待预制梁施工完成后,再进行路基施工。

本标段的半桥半路基T预制场,供水供料方便,T梁的存放和运输也基本满足施工计划的要求。

图1 本标段T梁预制场俯瞰效果图(柳杨中桥)

2.2 T梁预制场各区域规划

预制场分为预制区、存梁区、钢筋加工区、钢筋原材料堆放区、安全生产便道、生活区等区域(图2)。各个区域的划分和布置必须满足施工要求和施工工序的安排,合理的规划可以减少不必要的场内运输费用、加快机械设备和人工的运转速度。例如,本标段的钢筋加工区设置在预制区的中间部位,在钢筋绑扎台架上加工和安装完成腹板钢筋后,龙门吊可以迅速将其吊往预制台座上安装,大大减少了龙门吊不必要的往返运行。另外,在预制区的两端都设置有存梁区,T梁预制完成后可以选择就近存梁区存放,同样减少了龙门吊的往返运行,提高了机械的利用效率。

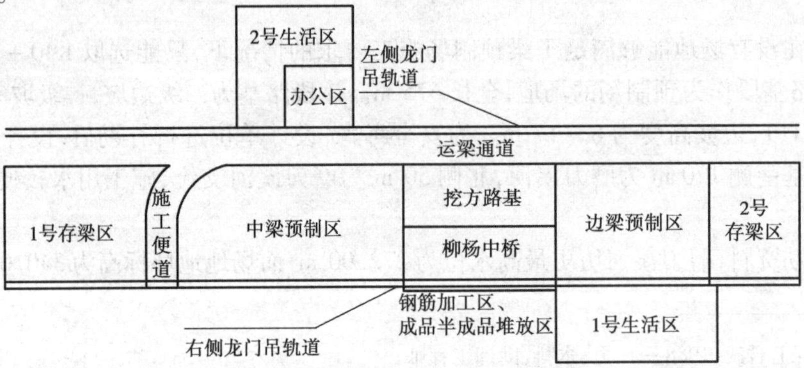

图2 本标段T梁预制场各区域布置图

2.2.1　预制区和存梁区规划

本标梁场位于赶场大桥和上窄口大桥之间，中间是路基，含右幅 3 跨 20 m T 梁的柳杨中桥。本标段预制 T 梁数量多、工期短，所需预制场地面积大。先期在赶场大桥 0 号台侧 70 m 处纵向设置两排 20 m T 梁预制台座，抢先预制 15 片 20 m T 梁，提前架设完成柳杨中桥，联通柳杨中桥 0 号台侧路基。此时，K40 + 221 ~ K40 + 896 段全长 675 m，连为一个整体，在赶场大桥 0 号台侧设置一个 30 m 和 40 m T 梁共用存梁区。在距赶场大桥 0 号台侧 60 m 处设置预制场入口通道，入口的位置选择可根据实际情况和施工方便布置。

对于预制区的布设，根据施工任务和 T 梁的架设计划，前期共设置 32 个 T 梁预制台座。从梁场入口到上窄口大桥终止桩号依次是两排 40 m 中梁预制台座、4 排 30 m 边梁预制台座、两排 40 m 边梁预制台座，预制台座由钢筋加工区隔开。在两排 40 m 边梁预制台座后设置一个 30 m 和 40 m T 梁共用存梁区。

2.2.2　施工便道规划

施工便道的布设应考虑运梁车行驶的安全和方便，以及施工过程中混凝土的运输、排水等问题，本标段梁场内施工便道由进口处通向主线左侧，沿主线纵向延伸，贯通整个梁场。便道宽 4.4 m，总长 675 m，采用 C20 混凝土硬化，厚度为 20 cm。

2.2.3　钢筋加工区规划

钢筋加工区可根据施工任务和计划合理设置，分区要明确，排水要流畅。本预制场钢筋区位于梁场中部，整体长为 60 m，宽 18.6 m(图 3)。活动式防雨棚采用型钢结合彩钢板进行搭设，四周设二级排水沟。场内设置一个钢筋加工区、半成品堆放区、一个钢筋原材料存放区，以及压浆材料和波纹管存放区。考虑柳杨中桥荷载承受能力和对桥梁的荷载疲劳破坏，在半桥半路基段设置钢筋加工区和材料堆放区。根据《公路工程技术标准》(JTG B01—2014)规定，公路 I 级荷载极限大约为 110 t。考虑本标段的 T 梁预制任务，钢筋加工区最多均布存放 40 t 左右的成品、半成品钢筋材料，远远小于标准规定的荷载极限值。

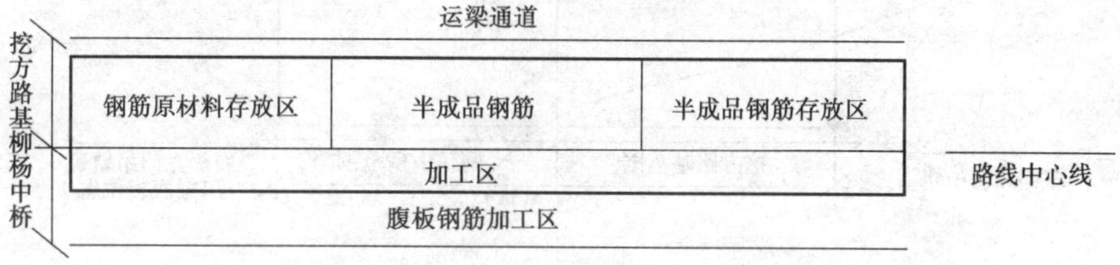

图 3　钢筋加工、材料堆放区平面布置图

2.2.4　生活区规划

根据施工现场地形，T 梁预制场的工人生活区选在主线外避险车道位置，紧邻梁场生产区而建，长 30 m，宽 10 m。在与生产区交界处，设置人行通道大门，起生活、生产隔离的作用，同时方便施工作业人员及时上、下班作业，保证 T 梁预制生产过程中 24 h 作业工序的连贯性。在柳杨中桥左侧的空地上架设库房及管理人员的办公、住宿区，梁场入口处设有门房、门卫，真正做到封闭式工厂化管理施工。

2.2.5 预制场供排水系统

在预制场选址时就应该考虑场地的供排水问题，供水水源应无污染，满足施工用水的要求，且水源要稳定充足，排水要通畅，且污水要经过处理，符合国家污水排放标准。本标段由于预制场与磨刀溪河高差较大，设置两级蓄水池用来满足施工用水的要求。场排水系统的布设遵循以路基中线为场内横断面最高点，向两侧路基边线降低的原则，整个场地纵横坡坡度均设置为1.5%。污水经过处理后排入磨刀溪。

2.2.6 预制场养生系统

预制场与磨刀溪河高差较大，施工用水时，设置两级蓄水池，一级设置在柳杨中桥右侧50 m处的半坡空地上，二级设置两个。其中，一个设置在柳杨中桥2号桥墩与3号桥台之间，桥面正下方；另一个设置在K40+550右侧路基外5 m处，以供预制场养生用水。送水管沿排水沟埋设，每个预制区设两个开关阀，用以接喷淋管养生。

2.2.7 龙门吊轨道设计

为使龙门吊能够平稳安全的运行，轨道的纵坡不宜太大，曲线半径不宜太小。本标段龙门吊轨道、基础纵坡均设置为1.2%。明基浇筑时，预埋轨道固定螺栓，采用$\phi 16$螺栓，每排两个，间距为20 cm，纵向每隔50 cm布置一排。考虑温度因素对轨道长度的影响，龙门吊轨道接头处设置4~6 mm伸缩缝，轨道接头位置错台控制在1 mm以内。

本预制场龙门吊轨道间距为23 m，桥梁的最大集中荷载承受能力，将龙门吊右侧轨道铺设在桥梁的5号T梁肋板的位置，以减少对桥梁的荷载破坏。根据《公路桥涵设计通用规范》(JTG D60—2004)规定，集中荷载跨径小于50 m，取180 kN，而本标段T梁预制场龙门吊的最大荷载为吊运40 m中跨中梁的情况，质量为136 t。

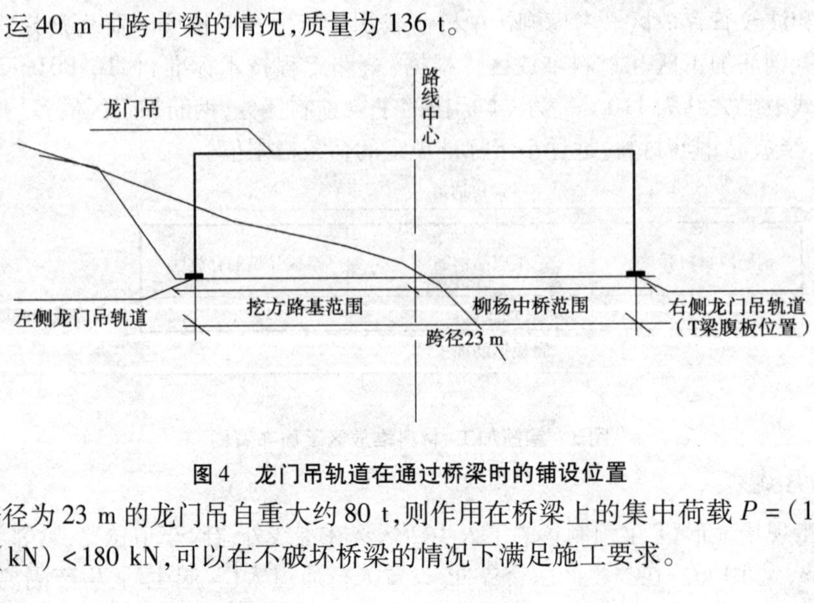

图4 龙门吊轨道在通过桥梁时的铺设位置

95 t跨径为23 m的龙门吊自重大约80 t，则作用在桥梁上的集中荷载$P=(136/2+80)/2\times 10=74(\text{kN})<180\ \text{kN}$，可以在不破坏桥梁的情况下满足施工要求。

3 结 语

全线设置一处T梁预制场进行集中预制生产，既满足了全线T梁的预制任务，还能大大缩短全线桥梁的施工工期。本标段梁场地处主线半桥半路基上，横向平面位置狭小，按照常规方法设置台座，预制场用地面积不能满足台座布设。如何利用半桥半路基的方法来扩大预制场的有效施工工作场地，是本文重点叙述的地方，结合本标段实例，对各个区域的合理划分和布置给出了意见，希望对以后此类工程能有参考作用。

预制场的选择应在全线或本标段范围内统一考虑，结合地势地形、施工任务、T梁架设计划合理规划和设计预制场的各个区域，合理配置施工资源，满足施工进度的要求，避免施工工序之间衔接不合理以及施工过程中窝工、停工待料等不良情况出现。

参考文献

[1] 赵文丁. 先简支后连续桥梁的设计与施工[D]. 长春：吉林大学，2005.

[2] 吴晨曲. 公路工程预制梁施工的管理策略[J]. 科技与创新，2015(14)：43-44.

[3] 中华人民共和国行业标准. 公路工程技术标准(JTG B01—2014)[S]. 北京：人民交通出版社，2015.

[4] 中华人民共和国行业标准. 公路桥涵设计通用规范(JTG D60—2004)[S]. 北京：人民交通出版社，2004.

[5] 中华人民共和国行业标准. 公路工程施工安全技术规范(JTG F90—2015)[S]. 北京：人民交通出版社，2015.

浅谈小半径曲线桥护栏线形及外观质量控制

詹　辉　刘东旭

（路桥华祥国际工程有限公司　北京　100024）

摘　要　桥梁护栏是建成通车后可见的外露工程，它的线形及外观质量将直接影响整个高速通车后的视觉感。因此，保证护栏线形及外观质量尤为重要。对于小半径曲线桥的护栏线形及外观质量一直是工程施工中的难题。本文以重庆万利高速公路 WL06 合同段宏福村大桥防撞护栏施工为例，就如何保证小半径曲线桥护栏线形，阐述自己的观点，以便在以后的施工中推广应用。

关键词　小半径　曲线桥　护栏线形　外观质量

1　工程简介

宏福村大桥属于重庆万州至湖北利川高速公路（重庆段）WL06 合同段，位于重庆市万州区赶场镇宏福村，为跨河大桥，跨越磨刀溪，同时跨越 G318 国道。

桥梁右幅中心桩号为 K38 +729，左幅中心桩号为 K38 +719。桥梁采用 30 m T 梁布置，全桥分为两联，孔径布置为 4 ×30 m +4 ×30 m，跨径总长为 240.0 m，全长 248.6 m。本桥平面分别位于缓和曲线（起始桩号为 K38 +595.5，终止桩号为 K38 +634.926，参数 A 为 322.644，右偏）、缓和曲线（起始桩号为 K38 +634.926，终止桩号为 K38 +753.926，参数 A 为 314.361，左偏）和圆曲线（起始桩号为 K38 +753.926，终止桩号为 K38 +845，半径为 830.446 m，左偏）上，纵断面纵坡为 2.85%，墩台径向布置。

2　重难点分析

（1）宏福村大桥为小半径曲线桥，曲率大，测量控制点较少，且护栏模板校准较难，护栏线形难以控制。

（2）护栏模板为异形模板，模板的分层浇筑以及模板的振捣控制难度大，容易引起表面不平或混凝土脱落现象，导致护栏线形较差。

（3）护栏顶端断面开口较小，顶端抹面很难控制次数和时间，容易产生裂缝和高低不平。

（4）施工中，护栏曲线半径较小，模板长度较长，模板安装后容易变形，护栏线形难以控制。

作者简介：詹　辉（1990—），男，本科，助理工程师。

刘东旭（1990—），男，本科，助理工程师。

3 施工控制措施

3.1 测量控制

对于桥梁护栏施工，一般曲线段采用5 m一个控制点，直线段采用10 m一个控制点。由于宏福村大桥为小半径曲线桥，半径小、弧度大，为控制护栏线形，需对控制点进行加密处理，采用模板长度1.5 m一个控制点，对控制点进行加密。在控制点加密完成后、护栏模板安装前，分别弹一条墨线观测，对平面位置进行控制。

弹第一条墨线，将放样完成的控制点与点之间弹好墨线，通过第一个点与第三个点拉线检测第二个点是否正确。如果曲线右偏，则第一个点与第三个点拉线，第二个点必定会在线的左侧，可根据曲线要素算出具体尺寸。如果第二个点在线的右侧则必然有一个点有误，必须对所放样点进行复测，以保证点的准确性。

弹第二条墨线，在放样完成的点上垂直引出对应的点，15 cm或20 cm都可以。引点时，必须仔细认真确保引出点的准确性，点引完成后，在点与点之间弹好墨线。这样做是为了检验模板安装完成后护栏顶口的线形是否顺直，采用吊垂球尺量法。若引出点的距离为15 cm，根据图纸算出护栏内侧顶口线与护栏内侧底口面之间的距离为18 cm，则护栏内侧顶口线与引出15 cm线的距离就是33 cm。通过吊垂球尺量，若垂球对准15 cm的线，垂线与护栏内侧顶口线之间的距离是33 cm，则护栏顶口线形必然顺直。检查时根据加密的控制点，选择1.5 m测量一次。

3.2 护栏模板底口与顶口内撑杆

施工中，护栏底口、顶口撑杆大多以控制点作为标准，进行焊接。曲线桥弯曲程度大，拉杆拉紧模板和混凝土振捣容易导致模板变形，从而引起护栏扭曲，严重影响护栏线形。

内撑杆采用直径为12 mm的螺纹钢，用切割机裁剪为统一的尺寸，不可以用钢筋裁断机。内撑杆焊接以第一条墨线为标准，一端对准墨线后，用水平尺控制内撑杆水平，内撑杆间距为70 cm，焊接必须牢固。内撑杆的主要作用是保证对拉杆拉紧时模板面板刚好紧贴内撑杆，保证护栏底口线形。底口拉杆安装完成，顶口内侧线形根据第二条墨线调好后，加顶口内撑杆，间距为1 m。完成后上紧顶拉杆，以保证外侧模板的线形。

3.3 浇筑分层及振捣控制

护栏模板为异形模板，混凝土浇筑时容易引起气泡，所以分层浇筑是护栏施工的关键。

按照护栏模板高度为1.2 m，倒角位置在底部0.275～0.455 m段，混凝土施工分5层布料，第一层布料到倒角下，厚度为0.27 m左右振捣；第二层布料在倒角处，厚度为0.15m左右振捣，振捣时振捣棒插入第一层1/3对倒角处形成二次振捣，使倒角处得到充分振捣，以减少内倾面气泡；第三～五层依次布料0.3 m左右振捣，直至模板顶标高线，纵斜向分段布料不超过4 m。

3.4 顶面抹面控制

选抹面技术熟练的工人进行抹面，首先对已浇筑完成的护栏混凝土进行人工初平，并将初

平平整度控制在 ±5 mm 以内；在人工初平 20 min 后，再次找平，在冬季应适当延长时间；在人工初平 120 min 后，进行混凝土收浆，使表面的干缩微裂缝消失；待已浇筑混凝土达到初凝状态后，及时进行板面平整度检查，对平整度超过 3 mm 的部位及时进行修补。

3.5 模板缝隙处理

对于小半径曲线桥，由于弧度大，模板和模板、模板与浇筑混凝土之间等容易存在缝隙，在加固模板时要在保证设计尺寸的前提下具有足够的承载力、刚度和稳定性。对于任何非设计缝隙都要封堵好，对螺杆孔用海绵进行封堵，模板底部与浇筑混凝土的接触面用砂浆结合海绵封堵，模板与模板之间的缝隙用橡胶垫或止水条封堵，防止出现由于模板漏浆而导致的护栏外观质量缺陷。待混凝土浇筑完成，拆模后对拼缝处进行适当打磨，确保护栏线形平顺。

4 模板比选

护栏施工属于常规施工，施工工艺和施工要求规范都为常规的固定传统施工，则护栏线形的控制，除了在施工中注意细节和反复测量外，护栏模板的选择成为控制小半径曲线桥线形的重中之重。

4.1 护栏模板长度比选

数学上，对于一段圆曲线可以分成 N 段小线段，原则上说，护栏模板越短，护栏线形越接近图纸设计。考虑施工便简和现场施工实际比选，选择 3 套模板进行综合比选。考虑跨长为整十长度，为了方便长度的合成，模板长度选用 0 和 5 的尾数。如图 1 所示，通过 CAD 进行多种模板长度的比选可知，选用 2 m 以上的模板，对护栏线形影响较大；选用 0.5 m 模板，相同长度模板数量多，施工烦琐；2 m、1.5 m、1 m 模板护栏线形偏差较小，线形也相对平顺；故分别选用2 m、1.5 m、1 m 3 种模板长度。

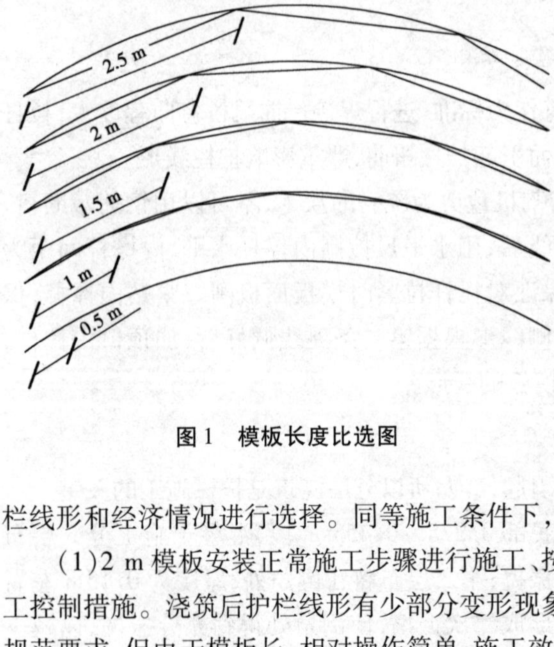

图 1 模板长度比选图

同等情况下，根据 3 种模板所浇筑的护栏线形和经济情况进行选择。同等施工条件下，有如下结果：

(1)2 m 模板安装正常施工步骤进行施工、按 1.5 m 一个控制点控制线形，并做到上述施工控制措施。浇筑后护栏线形有少部分变形现象，经过测量复测发现存在部分值超过设计和规范要求，但由于模板长，相对操作简单，施工效率高(图 2)。

(2)1.5 m 模板按照正常施工步骤进行施工、按 1.5 m 一个控制点控制线形，并做到上述施工控制措施。浇筑后护栏线形较好，经过测量复测发现仅偶尔点在设计及规范外，拼装和拆除模板快捷、方便，施工效率比较高(图 3)。

(3)1 m 模板在同等条件下，护栏浇筑后线形外观较好，经过测量复测发现仍有些许点与

图2 2 m 模板下护栏施工

设计图纸存在误差点(图4)。其主要原因是拼缝太多,扣件安装麻烦,施工操作比较烦琐,导致混凝土振捣等容易引起变形,且施工效率较低。

图3 1.5 m 模板下护栏施工

图4 1 m 模板下护栏施工

综合上述3种选择,模板长度选择1.5 m,既能保证护栏线形,又能减少施工操作,节约了时间和成本。

5 总 结

对于曲线半径小于1 000 m的小半径桥护栏线形的控制,通过以上控制措施,在重庆万州至湖北利川高速公路(重庆段)WL06合同段马坝塘大桥、宏福村大桥的应用中,效果显著,达到了护栏线形优美、外观质量良好且工期快的显著效果,得到上级单位的一致认可。实践证明,以上控制措施是可行的。

参考文献

[1] 中交一公局公路勘察设计院有限公司. 重庆万州至湖北利川高速公路(重庆段)两阶段施工图设计[Z],2014.

[2] 中华人民共和国行业标准. 公路桥涵施工技术规范(JTG/T F50—2011)[S]. 北京:人民交通出版社,2011.

[3] 周水兴,何兆益,邹毅松,等. 路桥施工计算手册[M]. 北京:人民交通出版社,2001.

悬臂现浇箱梁挂篮反力架预压技术

赵东升　刘红芳

（中交一公局海威工程建设有限公司　北京　101119）

摘　要　对于大跨径连续刚构桥，悬臂浇筑施工是比较理想的施工方法之一，其挂篮的设计、预压试验显得尤为重要。本文以薛家坝2号大桥为例，详细介绍了所用挂篮的设计思路、设计参数、预压方案及预压数据处理。现场测试结果表明，理论计算结果与实测数据较为吻合，且满足安全性要求，可为同类型桥梁挂篮施工设计时作参考。

关键字　现浇箱梁　挂篮施工　连续刚构　预压试验　技术

1　工程概况

薛家坝2号大桥全长820 m，主桥为65 m + 120 m + 65 m三跨预应力混凝土连续刚构桥，上部结构为单箱单室预应力混凝土箱梁，三向预应力结构，箱梁顶面与路线横坡一致。平面分别位于直线和圆曲线上，墩台径向布置。全桥共分61个节段，0号段长13 m，具备挂篮拼装起始长度；边跨现浇段长3.84 m；边跨合龙段和中跨合龙段长2 m。挂篮对称悬臂浇筑共计14段，长度为7 ×3.5 m +7 ×4 m。

2　挂篮设计

2.1　挂篮构造

用梯形挂篮进行悬臂浇筑，挂篮由主桁系统、悬吊行走系统和模板系统等3部分组成，仅对主桁系统和行走系统进行分析。主桁所有杆件均采用槽钢外贴1 cm钢板对口拼装，缀板、加劲板按80 cm均布；连接板采用2.5 cm厚钢板，孔直径为2.5 cm；连接肋板采用1 cm钢板，连接板采用1 cm钢板；螺杆采用外径2.4 cm的10.9级高强度螺栓；焊口为1 cm角焊缝，主要采用二氧化碳保护焊焊接；主桁前横梁采用双拼H500 ×200型钢；主桁上横梁、后横梁采用双拼H200 ×100型钢；主桁后锚压梁采用双拼20号槽钢；底篮前后横梁均采用双拼H400 ×200型钢；内滑梁采用两根H400 ×200型钢；外滑梁各采用一根H400 ×200、H300 ×150型钢；底篮底板纵梁采用H400 ×200型钢。

2.2　荷载分析

（1）外模自重85 kN，内模自重60 kN，底模自重25 kN（根据委托方提供）。

（2）施工人员、施工材料及运输堆放荷载，取均布荷载2.5 kN/m^2。

作者简介：赵东升（1989—），男，专科，技术员。

刘红芳（1990—），女，专科，技术员。

(3)振捣混凝土产生的荷载,取均布荷载为 2.0 kN/m^2。

(4)挂篮走行冲击荷载取 0.3 倍挂篮自重。

2.3 挂篮的受力分析

预应力箱梁悬浇挂篮采用梯形挂篮形式,挂篮由主桁、底篮、悬吊系统、后锚及行走系统、模板系统等部分组成。结合该挂篮设计的需要,计算时采用 midas Civil 2013 版软件建立挂篮系统整体模型,其中上部主桁架的主梁和立柱以及前上横梁、内外滑梁,前下、前后横梁以及底篮纵梁,采用梁单元模拟;吊杆及其他连接杆件采用杆单元模拟。荷载以线荷载的形式施加于底篮纵梁以及内外滑梁上。挂篮整体模型如图 1 所示。

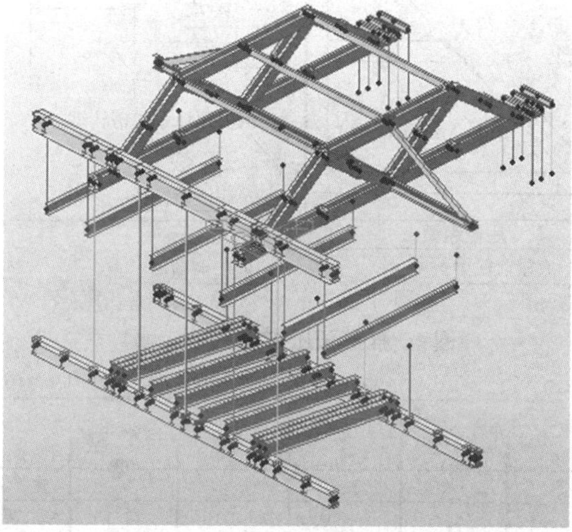

图 1 挂篮模型

3 预压设计

本工程桥面距离地面 100 m 左右,如采用沙袋或水箱法堆载方式预压,作业量大、施工时间长、施工质量难以保证,故采用反力架法进行预压。反力架采用型钢拼装而成,焊接在箱梁腹板处的预埋钢板上。

反压装置如同倒置的 0 号梁段支架,托架倒置后下端设置锚固拉杆(ϕ32 mm 精轧螺纹钢),三角架全部杆件均由两根I 36 工字钢拼接而成,顶端预埋型钢,由两根 20a 槽钢及钢板焊接而成。为满足抗剪要求,在内部焊接加劲板,焊缝厚度不小于 8 mm,埋入 0 号块腹板内长度不小于50 cm。N6 分配梁由两根I 14 工字钢拼接而成,0 号块施工时应准确预埋精轧螺纹钢。在 0 号梁段混凝土浇筑前,分别预埋反力架锚固拉杆和型钢。

单侧设置两个托架进行预压,托架安装在 0 号梁段前端腹板处,每片托架下距离 0 号段前端 4.85 m 处设置一台 65 t 液压千斤顶。

悬浇箱梁最重梁段为 1 号梁段,混凝土方量为 64.4 m^3,梁段质量约 172 t,主横梁预压超载系数取 1.2,即控制预压荷载为 206.4 t,故按照 206.4 t 进行加载试验。试验按最不利荷载的 120% 进行,分为 6 级加载,分别为 0→20% (83 kN) →50% (207 kN) →70% (289 kN) →90% (372 kN)→100% (414 kN)→120% (497 kN);卸载分两级进行,分别为 50% (212 kN)→0,如图 3 所示。图 3 中,D1、D2、D3 为底篮前横梁的 3 个测点,S1、S2、S3 为主桁前横梁的 3 个测点。

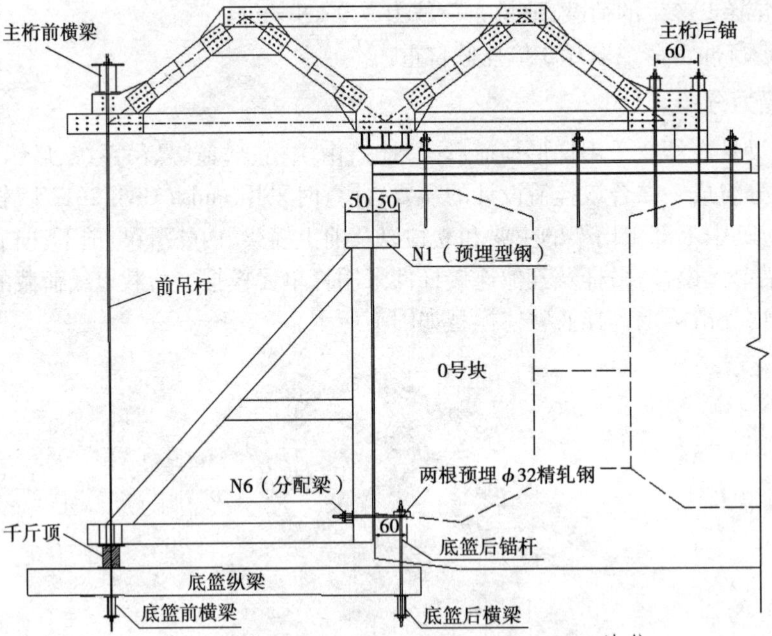

图 2　挂篮预压布置(单位:cm)

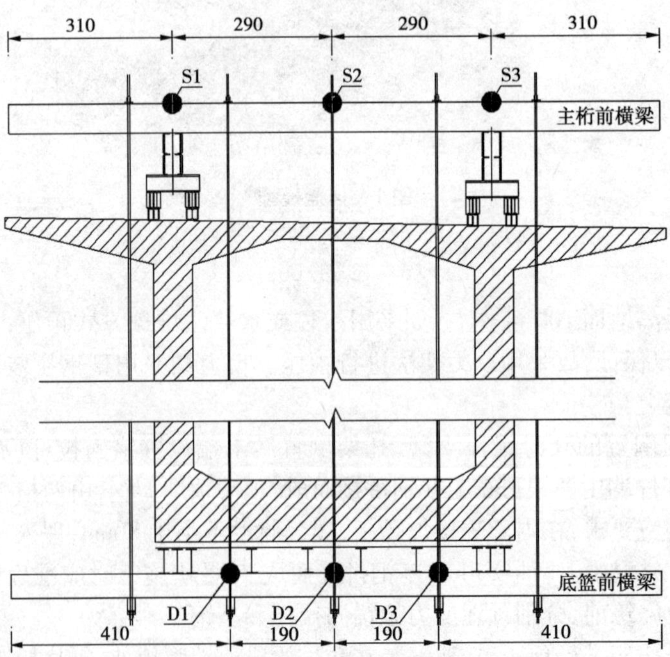

图 3　挂篮预压测点布置(单位:cm)

4　理论变形值计算及实际预压变形结果

S1、S2、S3 的观测位移表示桁架变形，D1、D2、D3 的观测位移表示桁架和吊杆的变形总和，即挂篮变形。挂篮理论变形由 midas 软件进行建模计算得出，如表 1、表 2 所示。混凝土浇筑完成后，实测变形采用水准仪测量。进行加载试验时，分别测出在每一加载等级下测点的高程，取两加载等级的高程差作为实际挂篮的变形值。

挂篮和桁架变形的实测值如表3、表4所示。

表1　挂篮变形理论计算值

测　点	预压荷载/kN						
	0	83	207	289	372	414	497
D1/mm	0	5.1	9.9	13.1	16.3	18.0	21.2
D2/mm	0	4.8	9.2	12.1	15.1	16.6	19.6
D3/mm	0	5.1	10.0	13.2	16.5	18.1	21.4
平均值/mm	0	5.0	9.7	12.8	15.9	17.6	20.7

表2　桁架变形理论计算值

测　点	预压荷载/kN						
	0	83	207	289	372	414	497
S1/mm	0	3.7	6.8	8.9	11.1	12.1	14.3
S2/mm	0	4.1	7.9	10.3	12.8	14.1	15.3
S3/mm	0	3.8	7.0	9.2	11.4	12.5	14.7
平均值/mm	0	3.9	7.2	9.5	11.8	12.9	14.8

表3　挂篮弹性变形实测值

测　点	预压荷载/kN								
	0	83	207	289	372	414	497	212	0
D1/mm	0	5	17	23	30	33	38	21	7
D2/mm	0	5	16	22	29	32	36	21	6
D3/mm	0	7	18	27	32	36	41	25	9
平均值/mm	0	5.67	17.00	24.00	30.33	33.67	38.33	22.33	7.33

表4　桁架弹性变形实测值

测　点	预压荷载/kN								
	0	83	207	289	372	414	497	212	0
S1/mm	0	3	9	13	17	19	21	12	5
S2/mm	0	5	12	15	20	23	26	14	6
S3/mm	0	4	11	15	20	22	25	16	6
平均值/mm	0	4.00	10.67	14.33	19.00	21.33	24.00	14.00	5.67

5 位移变形曲线

按经验,挂篮变形应以实测值为准,理论值只是作为参照,用以比较并反映实测值是否正确。所以,选取实测值作为变形曲线的纵坐标,如表5所示。

表5 挂篮试验结果与理论计算值

荷载/kN	实际值/mm	理论值/mm
0	0	0
83	5.67	5
207	9.67	9.7
289	16.67	12.8
372	23	15.9
414	26.33	17.6
497	31	20.7

利用Excel软件,以荷载为横坐标,实测值为纵坐标,画出挂篮变形曲线。再将曲线拟合成一条直线,并得出线性回归方程,如图4所示。

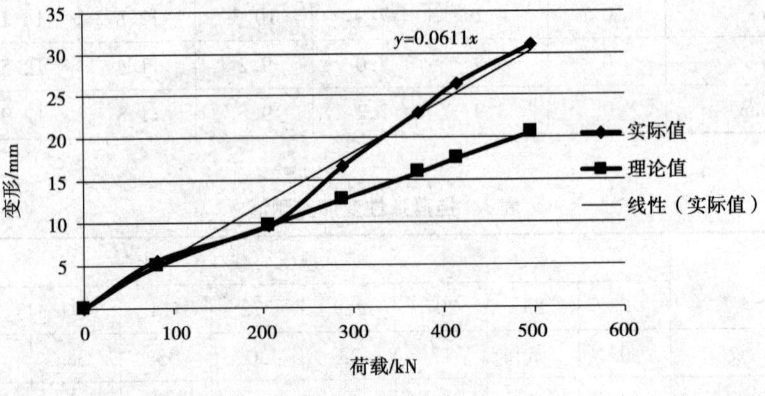

图4 线性回归方程

拟合得到的荷载 x 与变形 y 的关系式为:

$$y = 0.0611x$$

式中 y——挂篮变形值;

x——荷载。

6 挂篮变形理论取值与实际沉降对比

薛家坝2号大桥目前已经浇筑完成1号块和2号块。按照荷载变形曲线公式:$y = 0.0611x = 0.0611 \times \frac{G_i}{4}$,$G$ 的取值按1号和2号块段的实际质量计算,得出1号块段挂篮变形值为26 mm,2号块段挂篮变形值为23 mm。根据监控小组观察的1号块和2号块的实际沉降量为19 mm和17 mm,如表6所示。挂篮在1号块和2号块实际浇筑后的变形值和理论变形值对比,如表7所示。

表 6 混凝土浇筑后挂篮变形实测值

测 点	预压荷载/kN	
	1 号梁段/mm	2 号梁段/mm
S1	17	17
S2	19	16
S3	21	15
平均值/mm	19	16

表 7 挂篮实际变形值和理论变形值对比

梁段名称	实际变形值 A/mm	理论变形值 B/mm	准确度 A/B
1 号块	19	26	73%
2 号块	16	23	73.9%

根据表 6 对比，理论变形值和实际变形值准确度大于 67%，表明挂篮变形值的拟合曲线拟合值准确度较高，变形量误差符合《公路桥涵施工技术规范》(JTG/T F50—2011)中要求的高程容许偏差为 ±10 mm，可用于后期每个梁施工使用。

7 安全性分析

7.1 安全优势

挂篮的反力架预压施工与传统预压施工方案对比，在安全方面具有下列优势：

(1)反力架预压施工与传统堆载预压施工相比，传统堆载预压施工预压荷载较大，预压工作面较小，使用塔吊吊装预压重物，施工时间较长，使用施工人员较多，高空作业存在危险性较大。

(2)反力架预压施工使用千斤顶在墩柱两侧挂篮同时加载及卸载，不存在传统堆载预压施工中的墩柱两侧交替加载，造成墩柱偏压的情况，降低了预压施工安全风险。

(3)在预压施工中，发生支架变形过大时，反力架预压施工可迅速卸载，及时消除潜在的危险源，而传统堆载预压施工做不到。

7.2 安全控制要点

(1)挂篮预压前应对挂篮全系统进行检查，确认符合设计要求且安装无误后方可进行，同时设置后锚保险及横向保险措施。

(2)挂篮拼装要严格对称拼装，并设置施工安全平台和安全网。挂篮的悬挂系统必须相互固结，防止千斤顶坠落，同时所有临时锚固点必须紧固且受力均匀。

(3)加载过程要统一组织、统一指挥，每级加载后需持荷时间按加载方案进行，观察测量完后才能进入下一级加载。加载速度不能过快，要平稳加载。

8 技术性分析

挂篮的反力架预压施工与传统预压施工方案对比，在技术方面具有下列优势：

(1)施工工期上,反力架预压施工工艺要比常规施工工艺更占优势,能缩短施工工期,主要表现为:

a. 预压施工过程中荷载加载时间短;

b. 卸载施工过程中卸载时间短;

c. 反力架可在其他挂篮预压施工中重复使用。

(2)在预压荷载对墩柱的偏压方面,反力架预压施工工法要比常规施工工法更好,加载速率可控制,对墩柱偏压较小。

(3)在预压施工过程中,反力架预压施工工艺要比常规施工工艺简单,没有常规施工方法烦琐。

(4)在施工机械使用方面,反力架预压施工要比常规预压施工使用机械少,节约机械使用费用。

(5)在施工费用方面,反力架预压施工要比常规预压施工使用费用少。

9 经济效益分析

(1)反力架制作一次性投入资金如表8所示。

表8 设备资金投入情况表

序 号	设备名称	数 量	单价/元	合计/元	备 注
1	液压千斤顶	2台	0	0	使用竖向预应力65 t千斤顶
2	反力架	2个	7 000	14 000	—
3	分配梁	2个	55	110	—
4	预埋件	2个	450	900	—
5	锚固筋	4个	30	120	—
6	合 计			15 130	—

(2)传统堆载预压和反力架预压直接经济效益对比如表9所示。

表9 经济效益对比表

序号	项 目	堆载预压	费用共计/元	反力架预压	费用共计/元
1	人工费	608个,160元/个	97 300	160个,160元/个	10 240
2	机械费用	塔吊属于长期租用机械,不计费用;自卸车属于临时租用,一辆自卸车每天租赁费为1 000元,共使用16天	16 000	塔吊属于长期租用机械,不计费用;自卸车属于临时租用,一辆自卸车每天租赁费为1 000元,共使用4天	4 000
3	设备折旧	0	0	千斤顶及油泵设备	0

续表

序号	项　目	堆载预压	费用共计/元	反力架预压	费用共计/元
4	材料费用	0	0	材料费用	15 130
5	合计	113 300		29 370	
6	节约	83 930			

注：(1)堆载预压使用砂砾土，材料费用不计入施工产生的直接费用。

(2)以4个挂篮预压施工结束后产生的直接费用。

10　结　论

通过对薛家坝2号大桥的监控，已施工的1号块和2号块的实际沉降量为19 mm和16 mm。结果表明，挂篮变形值的拟合曲线拟合值准确度较高，预压试验所得数据较为准确，预压施工合格。

(1)仿真模拟挂篮试验和实际挂篮预压试验的开展不仅对后期节段挂篮变形预测提供很好的数据参考，也对桥梁施工中挂篮安全性进行相应的检验。

(2)挂篮预压试验所得数据与实际沉降量吻合情况较好，可信度高。

(3)本文的挂篮设计可作为同类型桥梁结构施工的参考。

参考文献

[1] 中华人民共和国行业标准. 钢结构设计规范(GB 50017—2003)[S]. 北京：中国计划出版社，2003.

[2] 中华人民共和国行业标准. 公路桥涵设计通用规范(JTG D60—2004)[S]. 北京：人民交通出版社，2004.

[3] 罗国健. 挂篮反拉加载仿真分析与应用[J]. 山西建筑，2009，35(2)：325-326.

[4] 尤广杰，王慧东. 悬臂施工中挂篮变形值的确定[J]. 国防交通工程与技术，2009，7(6)：53-57.

[5] 陈伟，李明. 桥梁施工临时结构设计[M]. 北京：中国铁道出版社，2008.

[6] 沈典栋，梁锦锋. 大跨径连续梁桥施工预拱度预测[J]. 中南公路工程，2006，31(2)：127-130.

[7] 程翔云. 悬臂施工中的预拱度设置[J]. 公路，1995(7)：9-11.

[8] 徐君兰，项海帆. 大跨度桥梁施工控制[M]. 北京：人民交通出版社，2000.

薛家坝2号大桥连续刚构现浇箱梁C55高性能混凝土配合比设计与优化

陈士强　潘黔川　王　进　杨　冲　周　峰

（中交一公局海威工程建设有限公司　北京　101119）

摘　要　为解决采用机制砂、P·O42.5水泥配制C55泵送混凝土耐久性和强度的难题，对混凝土所用材料的各项工作性能进行系统的检测、分析，通过试配比较，最后进行配合比验证和优化配合比设计，并在薛家坝2号大桥右线4号、5号墩0号块成功应用，为今后本地区类似工程施工提供成功案例与借鉴作用。

关键词　高性能混凝土　配合比设计　泵送　机制砂

1　引　言

混凝土对和易性要求非常高，特别是高等级混凝土，因为黏度大，泵管高度较高，应具有很好的流动性，所以混凝土易产生离析、泌水、堆台等现象。控制混凝土的强度、和易性、耐久性以及可泵送性成了研究的重点。重庆市万州区本地原材料资源有限，首先从原材料入手，对本地材料市场进行了考察。由于本地石灰岩加工的碎石的压碎值都在20%左右，相对偏大，只有选用P·O52.5水泥才可以满足C55高性能混凝土的要求。为了对配合比进行优化，从经济方面考虑采用P·O42.5水泥，所以对碎石压碎值要求比较高，而卵石经破碎后的碎石的压碎值都在12%左右，经过试配可以满足设计要求。虽然卵碎石比本地区一般的石灰岩加工的碎石价格相对要高一些，但是从水泥经济成本来看还是可取的。

由于混凝土等级比较高，采用P·O42.5水泥胶凝材料用量相对比较高，原采用掺配硅粉提高混凝土的强度。考虑硅粉混凝土施工和易性差，使混凝土不易振捣密实，不易收光抹面，往往会发现硅粉混凝土蜂窝麻面较多，混凝土表面平整度差，一般不能满足平整度要求。另外，硅粉混凝土早期强度发展很快，相应的混凝土水化热放热速度很快，致使混凝土水化热温升高，在混凝土中容易产生较大的温度应力。这一应力在干缩裂缝的顶端产生应力集中，使干缩裂缝扩展延伸甚至形成贯通性裂缝。图纸设计中，要求每立方米掺加0.9 kg聚丙乙烯纤维，但由于纤维对低等级普通混凝土的抗裂性能有较好的防裂效果，对高等级的高性能混凝土在抗裂方面效果不是太明显，并且影响和易性及前期强度，经设计同意取消了掺加聚丙乙烯纤

作者简介：陈士强（1979—），男，专科，技师。

潘黔川（1994—），男，专科，技术员。

王　进（1990—），男，专科，技术员。

杨　冲（1991—），男，专科，技术员。

周　峰（1992—），男，专科，技术员。

维。采用P·O42.5水泥时,胶凝材料偏高,为了降低水泥用量过高产生水化热,采用掺配粉煤灰来降低其水化热,掺加矿粉提高其强度,尽可能地减小水化热引起的破坏。又考虑泵送的高度比较高、施工工艺以及运送距离所需要的时间,对混凝土的扩展度、凝结时间进行了调整,在保证工作性能并能满足高性能混凝土的各项指标情况下,进行配合比设计。

2　原材料性能测试

重庆万利高速公路薛家坝2号大桥位于重庆市万州区,属四川盆地,东部山高谷深、沟壑纵横,桥位区交通条件差。其中,主桥墩高达到110 m。上部结构采用连续刚构箱梁悬臂浇筑的方法挂篮施工,混凝土设计强度等级为C55。因结构物内钢筋网及管道密集,且该主墩墩身高度达110 m,跨径达65 m,混凝土方量较大,所以选择泵送入模。经过对原材料试验检测和成本考虑,初步选定湖北华新P·O42.5水泥、重庆开县白鹤电厂生产的II级粉煤灰、重庆钰宏再生资源有限公司生产S95矿渣粉、万州码头生产的水洗机制砂、破碎的卵石、湖北秭江砂、重庆天耀建材有限公司生产的高性能外加剂及原材料的各项指标做测试。原采用掺配硅粉提高混凝土强度,但因混凝土产生较多水化热及水化速率快易产生温度应力而产生裂缝,故取消了硅粉的使用,用矿渣粉代替(表1)。

表1　加硅粉对水泥水化热试验及其结果

编　号	胶凝材料组成比例/%				水化速率/(uw·g^{-1})		水化热/(J·g^{-1})	
	水泥	粉煤灰	矿粉	硅粉	3d	7d	3d	7d
1	75	10	15	0	256.5	77.0	198.1	250.8
2	69	10	15	6	264.1	89.4	201.4	256.0

2.1　水泥性能测试

水泥性能测试结果如表2所示。

表2　水泥性能测试结果

检测项目	比表面积/(m^2·kg^{-1})	安定性(饼法)	初凝时间/min	终凝时间/min	抗压强度/MPa		抗折强度/MPa	
					3d	28d	3d	28d
P·O42.5	≥300	未见裂纹、翘曲	≥45	≥600	≥22.0	≥42.5	≥4	≥6.5
检测结果	345	未见裂纹、翘曲	142	215	28.6	45.1	6.8	8.4
检测依据	《通用硅酸盐水泥》(GB/T 175—2007)							
检测结论	所检参数满足《通用硅酸盐水泥》(GB/T 175—2007)规定的技术要求							

2.2　粉煤灰性能测试

泵送混凝土中掺入粉煤灰可以增大坍落度、扩展度、流动性,减小用水量、泌水率,改善和易性,从而增加混凝土的可泵送性。由于粉煤灰的细度、需水量比、烧失量各不相同,细度和烧失量小更有利于抑制坍落度损失。然而,三氧化硫超标会影响水泥的安定性,从而影响结构物的质量。综合地方因素和以上原因,选择开县白鹤电厂生产的II级粉煤灰(表3)。

表3 粉煤灰性能测试

检测项目	细度/%	需水量比/%	烧失量/%	三氧化硫/%
指标要求（II级）	≤25.0	≤105	≤8.0	≤3.0
检测结果	14.3	104	2.5	1.3
检测依据	《用于水泥和混凝土中的粉煤灰》(GB/T 1596—2005)			
检测结论	所检参数满足《用于水泥和混凝土中的粉煤灰》(GB/T 1596—2005)规定的技术要求			

2.3 矿渣粉性能测试

混凝土中掺入适量矿渣粉可降低水化热，提高抗碳化性、抗冻性、抗裂性，与粉煤灰结合能有效地起到抗渗的作用，能增大坍落度和黏聚性，改善和易性和泌水性，对泵送也有好处。所以鉴于实际情况，选用重庆钰宏再生资源有限公司生产的S95级矿粉(表4)。

表4 矿渣粉性能测试

检测项目	密度/($g \cdot cm^{-3}$)	比表面积/($m^2 \cdot kg^{-1}$)	流动度比/%	烧失量/%	活性指数/%	
					7d	28d
指标要求（S95级）	≥2.8	≥400	≥95	≤3.0	≥75	≥95
检测结果	2.9	430	100	0.1	75	96
检测依据	《用于水泥和混凝土中的粒化高炉矿渣粉》(GB/T 18046—2008)					
检测结论	所检参数满足《用于水泥和混凝土中的粒化高炉矿渣粉》(GB/T 18046—2008)规定的技术要求					

2.4 减水剂的性能测试

减水剂的主要作用有以下几个方面：

(1)增加水化效率，减少单位用水量，增加强度，节省水泥用量。

(2)改善尚未凝固混凝土的和易性，防止混凝土成分离析。

(3)提高抗渗性，减水透水性，避免混凝土结构漏水，增加耐久性，增加耐化学腐蚀性能。

(4)减少混凝土凝固的收缩率，防止混凝土构件产生裂纹。

(5)提高抗冻性，有利于施工。

结合实际情况，选择重庆天耀建材有限公司生产的聚羧酸高性能减水剂(表5)。

表5 聚羧酸高性能减水剂性能测试

检测项目	减水率/%	泌水率比/%	含气量/%	初凝时间之差/min	抗压强度比/%		收缩率比/%
					7d	28d	
指标要求	≥25	≤70	≤6.0	> +90	≥140	≥130	≤110
检测结果	29	22	3.6	+180	151	—	—
检测依据	《混凝土外加剂》(GB 8076—2008)						
检测结论	所检参数满足《混凝土外加剂》(GB 8076—2008)规定的技术要求						

2.5　细集料的性能测试

细集料是混凝土的主要组成部分，占混凝土总量的 30% ～40%，其性质的好坏将直接影响新拌混凝土和硬化后混凝土的和易性、强度、耐久性等。聚羧酸减水剂应用广泛，对细集料的含泥量、细度模数等性质要求很高，从而容易影响混凝土性能。在高等级泵送混凝土中，尤其是方量大的情况下，细集料的质量和稳定性显得尤为重要。受到自然条件等影响，细集料的质量往往不稳定，所以控制进场的细集料尤为重要。由于本地区没有符合标准要求的天然河砂，从外地经水运过来的"湖砂"价格昂贵，故选择本地产的卵石破碎的水洗机制砂。考虑水洗后机制砂的细度模数偏大（为粗砂），而高性能混凝土根据《公路桥涵施工技术规范》（JTG/T F50—2011）规定宜选用中砂，所以选择与湖北秭江的天然细砂混合使用，并对其各项指标进行检测（表 6）。

表 6　细集料性能测试

矿物名称	掺配率/%	过筛孔的累积筛余百分率							
		9.5	4.75	2.36	1.18	0.6	0.3	0.15	0.075
天然砂	30.0	0.0	0.0	0.0	1.0	3.3	29.5	96.8	95.6
机制砂	70.0	0.0	6.9	22.6	41.2	76.8	96.3	92.7	95.8
合成级配/%		0.0	4.8	15.8	29.1	54.8	76.3	93.5	95.7
设计级配范围/%		0	0～10	0～25	10～50	41～70	70～92	90～100	95～100
中值/%		0	5	12	30	56	81	95	98

经检测，机制砂石粉含量为 3.4%，泥块含量为 0.2%，含泥量为 2.3%，堆积密度为 1.575%，表观密度为 2.665 g/m^3，细度模数为 3.2。天然砂含泥量为 1.8%，泥块含量为 0.1%，细度模数为 1.1，表观密度为 2 679 kg/m^3。根据筛分结果确定比例为（机制砂占 70%，天然砂占 30%），经混合后细度模数为 2.6，符合标准，如图 1 所示。

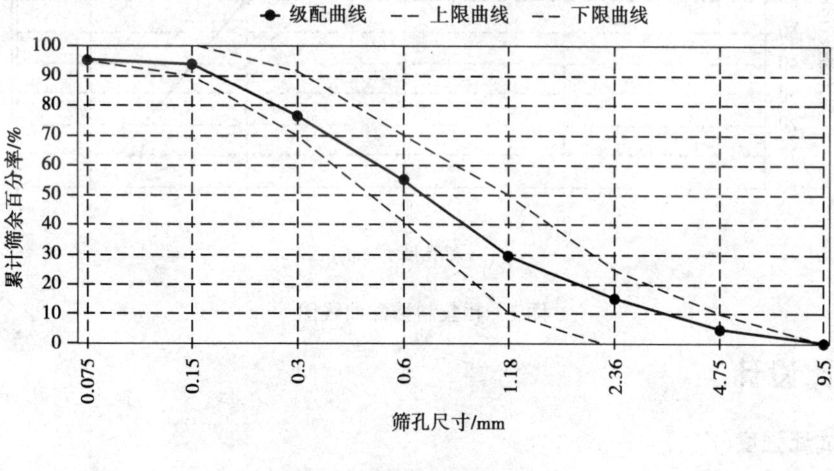

图 1　细集料掺配曲线图

2.6 粗集料的性能测试

对本地的石灰岩碎石进行了检测,其压碎值偏大,不能满足C55混凝土的技术标准,选用万州码头产的卵石破碎的卵碎石。根据规范及图纸要求,选用粒径为5~10 mm、10~20 mm两种碎石混合组成5~20 mm连续级配,并对其各项指标进行了检测。

经检测,母材天然抗压强度为125.6 MPa,饱和抗压强度为117.7 MPa,烘干抗压强度为131.9 MPa ,5~10 mm卵碎含泥量为0.3%,泥块含量为0.1%,针片状颗粒含量为4.0%,压碎值为12.6%,表观密度为2.657 g/cm^3。10~20 mm卵碎含泥量为0.3%,压碎值为12.2%,针片状颗粒含量为4.2%,泥块含量为0.2% ,表观密度为2.659 g/cm^3。经筛分合成确定比例为(5~10 mm占20%,10~20 mm占80%),符合《公路桥涵施工技术规范》(JTG/T F50—2011)中5~20 mm连续级配要求,级配情况如表7、图2所示。

表7 粗集料性能测试

矿物名称	掺配率/%	过筛孔的累积筛余百分率					
		26.5	19	9.5	4.75	2.36	筛底
天然砂	20.0	0.0	0.0	58.5	96.7	99.2	100.0
机制砂	80.0	0.0	0.0	62.3	95.6	99.6	100.0
合成级配/%		0.0	0.0	61.5	95.8	99.5	100.0
设计级配范围/%		0	0~10	40~80	90~100	95~100	—
中值/%		0	5	60	95	98	—

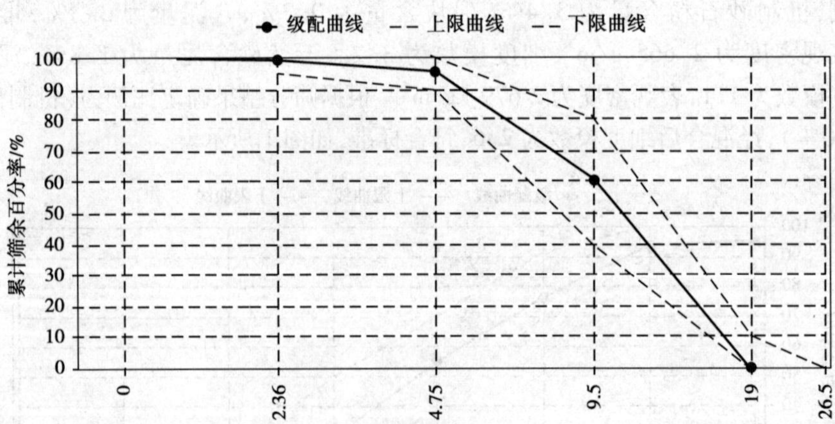

图2 粗集料掺配曲线图

3 配合比设计

3.1 计算试配强度($f_{cu,0}$)

$$f_{cu,0}=f_{cu}+1.645\sigma=55+1.645\times6=64.9\ (\text{MPa})$$

3.2　确定水胶比（W/C）

$$W/B = a_a \cdot f_b/(f_{cu,0} + a_a a_b f_b)$$

$$f_{ce} = r_C f_{ce,g} = 1.0 \times 42.5 = 42.5(\text{MPa})$$

$$W/B = 0.49 \times 42.5/(64.9 + 0.53 \times 0.20 \times 42.5) = 0.32$$

根据耐久性要求和施工水平，取0.30为本设计配合比的水胶比。

3.3　选定用水量（m_{w0}）

要求混凝土拌和物坍落度为190～230 mm，石子最大粒径为20 mm，查表选定混凝土用水量为225 kg，在保持混凝土强度和坍落度不变的情况下，外加剂可减水33%，用水量 m_{w0} = 225/(1－0.33)＝150(kg)。

3.4　计算胶凝材料用量（m_{c0}）

$$m_{c0} = m_{w0}/W/B = 150/0.32 = 500(\text{kg})$$

3.5　砂率

根据试验选取砂率为40%。

3.6　确定外加剂掺量

外加剂掺量为1.3%，β_a＝500×1.3%＝6.5(kg/m^3)。

3.7　确定砂的用量

确定碎石、砂材料每立方米用量，采用质量法。假设混凝土容重为2 450 kg/m^3，已知：m_{b0}＝500 kg，m_{w0}＝150 kg，β_s＝40%。根据公式：

$$m_{c0} + m_{s0} + m_{g0} + m_{w0} = m_{cp} \tag{1}$$

$$m_{s0}/(m_{g0} + m_{s0}) \times 100\% = \beta_s \tag{2}$$

解得：

$$m_{s0} = 720 \text{ kg}, m_{g0} = 1\ 080 \text{ kg}$$

3.8　粉煤灰和矿粉掺量选择

粉煤灰和矿粉总量按照胶凝材料总量的26%进行掺配，并根据粉煤灰跟矿粉用量分别进行试验调整，具体调整比例及结果如表8、表9所示。

表8　胶凝材料组成对混凝土性能影响试验配合比

序号	水泥/(kg·m^{-3})	粉煤灰/(kg·m^{-3})	矿粉/(kg·m^{-3})	细骨料/(kg·m^{-3})	粗骨料/(kg·m^{-3})	水/(kg·m^{-3})	外加剂/(kg·m^{-3})	砂率/%	大小石子比例	粗细砂子比例	水胶比
1-0	410	40	50	720	1 080	150	6.5	40	8∶2	7∶3	0.3
1-1	400	50	50	720	1 080	150	6.5	40	8∶2	7∶3	0.3
1-2	390	50	60	720	1 080	150	6.5	40	8∶2	7∶3	0.3
1-3	380	60	60	720	1 080	150	6.5	40	8∶2	7∶3	0.3
1-4	370	50	80	720	1 080	150	6.5	40	8∶2	7∶3	0.3

续表

序号	水泥/(kg·m^{-3})	粉煤灰/(kg·m^{-3})	矿粉/(kg·m^{-3})	细骨料/(kg·m^{-3})	粗骨料/(kg·m^{-3})	水/(kg·m^{-3})	外加剂/(kg·m^{-3})	砂率/%	大小石子比例	粗细砂子比例	水胶比
1-5	370	80	50	720	1 080	150	6.5	40	8:2	7:3	0.3
1-6	360	60	80	720	1 080	150	6.5	40	8:2	7:3	0.3
1-7	360	80	60	720	1 080	150	6.5	40	8:2	7:3	0.3

表 9　胶凝材料组成对混凝土性能影响试验结果

编　号	和易性	坍落度/mm	扩展度/mm	3d 强度/MPa	7d 弹性模量/GPa	7d 强度/MPa	28d 强度/MPa
1-0	流动性差,少量泌水	180	480	45.8	3.85	66.2	77.2
1-1	流动性差,少量泌水	185	500	44.9	3.89	64.9	75.1
1-2	流动性改善,少量泌水	190	510	43.7	3.80	62.7	71.2
1-3	流动性改善,无泌水	200	530	41.9	3.40	61.5	70.0
1-4	流动性好,无泌水	225	580	42.4	3.61	61.5	72.8
1-5	流动性好,无泌水	230	580	38.3	3.66	54.4	64.2
1-6	流动性好,无泌水	230	590	41.7	3.60	53.4	62.5
1-7	流动性好,无泌水	235	590	38.0	3.62	53.2	61.0

由表 8、表 9 试验结果可知,胶凝材料总量为 500 kg/m^3 时,水泥为 370 kg/m^3,粉煤灰为 50 kg/m^3,矿粉为 80 kg/m^3,混凝土拌合物的坍落度、扩展度及早期强度均满足设计要求。虽然提高矿物掺合料(粉煤灰和矿渣粉)掺量使混凝土早期强度有所下降,但是混凝土 7d 强度均在 52.0 MPa 以上,对混凝土结构预应力张拉龄期不会产生负面影响。

经过以上试验论证,由于施工时混凝土需通过垂直高度为 110 m 的墩柱且水平最大跨径为 65 m 的梁体,结合以上实际情况,决定采用 1-4 号配合比(表 10)。

表 10　终选配合比表

序号	水泥/(kg·m^{-3})	粉煤灰/(kg·m^{-3})	矿粉/(kg·m^{-3})	细骨料/(kg·m^{-3})	粗骨料/(kg·m^{-3})	水/(kg·m^{-3})	外加剂/(kg·m^{-3})	砂率/%	石子比例	砂子比例	水胶比
1-4	370	50	80	720	1080	150	6.5	40	8:2	7:3	0.3

原设计中要求每立方米掺加 0.9 kg 聚丙乙烯纤维,经过对混凝土的抗裂性能进行检验与比对,掺加纤维后的混凝土抗裂性能并无明显变化,并且影响混凝土和易性及前期强度,经设计同意取消掺加聚丙乙烯纤维。详细数据如表 11 ~ 表 13 所示。

表 11　纤维对混凝土性能的影响试验用配比　　单位：kg/m^3

编　号	水　泥	粉煤灰	矿　粉	细骨料	粗骨料		水	外加剂	纤　维
					5 ~ 10 mm	10 ~ 20 mm			
3-11	370	50	80	720	216	864	150	6.5	0.00
3-22	370	50	80	720	216	864	150	6.5	0.90

表 12　掺加纤维对混凝土性能的影响测试结果

编　号	和易性	坍落度/mm	扩展度/mm	3d 强度/MPa	7d 强度/MPa	28d 强度/MPa
3-1	流动性好，无泌水	225	650	43.8	61.1	71.9
3-2	拌合物流动性偏小，少量泌水	200	550	39.3	53.8	65.2

表 13　抗裂性能测试表

编　号	抗裂性能
3-1	成型 48 h 后无明显裂纹，无贯穿裂缝，早期抗裂性能良好
3-2	成型 48 h 后无明显裂纹，无贯穿裂缝，早期抗裂性能良好

3.9　调整水胶比、砂率

分别上调、下调 0.02 水胶比，同时上调、下调 1% 砂率后，各材料用量及胶水比曲线表分别如表 14、图 3 所示。

表 14　调整水胶比后各材料用量

试配号	水胶比	材料用量/($kg \cdot m^{-3}$)						坍落度/mm	实测容重/($kg \cdot m^{-3}$)	养护温度/℃	试件尺寸/mm	抗压强度/MPa	
		水泥	水	细集料	粗集料	掺合料	外加剂					7d	28d
1	0.28	396	150	723	1 041	140	6.9	190	2 450	20 ± 2	150 × 150 × 150	65.3	76.4
2	0.30	370	150	756	1 044	130	6.5	210	2 440	20 ± 2	150 × 150 × 150	61.1	73.2
3	0.32	347	150	787	1 044	122	6.1	230	2 420	20 ± 2	150 × 150 × 150	56.3	67.9

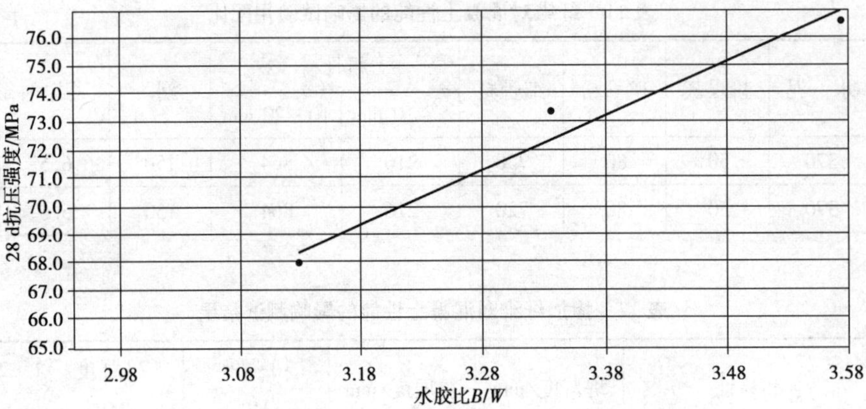

图3　水胶比曲线图

4　施工运用

经过以上系统地试验后经现场试拌，配合比正式应用到施工中，试验室对拌和站严格控制和监督，包含从拌和站的计量标定、对混凝土的搅拌时间控制、原材料的温度测量和含水率的变化进行配合比调整，按照实际生产配合比进行配料预拌。在预拌过程中，对混凝土性能和温度进行测量和记录，并做试块标准养护测定强度和混凝土收缩及徐变。在运输过程中，罐车采用匀速慢转使混凝土拌和均匀以降低坍落度损耗，到现场后对混凝土泵送前的性能和温度及现场风速做测量记录，做同期养护试块，然后对泵送后混凝土性能和温度做测量记录。通过几次记录比对和观察分析判断，由于混凝土在运输过程中的坍落度、扩展度、入模温度和风速均对混凝土工作性、凝结时间、失水速率的影响，最终调整采取最佳方案。此次泵送混凝土坍落度达到225 mm，扩展度达到650 mm，入模温度为26 ℃，泵送性能良好，如图4所示。

图4　扩展度检测

最后，在薛家坝2号桥右线4号、5号主墩0号块施工中，采用此配合比顺利地完成了浇筑，且强度均满足设计要求，如表15所示。

表15　实体抗压强度

施工部位	混凝土设计等级	浇筑日期	7 d 抗压强度/MPa	28 d 抗压强度/MPa
5号主墩0号块	C55	2015年8月20日	56.0	71.0
				70.2
4号主墩0号块	C55	2015年8月24日	56.0	72.8
				73.7

在强度满足要求的情况下,对整个浇筑的0号块针对裂缝、强度、钢筋保护层以及密实度进行了检测,检测均满足规范要求。

4.1　外观检测

通过对薛家坝2号大桥右幅4号墩0号块及5号墩0号块底板、腹板级顶板混凝土外观质量检测,未发现裂缝、剥落、脱皮、松散、露筋等情况。

4.2　碳化深度检测

对薛家坝2号大桥右幅主梁4号墩0号块及5号墩0号块腹板混凝土进行碳化深度检测,共检测40个点,碳化深度为0 mm。

4.3　混凝土强度检测

对薛家坝2号大桥右幅主梁4号墩0号块及5号墩0号块混凝土进行回弹法抗压强度检测,共检测40个测区,平均强度为65.6 MPa、66.5 MPa。

4.4　钢筋保护层

采用钢筋位置测定仪对薛家坝2号大桥右幅主梁4号墩0号块及5号墩0号块腹板主筋保护层厚度进行测试,主筋直径为20 mm,保护层厚度设计值为44 mm。实测40个测点,合格率为95.0%。

4.5　混凝土密实度检测

采用超声法对薛家坝2号大桥右幅主梁4号墩0号块及5号墩0号块混凝土密实度进行测试,各选一个部位检测30个测区。从声速检测结果得出,所检测区域声速无异常测点,混凝土密实。

5　结　论

遵循当地原材因地制宜的原则,经过对各项原材料的试验和混凝土配合比优化试拌及现场施工的效果,确定粗细集料的选用厂家和使用比例。通过矿物掺量对比试验确定胶凝材料的选用厂家和用量,粗集料选用河卵碎石(10~20 mm占80%、5~10 mm占20%),细集料选用混合砂(70%机制砂、30%河砂),砂率为40%,水灰比为0.3,胶凝材料总量为500 kg/m^3,水泥为P·O42.5(350 kg),粉煤灰(Ⅱ级、50 kg)和矿粉(S95、S80)聚羧酸高性能减水剂用量为1.3%时,混凝土拌合物各项指标均能满足设计要求,实现了良好的经济效益。

参考文献

[1] 中华人民共和国行业标准.公路桥涵施工技术规范(JTG/T F50—2011)[S].北京:人民交通出版社,2011.

[2] 中华人民共和国行业标准.公路工程集料试验规程(JTG/T E42—2005)[S].北京:人民交通出版社,2005.

[3] 中华人民共和国国家标准.通用硅酸盐水泥(GB 175—2007)[S].北京:中国标准出版社,2007.

[4] 中华人民共和国行业标准.普通混凝土用砂、石质量及检验方法标准(JGJ 52—2006)[S].北京:中国建筑工业出版社,2007.

[5] 中华人民共和国国家标准.用于水泥和混凝土中的粉煤灰(GB/T 1596—2005)[S].北京:中国质检出版社,2005.

[6] 中华人民共和国国家标准.用于水泥和混凝土中的粒化高炉矿渣粉(GB/T 18046—2008)[S].北京:中国标准出版社,2008.

[7] 中华人民共和国国家标准.混凝土外加剂(GB 8076—2008)[S].北京:中国质检出版社,2008.

[8] 中华人民共和国行业标准.普通混凝土配合比设计规程(JGJ 55—2011)[S].北京:中国建筑工业出版社,2011.

[9] 中华人民共和国国家标准.普通混凝土拌合物性能试验方法标准(GB/T 50080—2002)[S].北京:中国建筑工业出版社,2002.

[10] 住房和城乡建设部标准定额司,工业和信息化部原材料工业司.高性能混凝土应用技术指南[M].北京:中国建筑工业出版社,2015.

薛家坝2号大桥施工线形及应力控制分析

白晓宏　胡文柱　曹　勇　桂忠鑫

（中交一公局海威工程建设有限公司　北京　101119）

摘　要　本文详细介绍了薛家坝2号大桥施工监控方案，提出了“以线形控制为主，应力控制为辅”的监控思路，指出了监控的主要内容是应力控制和线形控制，阐述了预测控制法在薛家坝2号大桥中的运用，对预拱度和立模标高计算做了详细讲解。结果表明，在薛家坝2号大桥施工控制中，桥梁线形平顺，高程合龙误差小于15 mm，满足规范要求。

关键词　连续刚构桥　施工监控　预测控制法

1　引　言

连续刚构桥施工监控是以现代桥梁控制理论为基础，根据实时参数建立模型，仿真模拟施工阶段过程，用理论值来指导桥梁施工的过程。在国外，日本于20世纪80年代末研制出了以计算机为主要分析手段的连续刚构桥施工监控系统，并在Nitchu大桥[1]和Tomei-Ashigara大桥[2]施工过程中取得良好成效。在国内，施工监控最早在修建武汉长江大桥[3]时开始实行，直到对上海柳港大桥的施工阶段成功控制后才引起国内桥梁界的高度重视[4]。在虎门大桥辅航道270 m连续刚构桥的施工控制中，更是取得了桥轴线误差小于5.5 mm，高程合龙误差小于3.3 mm的良好效果[5]。

本文针对薛家坝2号大桥的特点，设计了专项施工监控方案，介绍了主要监控内容、施工控制方法，提出了“以线形控制为主，应力控制为辅”的监控策略，着重控制每一个施工阶段的立模高程。实践结果表明，薛家坝2号大桥的监控系统运行良好，实现了对主梁线形和应力的双重控制。

2　工程概况

薛家坝2号大桥位于重庆市万州区龙驹镇太吉村，桥型所处地势呈“V”形山谷，上跨G318国道，桥型布置如图1所示。薛家坝2号大桥主桥为65 m + 120 m + 65 m单箱单室连续刚构，主梁为单箱单室预应力混凝土箱梁，主墩为变截面空心薄壁墩。全桥共分为14个节段悬臂浇筑，其中0号块长度为13 m，1 ~ 7号块长度为3.5 m，8 ~ 14号块长度为4 m。最高墩高为104.973 m，桥面宽度为12 m，设置双向4车道。设计基准年限为100年，安全等级为一级。

作者简介：白晓宏（1984—），男，本科，工程师。
胡文柱（1984—），男，本科，工程师。
曹　勇（1990—），男，本科，助理工程师。
桂忠鑫（1993—），男，专科，技术员。

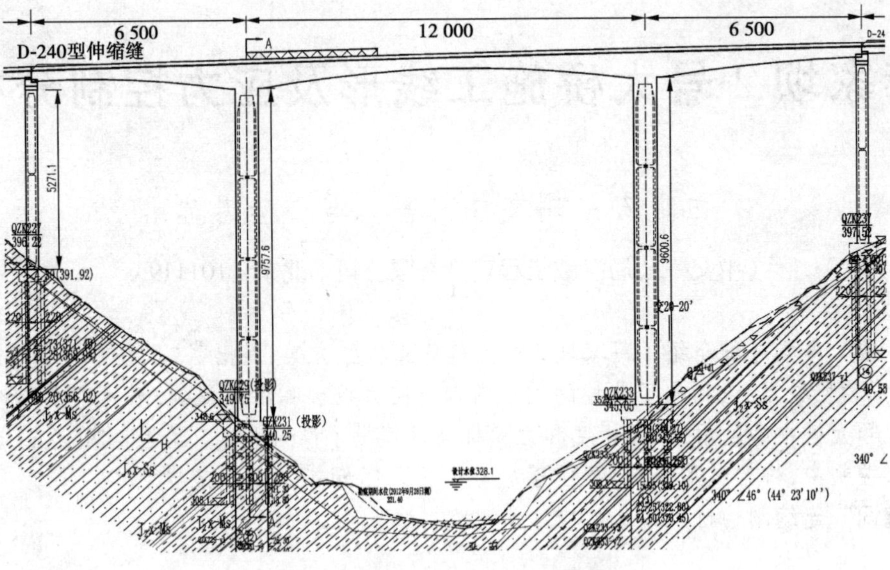

图1　薛家坝2号大桥桥型布置图

3　施工监控主要内容

3.1　变形控制

混凝土主梁在自重、挂篮、预应力和温差变化时会引起瞬时弹性变形，导致主梁沿竖向变形或面外变形（不均匀温差）。随着悬臂节段的不断增加，主梁变形会越来越大，混凝土收缩、徐变也会产生变形，而且这是一个长期的变形过程。为了使成桥后的桥梁线形满足设计要求，需要对主梁变形进行监测、控制。

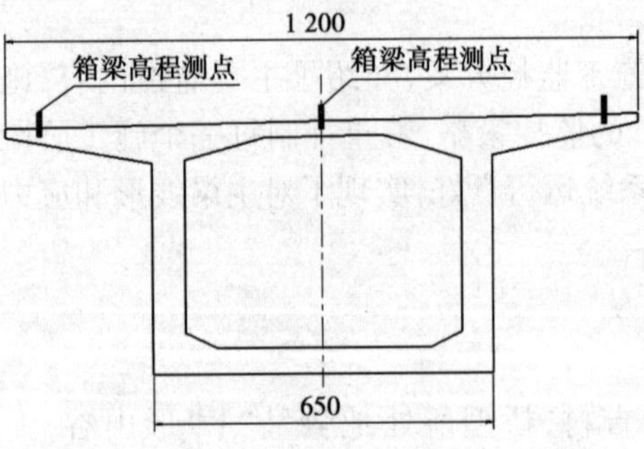

图2　高程测点钢筋布置图（单位：cm）

在每个箱梁节段布置3个对称的高程观测点（图2），这样不仅可以测量箱梁的变形，同时也可以观察箱梁是否发生扭转变形、混凝土浇筑厚度是否正常。在施工过程中，对每一截面立模后、混凝土浇筑前、混凝土浇筑后、预应力筋张拉后的标高进行测量，以掌握箱梁各节段变形的变化历程，为准确预测、预报后续节段立模标高提供依据。为减少温度变化对变形测量的影响，观测尽量安排在早晨太阳出来前或阴天进行。

3.2　应力控制

应力是反映主梁受力状态的直接表现，也是反映大桥安全的主要参数。因此，在施工控制中必须随时监测主梁应力的变化，并与理论分析结果做比较。在选定的控制截面中埋设传感器，在每个悬臂施工节段混凝土浇筑前、浇筑后、预应力张拉后等主要工况进行测量。控制截面选择在0号块与1号块结合面附近的0号块内（J3、J4、J9、J10）、$L/4$截面（J2、J5、J8、J11）和中跨（J6、J7）以及$2L/3$截面（J1、J12），如图3、图4所示。

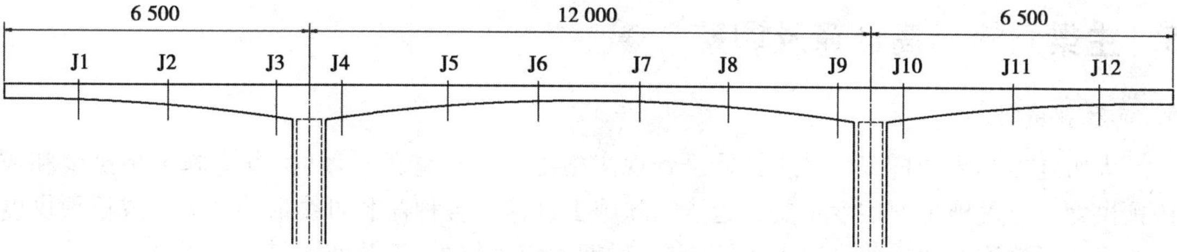

图3　主梁及桥墩应力测点布置图(单位:cm)

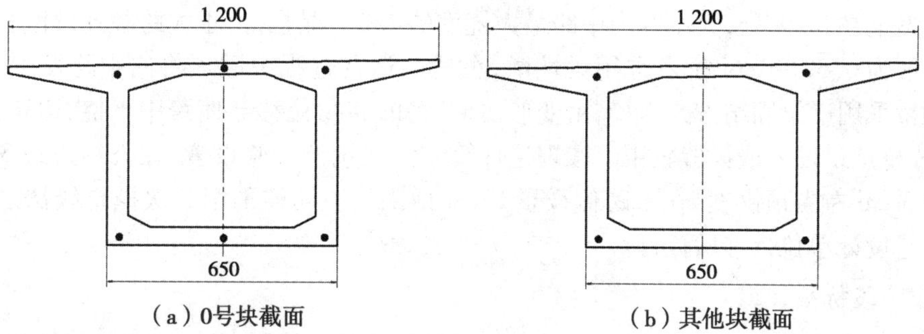

图4　应力测点横断面布置图(单位:cm)

4　施工控制方法

预应力混凝土连续刚构桥在梁段浇筑完成后出现的误差,除张拉预应力索外,基本上没有调整的余地,而只能针对已有误差在下一未浇筑梁段的立模标高上做出必要的调整。所以,要保证监控目标的实现,其根本是对立模标高做出准确的预测,而预测监控法是预应力混凝土连续刚构桥施工监控常用的方法。针对薛家坝2号大桥,采用预测控制法[6-7]进行施工控制,其基本结构如图5所示。

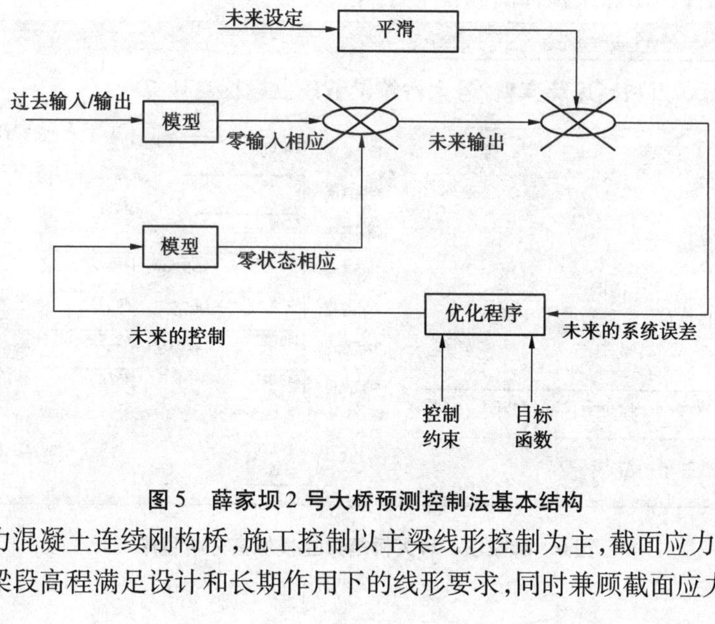

图5　薛家坝2号大桥预测控制法基本结构

对于预应力混凝土连续刚构桥,施工控制以主梁线形控制为主,截面应力控制为辅。首先保证悬臂浇筑梁段高程满足设计和长期作用下的线形要求,同时兼顾截面应力,使大桥处于双控状态。

5 主梁立模标高计算及调整

5.1 预拱度计算

大跨度连续刚构桥多数采用挂篮悬臂现浇施工。在设置预拱度时,分为施工预拱度和成桥预拱度。设置施工预拱度主要是为了消除施工过程中各种荷载对线形的影响。成桥预拱度主要是为了消除后期运营过程中收缩徐变、后期预应力损失、活载变形等而设置的。

预拱度按二次抛物线法分配。对于边跨成桥预拱度的设置,理论计算结果表明,边跨最大挠度一般发生在3*L*/8处,大小约为中跨最大挠度的1/2。况且,由于大跨径连续刚构桥边、中跨之比一般为0.52~0.6,桥墩采用柔性墩,在后期运营过程中墩顶将向中跨发生一定的位移。刚构桥采用墩梁固结方式连接,由变形协调可知,转角位移会使跨中下挠,边跨上挠。因此,边跨成桥预拱度一般设置较小。按理论计算方法或按照经验设置,在大约边跨3*L*/8处设置大小为3 cm左右预拱度,在中跨侧设置8 cm预拱度。同样采用二次抛物线法进行分配。预拱度值经设计单位批准后执行。

5.2 箱梁节段标高计算

在建立正确的模型和性能指标后,就要依据设计参数和控制参数,结合桥梁结构的结构状态、施工工况、施工荷载、二期恒载、活载等,输入到前进分析系统中。从前进分析系统中,可获得结构每个施工阶段及最终成桥状态的内力和挠度。接着,假设成桥时为理想状态,对桥梁结构进行前进分析。利用前进分析所得的数据,可获得使桥梁结构最终成为理想状态的各阶段的预抛高值,得出各施工阶段的立模标高以及混凝土浇筑前、混凝土浇筑后、预应力筋张拉后的预计标高。

为确保立模标高计算的正确性,针对薛家坝2号大桥,运用Visual Basic 6.0专门编写箱梁立模标高计算程序(图6),相应各截面编号如图7所示。只需输入桥墩号、箱梁截面号、预拱度值,程序自动计算出裸梁顶标高和箱梁控制点高程。

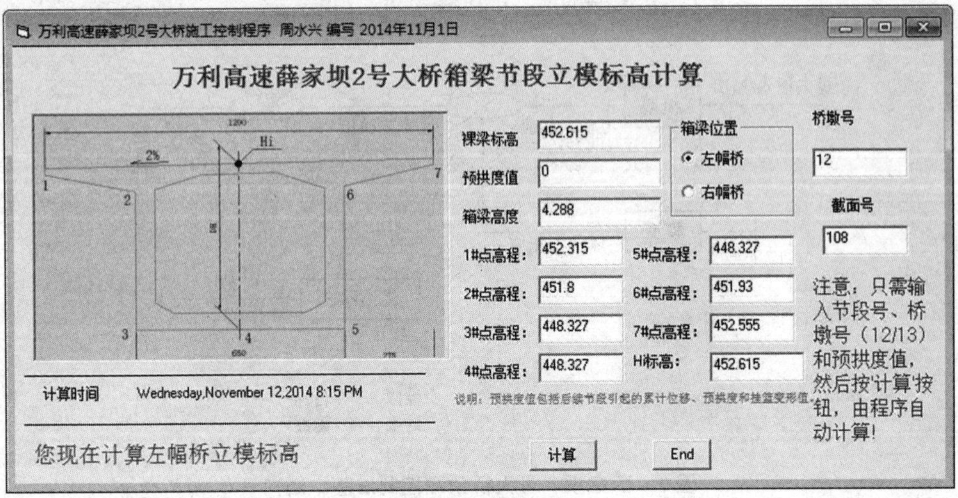

图6 薛家坝2号大桥箱梁立模标高分析程序

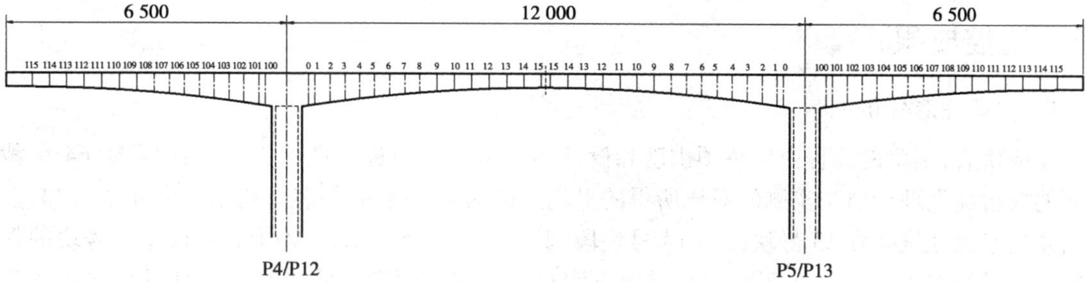

图 7　各控制截面编号（单位：cm）

5.3　立模高程的调整

每一个块段的施工数据都将记录在监控系统中。以 0 号块施工为例，需记录立模高程、混凝土浇筑后高程、预应力钢束张拉前高程、预应力钢束张拉完后高程以及定位钢筋露出混凝土面高度（表 1）。根据上述数据可以计算出，混凝土保护层厚度、浇筑混凝土产生的沉降量、7 天混凝土收缩徐变值和该节段实际高程与理论高程差值。根据施工控制中“宜高不宜低”的原则，一旦发现现阶段实际高程比设计高程低时，差值将会被计入下一施工阶段的预拱度中，进行立模高程调整。如果差值大于 2 cm，将分两次进行调整。

5.4　施工监控结果反馈及分析

每完成一个块段的施工，都会把该块段的数据整理成 Excel 表格的形式，通过与设计标高对比来判断施工质量。原始记录数据表格如表 1 所示。一旦发现主梁预应力筋张拉后的高程与设计高程相差较大，或者顶板混凝土保护层与设计值相差较大，就必须将信息及时反馈给项目部。项目部将组织人员讨论产生施工误差的原因，并在下一节段施工中进行整改。例如，在施工 4 号墩 7 号块、8 号块后发现实测高程较设计高程低了 2 cm 左右，经过分析后，认为是混凝土面厚度浇筑不到位引起的。针对此问题，项目部技术小组设置了“标高带”，即通过计算得出混凝土面要浇筑的位置，并在高程点定位钢筋上做出标记，浇筑混凝土时只要没过定位钢筋上的标记即可。采用此方法，下一个节段施工效果显著改善。

表 1　原始数据记录表

截面号	测点的位置	理论设计高程/m	计入预拱度累计值后的设计高程/m	混凝土浇筑前高程/m	混凝土浇筑后高程/m	预应力筋张拉后高程/m	露出混凝土面钢筋高度/m
7 号	*C* 点	453.538	453.614	453.718	453.710	453.711	0.119
	B 点	453.428	453.504	453.597	453.496	453.494	0.020
	A 点	453.318	453.394	453.496	453.491	453.493	0.113
107 号	*C* 点	452.072	452.138	452.225	452.218	452.215	0.095
	B 点	451.962	452.028	452.154	452.141	452.138	0.132
	A 点	451.852	451.918	452.000	451.989	451.987	0.100

注：截面号 7 号代表 7 号块中跨侧截面，107 号代表 7 号块边跨侧截面，表中皆为原始数据，未经处理读不出主梁高程值，所有实测高程都是钢筋头高程，要减去钢筋头高度，才是桥面高程。

6 监控成果

6.1 主梁线形分析

成桥后,主梁的高程由成桥预拱度和设计高程两部分组成。经计算,右幅桥主梁 64 个截面的成桥高程理论值与实测值对比所得的平均差值为 0.28 cm,如表 2 所示。由表 2 可知,数据差值最大处发生在 13 号块段与 14 号块段,其值大小为 5.4 cm。跨中 8 号块至 8 号块的数值基本维持在 4 ~ 5 cm,表明跨中起拱效果明显。足够的预拱度储备可以改善桥梁在运营阶段下挠。

目前,悬臂浇筑的大跨径预应力混凝土连续刚构桥、混凝土连续梁桥误差限值施工监控标准为:成桥后线形(标高)±50 mm(仅供参考)。由此可以判断,薛家坝 2 号大桥施工监控系统中主梁线形的监控效果良好。薛家坝 2 号大桥在线形控制过程中,桥面线形流畅平顺。桥面线形如图 8 所示。

表 2　薛家坝 2 号大桥实测标高与设计标高差值

块段号	实测标高/m	设计标高/m	差值/m	块段号	实测标高/m	设计标高/m	差值/m
边跨现浇段	451.104	451.100	0.004	14 号块段	454.225	454.171	0.054
14 号块段	451.302	451.276	0.026	13 号块段	454.300	454.254	0.046
13 号块段	451.404	451.384	0.02	12 号块段	454.399	454.356	0.043
12 号块段	451.514	451.487	0.027	11 号块段	454.47	454.427	0.043
11 号块段	451.607	451.589	0.018	10 号块段	454.539	454.497	0.041
10 号块段	451.719	451.69	0.029	9 号块段	454.616	454.575	0.041
9 号块段	451.811	451.788	0.023	8 号块段	454.712	454.622	0.040
8 号块段	451.907	451.888	0.019	7 号块段	454.758	454.727	0.031
7 号块段	452.006	451.985	0.021	6 号块段	454.820	454.793	0.027
6 号块段	452.099	452.071	0.029	5 号块段	454.882	454.857	0.025
5 号块段	452.182	452.154	0.028	4 号块段	454.941	454.921	0.02
4 号块段	452.268	452.238	0.03	3 号块段	455.010	454.985	0.025
3 号块段	452.343	452.322	0.021	2 号块段	455.068	455.048	0.020
2 号块段	452.437	452.404	0.023	1 号块段	455.131	455.110	0.021
1 号块段	452.495	452.485	0.005	0 号块段	455.192	455.172	0.020
0 号块段	452.573	452.565	0.008	0 号块中心	455.305	455.286	0.029
0 号块中心	452.716	452.713	0.013	0 号块段	455.455	455.427	0.028
0 号块段	452.882	452.882	0	1 号块段	455.522	455.503	0.019
1 号块段	452.984	452.972	0.012	2 号块段	455.607	455.578	0.029
2 号块段	453.072	453.057	0.015	3 号块段	455.673	455.652	0.021
3 号块段	453.137	453.149	-0.012	4 号块段	455.750	455.726	0.024

续表

块段号	实测标高/m	设计标高/m	差值/m	块段号	实测标高/m	设计标高/m	差值/m
4 号块段	453.256	453.235	0.021	5 号块段	455.821	455.800	0.021
5 号块段	453.35	453.321	0.029	6 号块段	455.896	455.874	0.022
6 号块段	453.433	453.405	0.028	7 号块段	455.973	455.946	0.027
7 号块段	453.513	453.488	0.025	8 号块段	456.052	456.029	0.023
8 号块段	453.632	453.583	0.049	9 号块段	456.132	456.112	0.020
9 号块段	453.719	453.676	0.043	10 号块段	456.221	456.194	0.027
10 号块段	453.802	453.768	0.034	11 号块段	456.304	456.275	0.029
11 号块段	453.89	453.858	0.032	12 号块段	456.378	456.356	0.022
12 号块段	453.969	453.927	0.042	13 号块段	456.461	456.436	0.025
13 号块段	454.088	454.034	0.054	14 号块段	456.556	456.508	0.048
14 号块段	454.17	454.121	0.049	边跨现浇段	456.581	456.583	-0.002

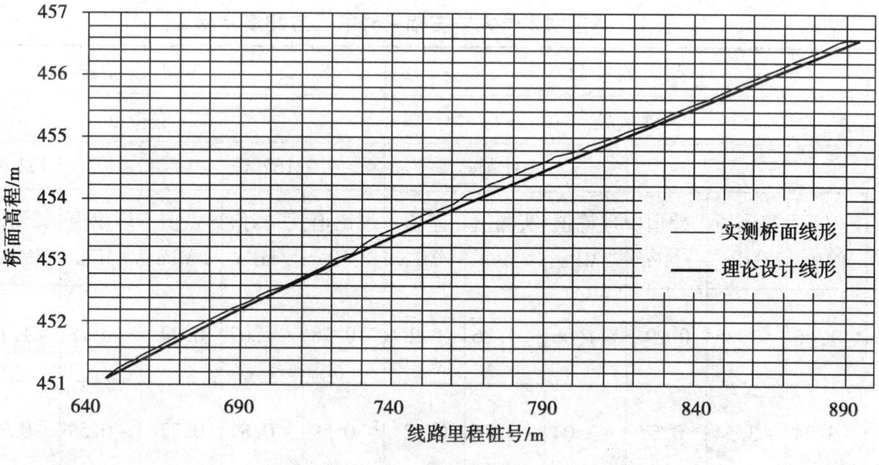

图 8　薛家坝 2 号大桥右线主梁线形

6.2　合龙段标高控制

薛家坝 2 号大桥合龙段采用挂篮取代吊架方案，使合龙段两端作用有不等的外力（挂篮自重）以及合龙段湿混凝土自重。为确保薛家坝 2 号大桥合龙段高程差控制在 15 mm 以内的目标，监控组采取了多种措施：一方面尽可能把临时荷载准确化；另一方面通过详细的分析、比较，计算出悬臂端节段高程。

表 3　薛家坝 2 号大桥合龙段劲性骨架锁定前相对高差及温度

锁定部位	相对高差/cm	锁定温度/℃
4 号墩边跨	0.9	19
4～5 号墩中跨	0.7	20

续表

锁定部位	相对高差/cm	锁定温度/℃
5 号墩边跨	1.2	18
12 号墩边跨	0.9	18
12~13 号墩中跨	0.6	19
13 号墩边跨	0.9	19

注:表中数值均为扣除相对预拱度差值后的净高差。

表 3 结果表明,边跨与中跨合龙段合龙误差都在 15 mm 以内,线形顺畅,满足有关要求。

6.3 应力控制

在薛家坝 2 号大桥施工监控进行主梁应力监控时,每一个施工阶段都进行应力观测,且在控制截面两边对称布设应变测试仪器。本次应力分析仅取 4 号墩 8 号块控制截面在各个施工工况下的应力,具体数值如表 4 所示。由表 4 可知,大桥主梁应力实测值与理论值基本吻合,差值基本在 0.4 MPa 以内,个别差值较大可能是由测量误差引起。总体而言,大桥处于受控状态。

表 4 薛家坝 2 号大桥右幅 4 号墩应力测量结果

施工工况	截面编号 J2						截面编号 J2					
	顶板处						底板处					
	321 号			104 号			167 号			171 号		
	理论值/MPa	实测值/MPa	差值/MPa	理论值/MPa	实测值/MPa	差值/MPa	理论值/MPa	实测值/MPa	差值/MPa	理论值/MPa	实测值/MPa	差值/MPa
8 号节段张拉前	-1.06	-1.35	0.29	-1.06	-1.26	0.2	-0.78	-1.02	0.24	-0.78	-1.12	0.34
8 号节段张拉后	-3.04	-3.54	0.5	-3.04	-3.36	0.32	-0.59	-0.81	0.22	-0.59	-0.78	0.19
9 号节段张拉前	-2.43	-2.67	0.24	-2.43	-2.69	0.26	-1.31	-1.54	0.23	-1.31	-1.58	0.27
9 号节段张拉后	-4.59	-4.78	0.19	-4.59	-4.78	0.19	-0.934	-1.03	0.09	-0.934	-1.13	0.19
10 号节段张拉前	-3.72	-3.97	0.25	-3.72	-3.89	0.17	-1.97	-2.23	0.26	-1.97	-2.12	0.15
10 号节段张拉后	-5.94	-6.21	0.27	-5.94	-6.19	0.25	-1.49	-1.68	0.19	-1.49	-1.76	0.27

续表

<table>
<tr><td rowspan="4">施工工况</td><td colspan="6">截面编号 J2</td><td colspan="6">截面编号 J2</td></tr>
<tr><td colspan="6">顶板处</td><td colspan="6">底板处</td></tr>
<tr><td colspan="3">321 号</td><td colspan="3">104 号</td><td colspan="3">167 号</td><td colspan="3">171 号</td></tr>
<tr><td>理论值/MPa</td><td>实测值/MPa</td><td>差值/MPa</td><td>理论值/MPa</td><td>实测值/MPa</td><td>差值/MPa</td><td>理论值/MPa</td><td>实测值/MPa</td><td>差值/MPa</td><td>理论值/MPa</td><td>实测值/MPa</td><td>差值/MPa</td></tr>
<tr><td>11 号节段张拉前</td><td>-4.86</td><td>-4.99</td><td>0.13</td><td>-4.86</td><td>-5.02</td><td>0.16</td><td>-2.81</td><td>-3.12</td><td>0.31</td><td>-2.81</td><td>-3.06</td><td>0.25</td></tr>
<tr><td>11 号节段张拉后</td><td>-7.13</td><td>-7.33</td><td>0.2</td><td>-7.13</td><td>-7.38</td><td>0.25</td><td>-2.24</td><td>-2.39</td><td>0.15</td><td>-2.24</td><td>-2.45</td><td>0.21</td></tr>
<tr><td>12 号节段张拉前</td><td>-5.84</td><td>-5.81</td><td>0.03</td><td>-5.84</td><td>-5.54</td><td>0.3</td><td>-3.85</td><td>-3.89</td><td>0.04</td><td>-3.85</td><td>-3.78</td><td>0.07</td></tr>
<tr><td>12 号节段张拉后</td><td>-9.33</td><td>-9.52</td><td>0.19</td><td>-9.33</td><td>-9.32</td><td>0.01</td><td>-2.86</td><td>-2.89</td><td>0.03</td><td>-2.86</td><td>-2.56</td><td>0.3</td></tr>
<tr><td>13 号节段张拉前</td><td>-7.84</td><td>-7.98</td><td>0.14</td><td>-7.84</td><td>-7.92</td><td>0.08</td><td>-4.75</td><td>-4.98</td><td>0.23</td><td>-4.75</td><td>-4.78</td><td>0.03</td></tr>
<tr><td>13 号节段张拉后</td><td>-10.2</td><td>-10.42</td><td>0.22</td><td>-10.2</td><td>-10.4</td><td>0.22</td><td>-4.06</td><td>-4.51</td><td>0.45</td><td>-4.06</td><td>-4.53</td><td>0.47</td></tr>
<tr><td>14 号节段张拉前</td><td>-8.55</td><td>-8.57</td><td>0.02</td><td>-8.55</td><td>-8.56</td><td>0.01</td><td>-6.22</td><td>-6.34</td><td>0.12</td><td>-6.22</td><td>-6.54</td><td>0.32</td></tr>
<tr><td>14 号节段张拉后</td><td>-10.8</td><td>-10.92</td><td>0.12</td><td>-10.8</td><td>-10.4</td><td>0.37</td><td>-5.54</td><td>-5.56</td><td>0.02</td><td>-5.54</td><td>-5.76</td><td>0.22</td></tr>
</table>

注：表中负值代表压应力。

7　结　论

本文主要是依托薛家坝 2 号大桥施工监控，介绍了连续刚构桥施工监控的内容、施工控制方法、监控分析以及监控结果反馈，以每一节段的预拱度计算、主梁标高计算、监控结果反馈为重点内容进行详细说明。

将薛家坝 2 号大桥合龙段高差、成桥后主梁线形和主梁应力 3 方面结果进行分析，表明通过施工监控监测的主梁线形良好，合龙段合龙误差都在 15 mm 以内；大桥合龙后，桥面线形顺畅，满足设计要求。

本文所阐述的连续刚构桥施工监控方法，对同类型桥梁施工监控具有一定指导意义。

参考文献

[1] Mathivat J. The eantilevered on struction of Prestressed conerete bridge[M]. John Wiley&SonsIne. 1983.

[2] Rosignl Dying M. Solution of the continuous beam in launched bridges[J]. Strucral & Buildings,1997(5):390-398.

[3] 方明山. 20 世纪桥梁工程发展历程回顾及展望[J]. 桥梁建设,1999(1):58-60.

[4] 刘来君,陈跃. 云南大保高速公路连续刚构桥施工控制[J]. 桥梁建设,2004(6):55-58.

[5] 詹信群,朴泷. 虎门大桥辅航道 270 m 连续刚构桥主墩的施工及监控[J]. 交通运输研究,2009(15):230-234.

[6] 刘胜春,张开银,沈成武. 神经网络方法在大跨度桥梁施工预拱度控制中的应用[J]. 武汉理工大学学报(交通科学与工程版),2001(25):270-272.

[7] 于聪聪. 连续刚构桥施工监控分析研究[D]. 西安:长安大学,2011.

连续刚构桥无顶推合龙施工技术应用

胡文柱　赵东升　赵甜甜　庹大生

（中交一公局海威工程建设有限公司　北京　101119）

摘　要　本文以薛家坝 2 号大桥为例，介绍了挂篮吊架法进行边跨现浇及合龙段施工，利用边跨现浇段时悬臂 T 构不平衡配重，使主墩向边跨侧产生偏位，中跨合龙时不予以顶推的施工方法。理论分析和实测结果表明，在确保悬臂 T 构安全的前提下采取不平衡配重浇筑边跨现浇段，有利于减少施工工序，节省临时措施费，并且能够实现墩顶预偏的目的。

关键词　连续刚构桥　合龙　顶推力　配重

1　引　言

大跨度连续刚构桥在中跨合龙前通常需要进行顶推，使主墩产生一反向位移，以达到改善桥墩受力的目的，因此合龙是连续刚构桥中跨合龙施工前的一道重要工序。对于多跨连续刚构桥，中跨顶推还可以改善桥梁服役期间的跨中下挠、底板纵向开裂等问题。对于施工需要经历季节变换的连续刚构桥，顶推是改善温差效应的一种较为理想的施工措施。采用顶推施工的连续刚构桥，边跨现浇段在落地支架或在三角托架上施工。

薛家坝 2 号大桥采用挂篮吊架法进行边跨现浇及合龙段施工。本文介绍了挂篮吊架的构造设计，运用有限元程序分析边跨现浇段施工对悬臂 T 的变形影响，提出在保证悬臂 T 构安全的前提下采取不平衡配重浇筑边跨现浇段来实现墩顶偏位，以实现中跨合龙前不再顶推的施工方法。工程实践表明，采用无顶推合龙法是合理可行的，墩顶偏位实测值与理论值吻合良好且均大于设计值，满足施工要求。

2　工程概况

薛家坝 2 号大桥位于重庆市万州区龙驹镇太吉村，桥梁所处地势呈“V”形山谷，桥型布置如图 1 所示。薛家坝 2 号大桥分为左右两幅，为 65 m + 120 m + 65 m 单箱单室、变高度、变截面连续刚构，梁底按二次抛物线变化。其中右幅 3 号、6 号为过渡墩，4 号、5 号为主墩；左幅 11 号、14 号为过渡墩，12 号、13 号为主墩。边跨合龙段长 2 m，为等厚度段，其中顶板

作者简介：胡文柱（1984—），男，本科，工程师。
赵东升（1989—），男，专科，技术员。
赵甜甜（1993—），女，大专，技术员。
庹大生（1992—），男，本科，技术员。

厚度为 30 cm,腹板厚度为 50 cm,底板厚度为 32 cm;中跨合龙段长 2 m,截面与边跨合龙段截面一致,但合龙段中间设置有一道横隔板,板厚 65 cm、高 60 cm。合龙段截面断面如图 2 所示。

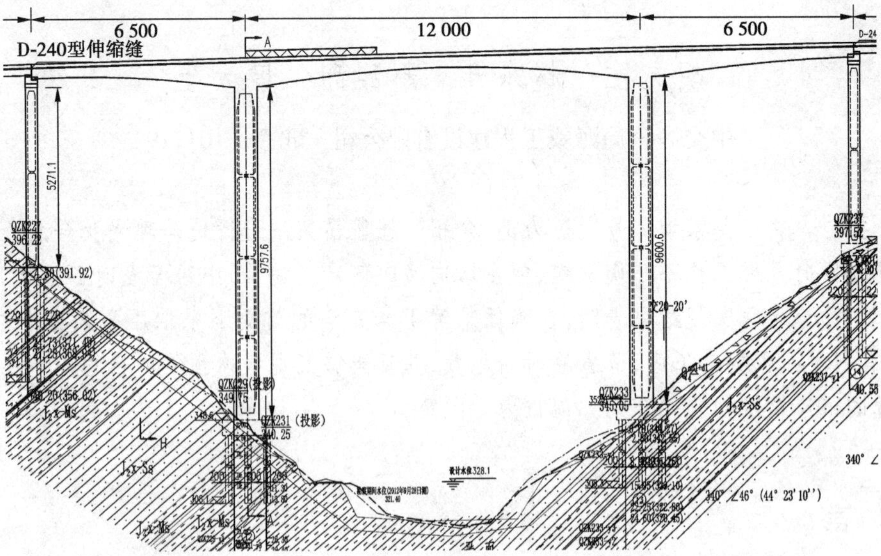

图 1　薛家坝 2 号大桥桥型布置图

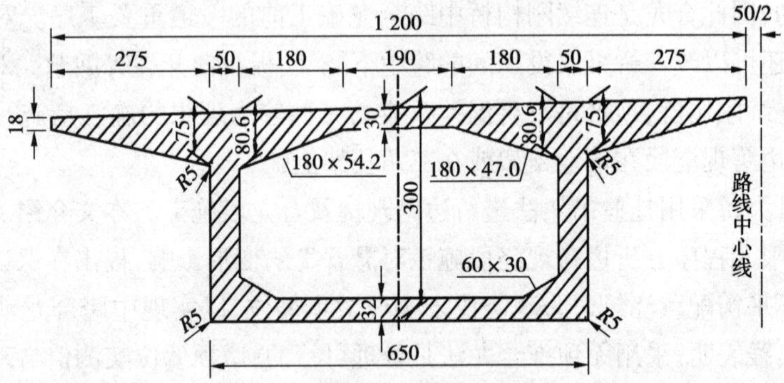

图 2　合龙段截面图(单位:cm)

3　挂篮吊架设计

薛家坝 2 号大桥边跨现浇段及合龙段采用挂篮吊架法施工,吊架由挂篮改造而成,如图 3 所示。挂篮吊架由挂篮系统、承重梁、纵向分配梁、横向分配梁、模板及调整系统以及附属结构(操作平台、爬梯、栏杆等)组成。在挂篮底篮纵梁上安装吊架承重梁。承重梁由双拼I 25a 工字钢组成,长 12 m,承重梁上布置纵向分配梁。纵向分配梁采用 12 根I 25a 工字钢,长6.5 m。其中,支撑在翼缘板下为单拼I25a 工字钢,剩下的 10 根均为双拼I25a 工字钢。纵向分配梁与承重梁间点焊链接。横向分配梁由 12 根I 12.6 工字钢组成,布置在纵向分配梁上。箱梁底板模板采用 8 cm 槽钢和一层 5 mm 厚钢板组成模板。挂篮吊架一端锚固在悬臂 T 构箱梁上,一端通过纵向分配梁布置在过渡墩上。

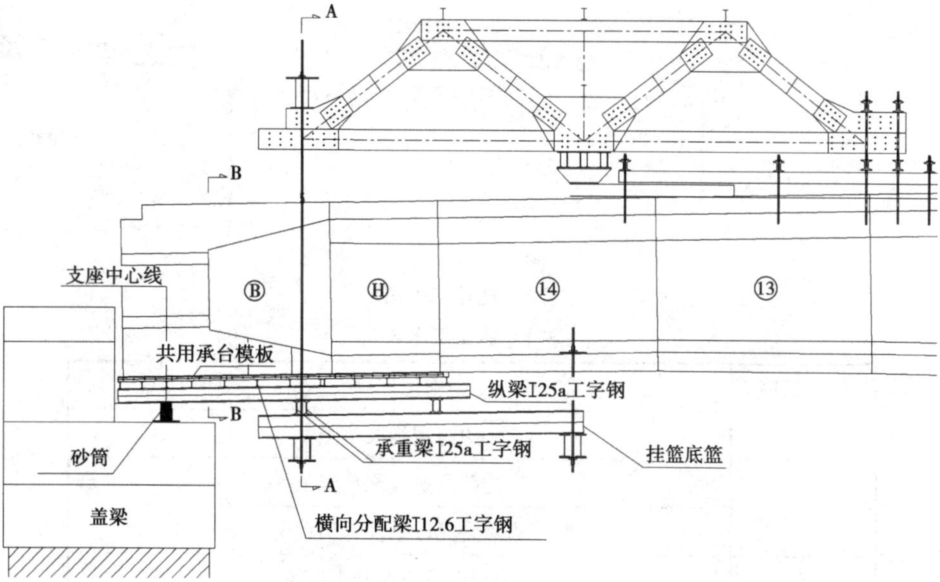

图3　挂篮吊架边跨现浇布置图

4　无顶推合龙方案制订

无顶推合龙施工方案的设计思路主要是:在浇筑边跨现浇段时,不进行配重,通过现浇段混凝土自重使主墩向边跨侧产生一定的偏移位移,且产生的偏位大于中跨顶推时引起的位移。因此,在锁定劲性骨架前无须顶推。

4.1　边跨现浇及合龙段的施工步骤

悬臂现浇段施工完成后,施工边跨现浇段不进行配重。完成边跨现浇段施工后,进行边跨合龙段施工前,需在T构两端14号梁段配重45 t。在第三方监控给出的合龙温度(18±3)℃的范围内锁定边跨合龙段骨架,安装钢筋及预应力管道,在当天最低温度下浇筑混凝土。在合龙段浇筑混凝土的同时对配重进行等重卸载,待混凝土达到设计强度后,将边跨支座锁定减除,进行边跨合龙段预应力施工。

4.2　中跨合龙段施工步骤

边跨合龙段预应力施工完成后,中跨侧2号挂篮向前行走1.6 m,中跨大桩号侧3号挂篮向后退4 m,挂篮行走到位后进行锚固,将中跨合龙段两端14号梁段上配重水箱由原来的45 t匀速卸载到20 t。然后,测量中跨合龙段两端的高程差,如果两端高程差超过1 cm,则采用附加配重法进行调整;如果在1 cm以内,则在合龙温度(18±3)℃的范围内锁定中跨合龙段骨架,安装钢筋及预应力管道,在当天最低温度下浇筑混凝土。待混凝土达到设计强度后,进行体系转换,张拉中跨合龙段预应力钢束。合龙段施工挂篮行走布置如图4所示,主要施工工序如表1所示。

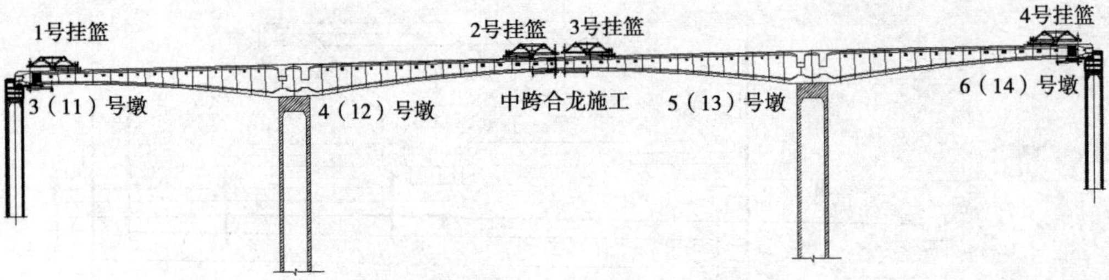

图4　挂篮编号图

表1　施工工序表

施工顺序	施工部位
1	边跨现浇段施工
2	边跨合龙段配重施工
3	边跨合龙段劲性骨架锁定
5	边跨合龙段混凝土浇筑
6	边跨合龙段内模板及支架拆除施工
7	支座限位装置拆除
8	边跨合龙预应力施工
9	中跨合龙段配重施工
10	中跨合龙段劲性骨架锁定施工
11	中跨合龙段混凝土浇筑施工
12	中跨合龙段内模支架及模板拆除,挂篮底篮及侧模板松开
13	中跨合龙段预应力施工
14	边跨侧挂篮底篮及吊架拆除
15	中跨侧挂篮外侧模板拆除
16	中跨侧挂篮底篮拆除
17	挂篮主桁架拆除

5　不平衡配重法与墩顶偏位理论计算

5.1　不平衡配重法

边跨现浇段通常都在落地支架或在三角托架上施工,现浇段重量直接传给支架或托架。采用挂篮吊架法施工边跨现浇段和合龙段,其自重一部分传递到桥墩上,一部分传递给悬臂T构,由悬臂梁承担。为避免悬臂T构出现不平衡外力,通常需要在悬臂梁两侧配重。通过对薛家坝2号大桥理论计算,在浇筑边跨现浇段混凝土时,需要在两悬臂端施加110 t配重。由于配重物需要堆放在桥面板上,不仅配重量大,而且对桥面板的受力也较为不利,甚至还会出现箱梁开裂的风险。

为此,在保证悬臂T构安全的前提下提出边跨现浇段和合龙段混凝土施工方案:

(1)浇筑边跨现浇段混凝土时,T构悬臂端不配重。此时合龙段尚未施工,边跨现浇段仅为简支结构,悬臂端变形不会造成现浇段混凝土的开裂,由此引起的T构悬臂端下挠变形可以通过调整悬臂端预抬高程来实现[8],桥墩向边跨侧产生的偏位,可以为设计提出的中跨合龙顶推利用。

(2)浇筑边跨合龙段混凝土时,由于要实现体系转换,为确保合龙段混凝土浇筑时悬臂端不产生相对位移,必须在悬臂端两侧进行配重。理论计算表明,只需45 t配重就能满足施工要求。

5.2　墩顶偏位理论计算

根据薛家坝2号大桥施工图设计文件要求在中跨处顶推力700 kN。采用桥梁博士软件进行全桥模型分析得出,此顶推力可使两墩顶各有1.8 cm和1.0 cm的水平位移(图5)。由此可知,只要边跨现浇段采用的不平衡配重法产生的墩偏大于1.8 cm即可满足施工要求。

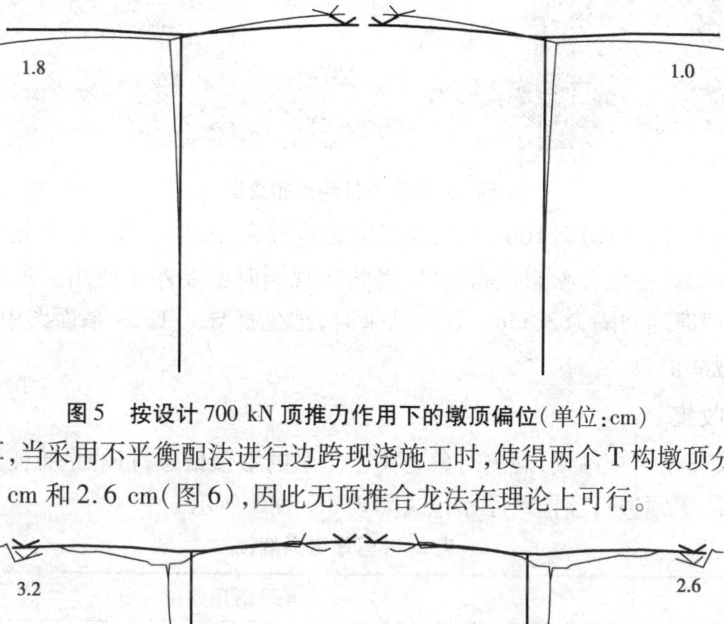

图5　按设计700 kN顶推力作用下的墩顶偏位(单位:cm)

经理论计算,当采用不平衡配法进行边跨现浇施工时,使得两个T构墩顶分别向两边跨侧方向变形了3.2 cm和2.6 cm(图6),因此无顶推合龙法在理论上可行。

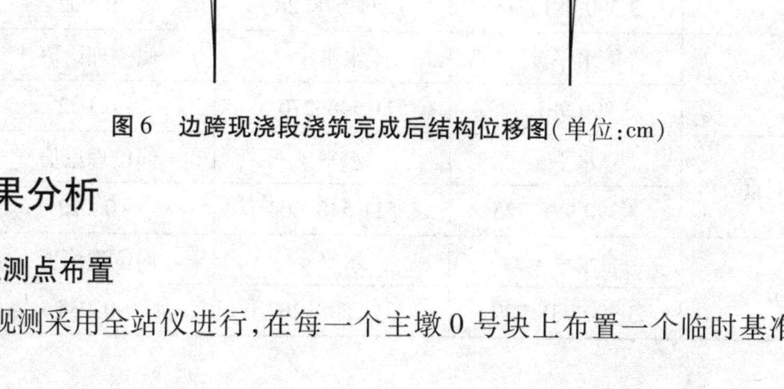

图6　边跨现浇段浇筑完成后结构位移图(单位:cm)

6　实测结果分析

6.1　墩顶偏位测点布置

墩顶偏位观测采用全站仪进行,在每一个主墩0号块上布置一个临时基准点,如图7所示。临时基准点处安置一个墩顶偏位观测点，用于观测墩偏状况。原则上，以 14 号块钢束张拉完毕后的工况为初始工况，挂篮吊架安装、边跨现浇段施工、边跨合龙段配重、边跨合龙段施工、边跨合龙段预应力钢束张拉每一个工况都要进行墩顶偏位观测。

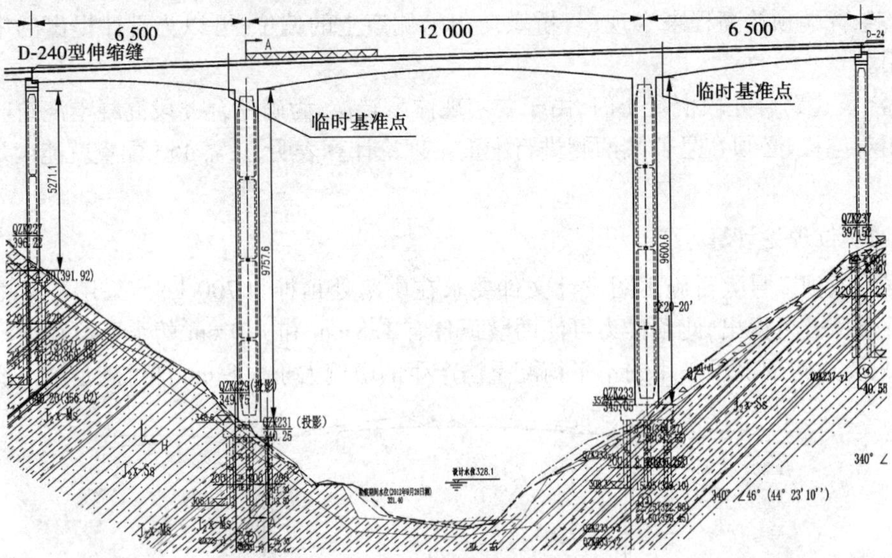

图 7　墩顶偏位测点布置图

由于薛家坝 2 号大桥墩高 100 多米，受温度影响较大，因此观测工作必须在早晨 8 点以前进行。塔吊等大型设备也会影响观测结果，因此在观测时也要停止使用。观测时记录 7 组数据，每组数据取值时间间隔为 3 min。处理结果时，把坐标导入 CAD 平面图中，以最密集区域的坐标值作为观测值。

6.2　原始数据收集

本次观测仪器采用全站仪，观测对象为 4 个主墩的墩顶偏位，目的是验证采用不等重配重法即可实现墩偏，无须进行顶推。原始记录如表 2 ~ 表 5 所示。

表 2　4 号墩墩顶偏位

单位：m

工　况	4 号墩顶偏位			
原始埋点坐标	水平 x	水平 y	偏位理论值	偏位
	3 390 981.705	511 548.28	—	—
移动挂篮	水平 x	水平 y	偏位理论值	偏位
	3 390 981.715	511 548.28	−0.002	−0.007
现浇段浇筑	水平 x	水平 y	偏位理论值	偏位
	3 390 981.72	511 548.270 5	−0.022	−0.018
边跨合龙配重	水平 x	水平 y	偏位理论值	偏位
	3 390 981.725	511 548.268	−0.022	−0.023
边跨合龙	水平 x	水平 y	偏位理论值	偏位
	3 390 981.729	511 548.267	−0.034	−0.027

表 3　5 号墩墩顶偏位

单位:m

工　况	5 号墩顶偏位			
原始埋点坐标	水平 x	水平 y	偏位理论值	偏位
	3 390 894.474	511 630.265	—	—
移动挂篮	水平 x	水平 y	偏位理论值	偏位
	3 390 894.468	511 630.271	0.002	0.008
现浇段浇筑	水平 x	水平 y	偏位理论值	偏位
	3 390 894.458	511 630.275	0.017	0.019
边跨合龙配重	水平 x	水平 y	偏位理论值	偏位
	3 390 894.452	511 630.273	0.017	0.022
边跨合龙	水平 x	水平 y	偏位理论值	偏位
	3 390 894.443	511 630.276	0.026	0.03

表 4　12 号墩墩顶偏位

单位:m

工　况	12 号墩顶偏位			
原始埋点坐标	水平 x	水平 y	偏位理论值	偏位
	3 390 998.958	511 566.327	—	—
移动挂篮	水平 x	水平 y	偏位理论值	偏位
	3 390 998.963	511 566.332	-0.002	-0.007
现浇段浇筑	水平 x	水平 y	偏位理论值	偏位
	3 390 998.991	511 566.314	-0.022	-0.018
边跨合龙配重	水平 x	水平 y	偏位理论值	偏位
	3 390 998.978	511 566.308	-0.022	-0.029
边跨合龙	水平 x	水平 y	偏位理论值	偏位
	3 390 998.978	511 566.306	-0.035	-0.033

表 5　13 号墩墩顶偏位

单位:m

工　况	13 号墩顶偏位			
原始埋点坐标	水平 x	水平 y	偏位理论值	偏位
	3 390 909.223	511 647.202	—	—
移动挂篮	水平 x	水平 y	偏位理论值	偏位
	3 390 909.217	511 647.206	0.002	0.007
现浇段浇筑	水平 x	水平 y	偏位理论值	偏位
	511 647.207	3 390 909.202	0.018	0.019

续表

工　况	13 号墩顶偏位			
边跨合龙配重	水平 x	水平 y	偏位理论值	偏位
	511 647.221	3 390 909.2	0.028	0.029
边跨合龙	水平 x	水平 y	偏位理论值	偏位
	511 647.205	3 390 909.203	0.029	0.033

6.3　墩顶偏位分析

观测墩顶偏位，只能得到观测点的 X 向坐标和 Y 向坐标值，X 坐标朝向是南北方向，Y 坐标朝向是东西方向。想得到纵桥向的偏位值，必须把观测点的坐标导入薛家坝 2 号大桥的 CAD 平面图中才能得出相关的数据。本文以 13 号墩数据导入 CAD 图中得出的结果为例进行演示，如图 8 所示。

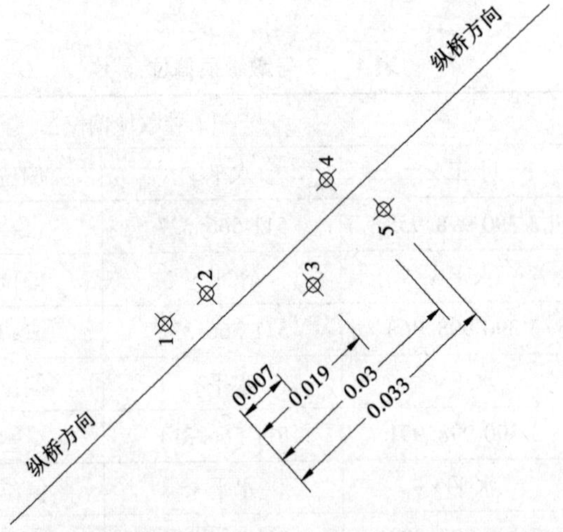

图 8　13 号墩数据导入 CAD 图中所示结果(单位:m)

图 8 中数字 1、2、3、4、5 表示不同工况下的所测值，与表 5 相对应，分别是原始埋点坐标、移动挂篮、现浇段浇筑、边跨合龙配重、边跨合龙工况下的实测值。图 8 中，第一次偏位为 7 mm与理论计算的 2 mm 相差较大，原因是仪器精度不够，由观测误差引起。第二次和第三次的偏位值与理论值几乎一致，表明无顶推合龙施工方法是可行的，且最终的偏位值较设计顶推位移略大。

6.4　中跨合龙段高差实测

边跨合龙段施工完成后，即进入中跨合龙施工。在焊接中跨合龙段劲性骨架前，必须观察合龙段两端高程差。如果两端高差过大，采用附加配重的方法进行调整，控制两端高差在1 cm以内。左右幅中跨合龙段高程数据如表 6、表 7 所示。

表 6　右幅桥中跨合龙段两侧高程差

测点位置	4 号墩高程值/m	5 号墩高程值/m	高程差/m	纵坡高程差/m	实际高程差/m
左	454.196	454.244	0.048	0.04	0.008
中	454.071	454.12	0.049	0.04	0.009
右	453.971	454.023	0.052	0.04	0.012

表 7　左幅桥中跨合龙段两侧高程差

测点位置	12 号墩高程值/m	13 号墩高程值/m	高程差/m	纵坡高程差/m	实际高程差/m
左	454.684	454.733	0.049	0.04	0.009
中	454.769	454.823	0.054	0.04	0.014
右	454.892	454.94	0.048	0.04	0.008

由表 6、表 7 的数据可知，中跨合龙段两侧的高程差值均在 1 cm 左右，只要稍微通过附加配重调整即可。无顶推施工方法可以用于连续刚构桥中跨合龙段施工。

7　成桥线形实测数据

在完成中跨合龙段施工后，为得出全桥线形，将主梁以块段号进行划分，每个块段的高程都进行观测，且每个块段选取 3 个观测点。将得出的主梁标高加上桥面铺装层厚度可得到桥面标高，最终桥面线形如图 9 所示。

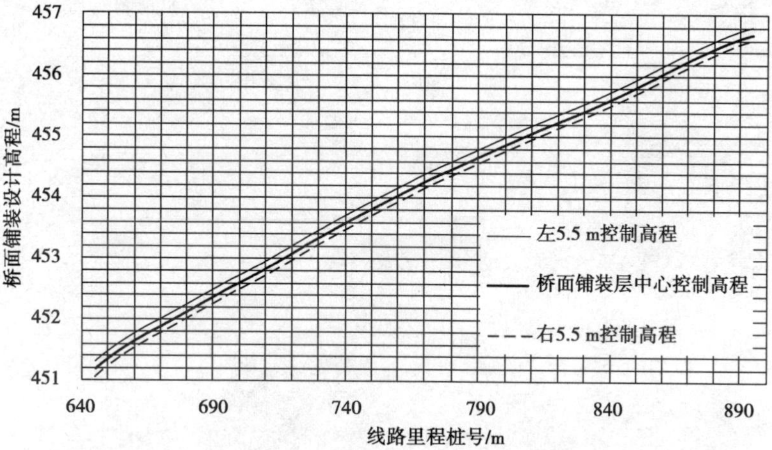

图 9　薛家坝 2 号大桥右线桥面高程线形图

8　结　语

本文针对薛家坝 2 号大桥边跨现浇段和合龙段采用挂篮吊架法施工，提出在边跨现浇段混凝土施工时取消悬臂 T 构配重来实现墩顶偏位的施工方法。实践表明，这种施工方法是可行的，省去了常规连续刚构桥中跨合龙前顶推的施工工序，提高了桥梁的安全性，降低了施工措施费。

参考文献

[1] 田仲初,莫冬华.高墩大跨连续刚构桥合龙施工预顶力及预顶效应研究[J].公路与汽运,2011(5):160-161.

[2] 姚国文,宋文锋,周志祥.多跨连续刚构桥水平顶推力与合龙顺序优化[J].公路与汽运,2008(1):91-93.

[3] 栾坤鹏,张雪松,高洪如.连续刚构桥合龙顶推力优化计算方法[J].鲁东大学学报(自然科学版),2011(1):92-93.

[4] 邹毅松,单荣相.连续刚构桥合龙顶推力的确定[J].重庆交通大学学报,2006(25):12-13.

[5] 李定伦.连续刚构桥中跨合龙配重效应分析[J].中外公路,2014(34):131-134.

[6]《钢结构设计手册》编委会.钢结构设计手册(上册)[M].北京:中国建筑出版社,2003.

[7] 中华人民共和国行业标准.公路桥涵施工技术规范(JTG/T F50—2011)[S].北京:人民交通出版社,2011.

[8] 龚文锋,刘梦伟.连续刚构桥边跨现浇段施工方法对预拱度影响研究[J].北方交通,2015(05):83-87.

[9] 蔡军,杨蕾,武利兵.大跨径刚构桥合龙顶推力优化计算[J].交通科技与经济,2013(01):43-45.

挂篮吊架法在连续刚构桥边跨现浇施工中的应用

白晓宏　林　旭　叶　超　吴丹丹

（中交一公局海威工程建设有限公司　北京　101119）

摘　要　薛家坝2号大桥边跨现浇段及合龙段采用挂篮吊架施工，介绍了挂篮吊架的具体构造设计，采用有限元程序分析挂篮吊架法施工阶段的受力状态，针对挂篮吊架施工引起的边跨悬臂梁段变形，通过设置预拱度考虑该变形的影响。工程实践表明，采用挂篮吊架法施工是合理可行的，实测变形与理论值吻合良好，适用于高墩大跨连续刚构桥现浇段施工。

关键词　边跨现浇　挂篮吊架　连续刚构桥　有限元分析

1　引　言

边跨现浇段及合龙段施工是连续刚构桥施工中的一个重要环节。通常，边跨现浇段采用落地支架法[1]、墩旁牛腿支架法[2]、挂篮吊架法[3]等。落地支架法多用于桥墩高度在20 m内的桥梁[4]，个别也用于高墩中，如重庆渝澳大桥桥墩高度达53.4 m，采用钢管柱支架法施工[5]；墩旁牛腿支架法、挂篮吊架法在山区高墩连续刚构桥中应用广泛[6]。连续刚构桥主梁采用箱形截面，在箱梁翼缘板对应的桥墩位置往往有布置临时支架的空间，采用型钢、贝雷梁等构件作为边跨现浇段及合龙段的支承结构，一端支承在桥墩上，另一端由挂篮的底篮横梁固定，形成挂篮吊架施工边跨现浇段及合龙段的方法，这种方法可省去三角托架，节省临时措施费。

针对薛家坝2号大桥地势条件，采用挂篮吊架法施工边跨现浇段及合龙段。本文介绍了挂篮吊架的构造设计，采用有限元程序计算吊架受力，分析边跨现浇段和合龙段施工对边跨悬臂梁段变形和受力的影响，提出用预拱度考虑变形影响的方法。工程实践表明，采用挂篮吊架法施工是合理可行的，实测变形与理论值吻合良好，适用于高墩大跨连续刚构桥现浇段施工。

2　工程概况

薛家坝2号大桥位于重庆市万州区龙驹镇太吉村，上跨磨刀溪，主桥为65 m + 120 m + 65 m连续刚构桥，主梁为三向预应力混凝土单箱梁，主墩为空心矩形墩，墩高近100 m。大桥总体布置如图1所示。

作者简介：白晓宏（1984—），男，本科，工程师。

林　旭（1989—），男，专科，助理工程师。

叶　超（1991—），男，专科，技术员。

吴丹丹（1990—），男，本科，助理工程师。

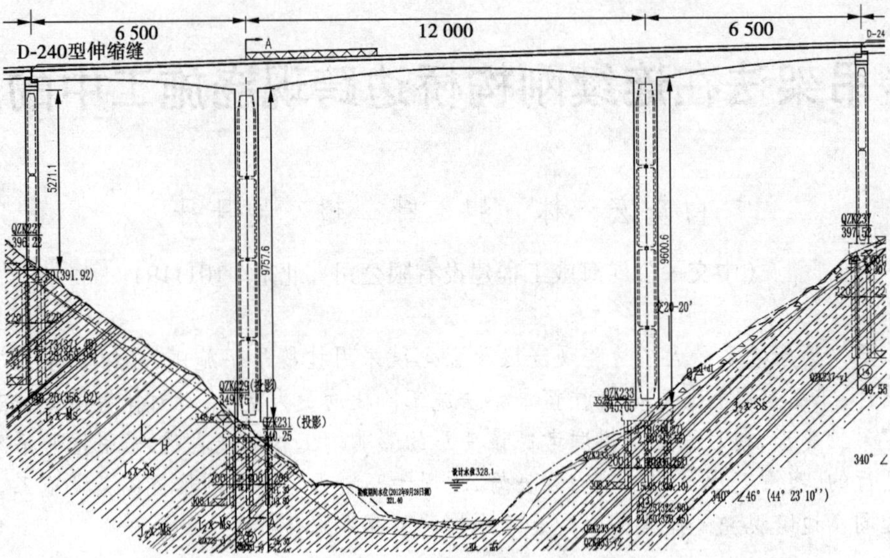

图1　薛家坝2号大桥总体布置图(单位:cm)

薛家坝2号大桥为单箱单室、变高度、变截面连续刚构,梁底按二次抛物线变化,上下行分幅布置。边跨现浇梁段长3.84 m;现浇段边缘梁高3 m,梁底和顶宽度分别为6.5 m和12.0 m。顶板厚度为30~80 cm,腹板厚度为50~90 cm,底板厚度为32~80 cm;翼缘板高度从边缘的18 cm到根部的75 cm,端横隔梁横桥向中心位置设有1.3 m×1.8 m(高×宽)预留人孔,合龙段长2 m。边跨现浇段及合龙段截面尺寸如图2所示。

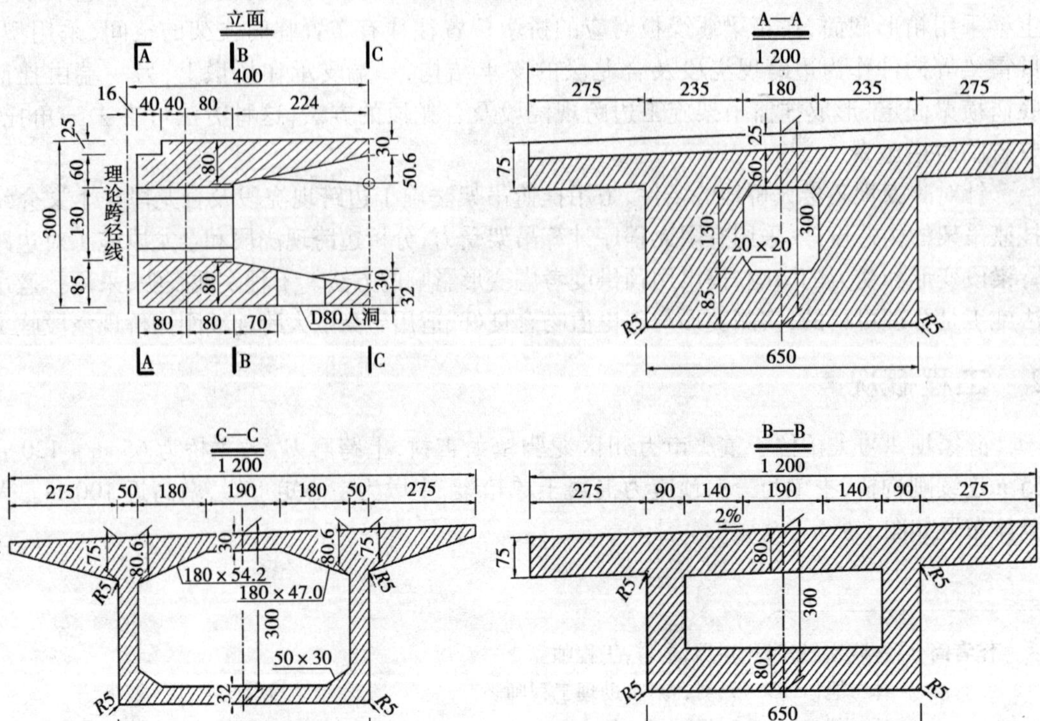

图2　边跨现浇段及合龙段立面布置和横断面图(单位:cm)

3 挂篮吊架设计

薛家坝2号大桥边跨现浇段及合龙段采用挂篮吊架法施工,吊架由原悬浇施工用挂篮改造而成,如图3所示。挂篮吊架一端锚固在悬臂T构箱梁上,一端通过纵向分配梁作用在过渡墩上。因此在设计时,一方面要考虑挂篮吊架本身的强度和刚度;另一方面也要考虑挂篮吊架对悬臂T构箱梁产生的影响。

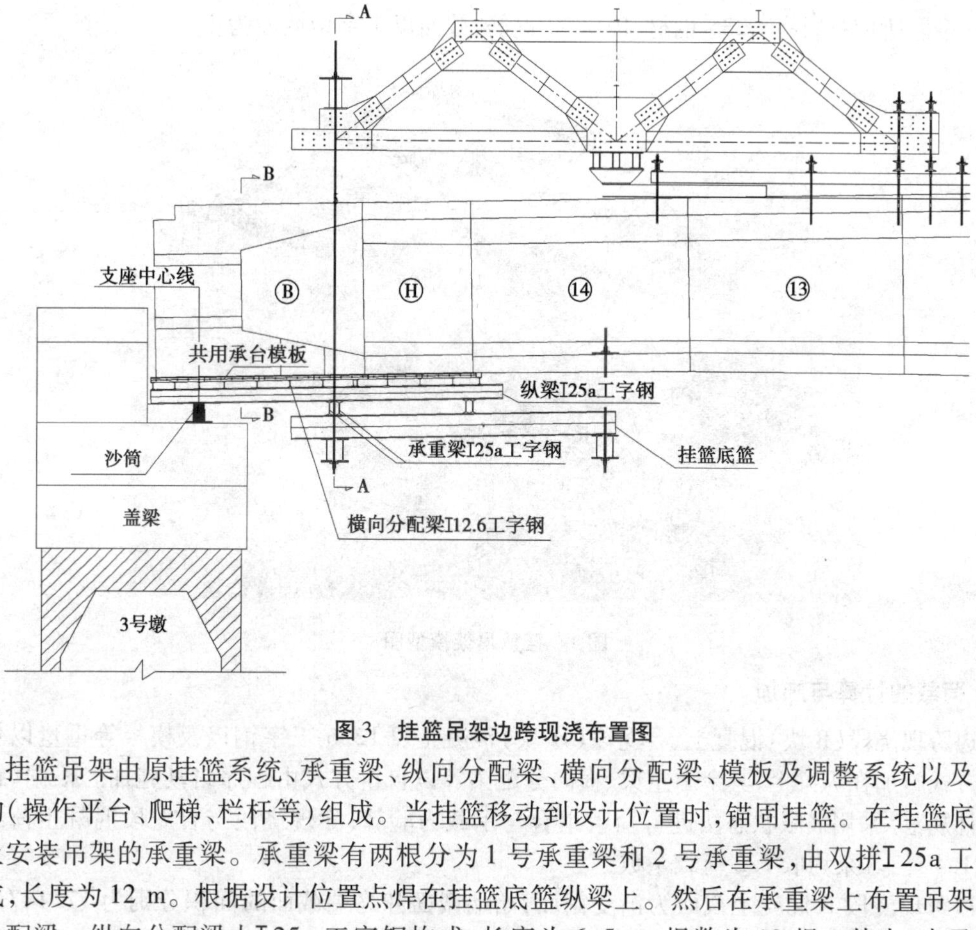

图3 挂篮吊架边跨现浇布置图

挂篮吊架由原挂篮系统、承重梁、纵向分配梁、横向分配梁、模板及调整系统以及附属结构(操作平台、爬梯、栏杆等)组成。当挂篮移动到设计位置时,锚固挂篮。在挂篮底篮纵梁上安装吊架的承重梁。承重梁有两根分为1号承重梁和2号承重梁,由双拼I25a工字钢组成,长度为12 m。根据设计位置点焊在挂篮底篮纵梁上。然后在承重梁上布置吊架的纵向分配梁。纵向分配梁由I25a工字钢构成,长度为6.5 m,根数为12根。其中,支承在最外侧的翼缘板下为单拼I25a工字钢,剩下的10根均为双拼I25a工字钢。纵向分配梁与承重梁进行点焊连接。布置在纵向分配梁上的是横向分配梁,横向分配梁采用I12.6工字钢。横向分配梁共12根,其中除了在1号承重梁附近采用双拼I12.6工字钢,其余11根均为单拼I12.6工字钢,长度为12 m。箱梁底板模板采用8 cm槽钢并铺上一层5 mm厚钢板的共用承台模板。

本次挂篮吊架设计采用双层工字钢布置,原因是盖梁处预留空间不足。原设计采用I40工字钢作为纵梁,并直接在其上布设钢模板。但考虑到盖梁处预留空间不足,I40工字钢塞不进去,故用I25工字钢代替I40工字钢。同时为了弥补高程差,在I25工字钢上再布置一排I12.6工字钢,正好可以满足施工要求,故采用双层工字钢布置。

4 挂篮吊架系统受力分析

4.1 挂篮吊架模型建立

根据《薛家坝2号大桥边跨现浇段专项施工技术方案》，采用 midas Civil 建立吊架模型，如图4所示。横梁与纵梁、纵梁与承重梁、承重梁与挂篮底篮纵梁的连接均采用弹性连接中的刚性连接。除吊杆采用杆单元模拟外，其余杆件均以梁单元模拟，挂篮吊架单元共计 861 个，节点 809 个。所用材料有 Q235 钢材、PSB830 钢筋，截面以工字型截面为主。

图4 挂篮吊架模型图

4.2 荷载的计算与施加

边跨现浇段(B 块)混凝土、合龙段(H 块)混凝土、I 12.6 工字钢以及模板等重量以均布荷载方式施加在纵梁上，其余承重梁、横向分配梁等以自重方式由程序自动施加。根据《钢结构设计规范》采用极限状态法进行荷载组合与承载力验算，除现浇段与合龙段混凝土荷载系数取 1.4 外，其余均取 1.2 荷载系数[7-8]。

边跨现浇段 B 混凝土截面为渐变截面，始端截面和终端截面的面积分别为 17.147 m^2、10.197 m^2。由此可知，相应的线荷载为 $q_{B-B}=26.71\times17.147=458\ (kN/m)$，$q_{C-C}=26.71\times10.197=272.36\ (kN/m)$，故可得该段混凝土自重引起的梯形荷载为 458 kN/m→272.36 kN/m。边跨合龙段(H 块)为等截面构造，截面面积为 10.197 m^2。由此可知，其均布荷载为 $q_H=26.71\times10.197=272.36\ (kN/m)$。I 12.6 工字钢横向分布梁累计重量为 21.736 kN，均布荷载为 $q_{I12.6}=21.736/6=3.62\ (kN/m)$。

由于模型较为复杂，而且荷载施加过程属于 midas Civil 软件操作范畴，此处仅作简单介绍。以边跨合龙段(H 块)为例，由前述计算可知沿纵桥向的荷载为 272.36 kN/m。但由于截面沿着横桥向也是变化的，如腹板处的荷载最大，箱梁底板处的荷载其次，翼缘处的荷载最小，因此要按荷载传递原理，对 272.36 kN/m 的荷载在横桥向做一个分配，分配结果如图 5、图 6 所示。其中，箱室荷载直接施加在纵向工字钢中，翼缘板荷载与实际施工一致，施加在外滑梁上。

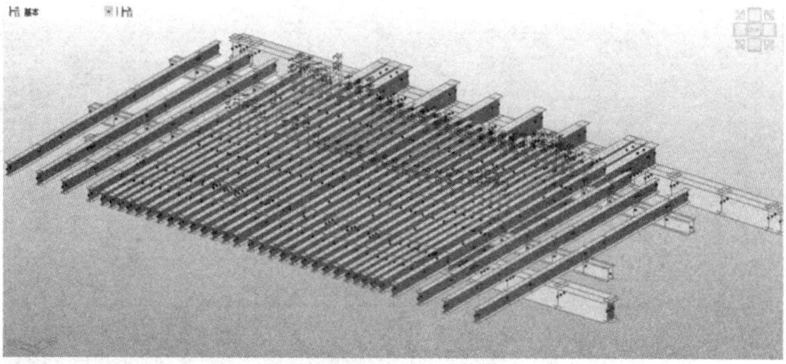

图5　合龙段混凝土箱室荷载布置图

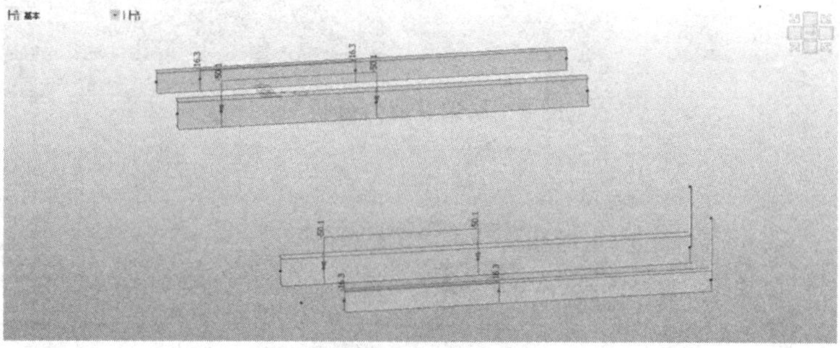

图6　合龙段混凝土翼缘板荷载布置图

4.3　挂篮吊架应力计算

对挂篮进行正应力分析表明，挂篮吊架最大压应力为156 MPa，最大拉应力为92.2 MPa（图7）。发生在2号承重梁与挂篮底篮纵梁相接触的位置，吊架采用Q235钢材，设计应力为215 MPa，安全系数$k=215/156=1.38>1.3$[9]。对挂篮进行剪应力分析可知，最大剪应力为47.1 MPa（图8）。在轴力、剪力和弯矩共同作用下的最大组合拉应力为176.6 MPa，最大组合压应力为207.8 MPa，满足规范要求（图9）。

最大组合压应力值位于箱梁腹板下对应的1号承重梁，因为1号承重梁承载了较大的竖向荷载，尤其是腹板处位置，无论是剪力和弯矩此处都是峰值，所以组合应力峰值出现在此也符合力学原理。

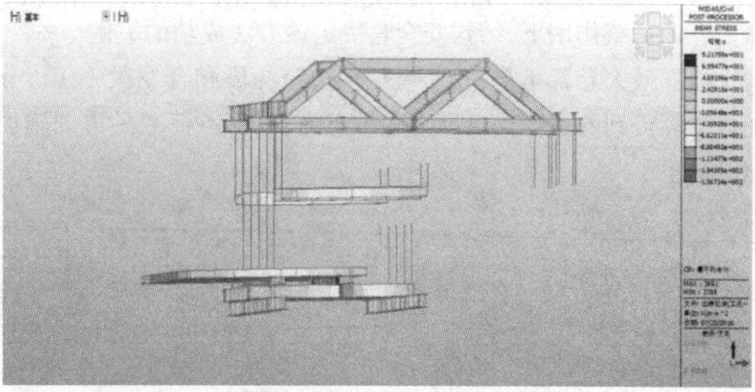

图7　吊架正应力分析图

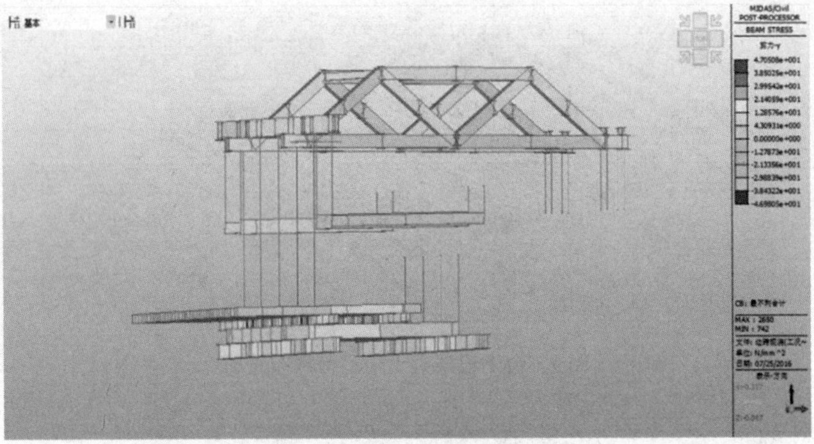

图 8　吊架剪应力分析图

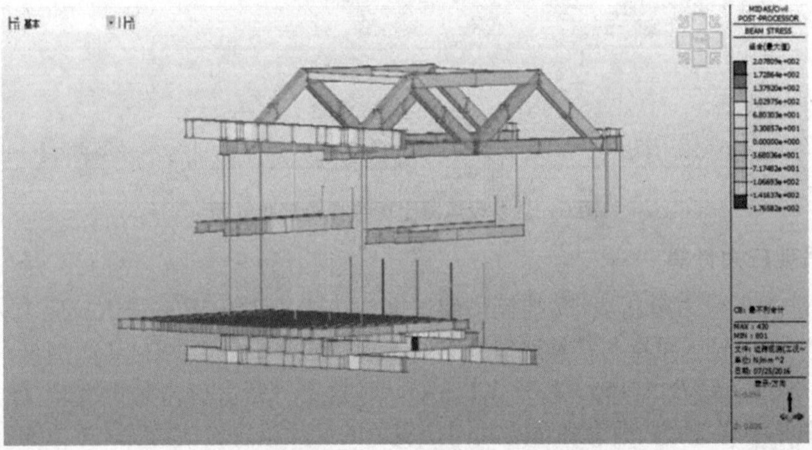

图 9　挂篮吊架组合应力分析图

5　悬臂 T 构变形分析

采用挂篮吊架施工边跨现浇段及合龙段时，悬臂 T 构将承受较大的边跨现浇段与合龙段传递过来的荷载。在该荷载作用下，结构安全是决定该方法成功的关键。

采用桥梁博士建立最大悬臂 T 构模型，模拟现边跨浇段和合龙段施工。分别提取边跨现浇段和边跨合龙段计算得到的挂篮支点反力和吊点力，以节点荷载的方式施加到桥梁博士模型中，如图 10、图 11 所示。

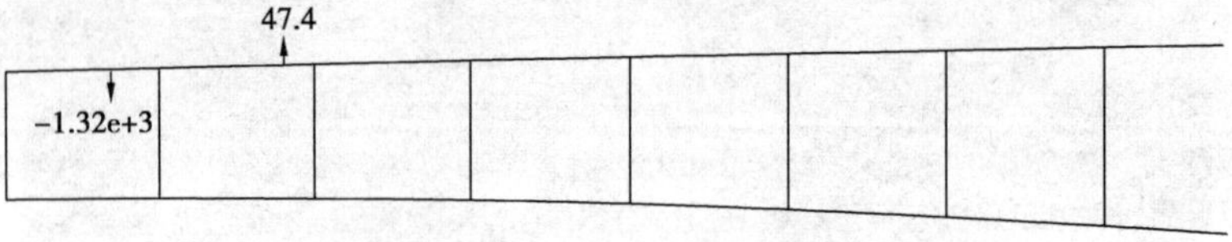

图 10　边跨现浇段变形分析

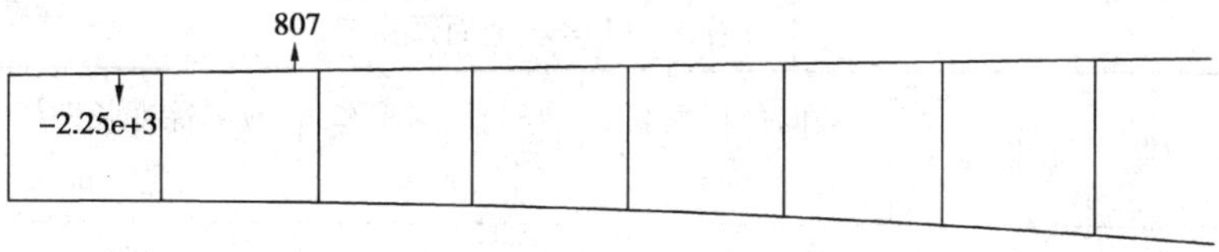

图 11　边跨合龙段变形分析

桥梁博士计算表明，在边跨现浇段浇筑完成后，将使两边跨侧悬臂端产生分别为 -3.4 cm 和 -3.2 cm 的下挠变形，如图 12 所示。在边跨合龙段浇筑完成后，两边跨侧悬臂端产生分别为 -6.6 cm 和 -6.2 cm 的下挠变形，如图 13 所示。由此可知，采用挂篮吊架法施工，最大悬臂端端头在边跨合龙施工完成后会下降 6 cm 左右的位移，因此在施工最大悬臂端 14 号块段时必须进行预抬高。

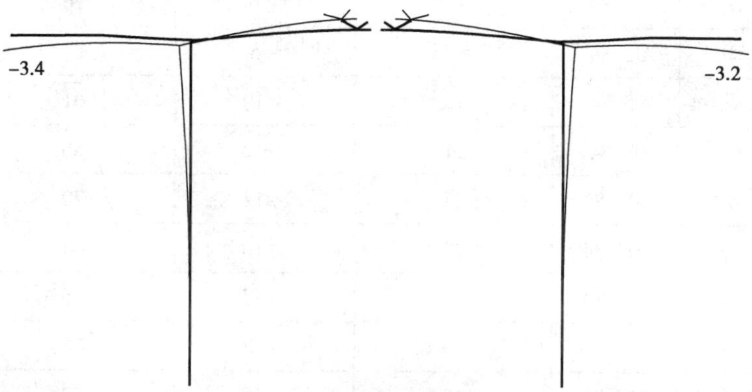

图 12　边跨现浇段位移图(单位:cm)

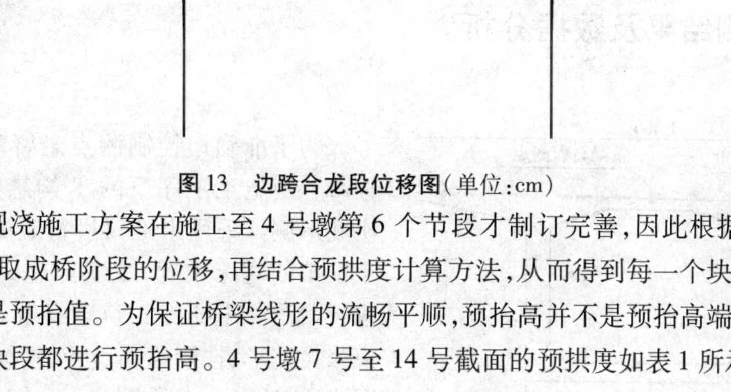

图 13　边跨合龙段位移图(单位:cm)

由于边跨现浇施工方案在施工至 4 号墩第 6 个节段才制订完善，因此根据桥梁博士模拟的施工阶段，提取成桥阶段的位移，再结合预拱度计算方法，从而得到每一个块段的预拱度值，该预拱度值即是预抬值。为保证桥梁线形的流畅平顺，预抬高并不是预抬高端头截面即可，而是要对每一个块段都进行预抬高。4 号墩 7 号至 14 号截面的预拱度如表 1 所示。

表1　4号墩7～14号块截面预拱度

断　面	节　段	x坐标/m	竖向位移恒载/mm	竖向位移汽车/mm	收缩徐变长期修正值/mm	预拱度/mm
边跨侧	14号	5.84	-63	-2	25	89
	13号	9.84	-57	-4	30	89
	12号	13.84	-41	-5	30	73.5
	11号	17.84	-37	-6	29	69
	10号	21.84	-34	-6	29	66
	9号	25.84	-31	-6	27	61
	8号	29.84	-29	-6	26	58
	7号	33.84	-25	-5	24	51.5
中跨侧	7号	95.84	17	-10	61	49
	8号	99.84	21	-12	66	51
	9号	103.84	27	-14	70	50
	10号	107.84	32	-16	74	50
	11号	111.84	39	-17	76	45.5
	12号	115.84	45	-18	78	42
	13号	119.84	40	-19	79	48.5
	14号	123.84	45	-20	80	45

注：预拱度=-(竖向位移恒载+0.5×竖向位移汽车)+收缩徐变长期修正值。

通过T构的受力模拟分析，T构在该工况作用下最大组合压应力为2.8 MPa，最大组合拉应力为0.72 MPa。梁体采用C55混凝土，其强度设计值压应力为25.4 MPa，拉应力值为1.89 MPa。T构在该工况作用下结构处于安全状态，满足该施工方法具备的条件。

6　现场实测结果及数据分析

6.1　测点布置

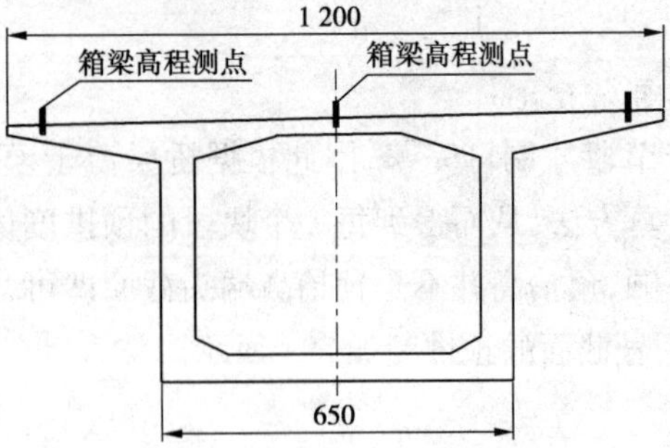

图14　高程点观测点布置图(单位:cm)

为了准确地控制测点悬臂端的挠度，需监控每一道施工工序下的T构悬臂端的变形，本次变形测试采用水准仪进行观测。根据桥梁博士模拟的施工工况，在实际施工的施工节点中进行观测。主要施工节点设置为：14号块段钢束张拉完毕、挂篮移动就位、搭设支架浇筑边跨现浇段、边跨合龙段配重、浇筑边跨合龙段。挠度测点布置如图14所示。

同时，应力也是在现浇过程中需要观测的

对象,测点布置如图 15 所示。在 14 号块箱梁的顶板和底板各布置 2 个传感器,共计需 16 个传感器,传感器编号如表 2 所示。传感器采用丹东市建工仪器有限公司制造的钢弦式传感器,测量仪器采用振弦频率监测仪。

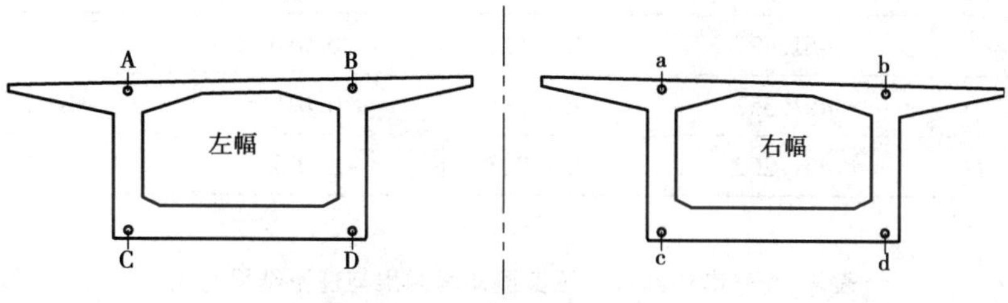

图 15　应力测点布置示意图

表 2　传感器编号表

墩　号	测点编号			
	A	B	C	D
4 号墩中跨侧	904	693	472	42
4 号墩边跨侧	873	221	32	83
5 号墩中跨侧	19	119	73	110
5 号墩边跨侧	16	366	91	108

6.2　变形分析

从桥梁博士软件中无法提取出绝对高程,只能提取出每一个工况下相对于原始设计高程的差值。因此,可以以预应力钢束张拉后工况下的高程为原始高程与后一节段的高程作差,将得出的高程差与理论高程差做对比,各项数据如表 3、表 4 所示。

表 3　4 号墩边跨现浇段实测高程结果与理论结果对比　　单位:m

工　况	挂篮移动	钢束张拉	实际差值	理论差值
测点左	451.512	451.511	-0.001	-0.001 8
测点中	451.384	451.380	-0.004	-0.001 8
测点右	451.294	451.291	-0.003	-0.001 8
工　况	挂篮移动	现　浇	高程差	理论差值
测点左	451.512	451.487	-0.025	-2.89
测点中	451.384	451.361	-0.023	-2.89
测点右	451.294	451.27	-0.024	-2.89
工　况	现　浇	配　重	高程差	理论差值
测点左	451.487	451.474	-0.013	-0.012 4
测点中	451.361	451.352	-0.009	-0.012 4

续表

测点右	451.27	451.262	-0.008	-0.012 4
工　况	边跨合龙	配　重	高程差	理论差值
测点左	451.437	451.421	-0.016	-0.02
测点中	451.352	451.334	-0.018	-0.02
测点右	451.262	451.245	-0.017	-0.02

表4　5号墩边跨现浇段实测高程结果与理论结果对比　单位:m

工　况	挂篮移动	钢束张拉	实际差值	理论差值
测点左	456.738	456.748	-0.010	-0.001 8
测点中	456.584	456.592	-0.008	-0.001 8
测点右	456.484	456.493	-0.009	-0.001 8
工　况	现　浇	挂篮移动	高程差	理论差值
测点左	456.72	456.738	-0.018	-0.026 3
测点中	456.57	456.584	-0.014	-0.026 3
测点右	456.469	456.484	-0.015	-0.026 3
工　况	配　重	现　浇	高程差	理论差值
测点左	456.714	456.72	-0.006	-0.008
测点中	456.562	456.57	-0.008	-0.008
测点右	456.459	456.469	-0.010	-0.008
工　况	边跨合龙	配　重	高程差	理论差值
测点左	456.719	456.703	-0.016	-0.024
测点中	—	456.562	—	-0.024
测点右	456.459	456.444	-0.015	-0.024

由表4、表5数据可知,尽管无法得出绝对高程,但是每两个施工阶段之间的高程差,实测值与理论值都十分吻合。因此,挂篮吊架法在边跨现浇段段中的应用能够满足施工要求。

6.3　应力分析

采用桥梁博士软件建立全桥模型,可以得出在相应施工状态下箱梁的顶板应力和底板应力。各施工工况下的理论计算应力和实测应力如表5、表6所示。

表5　4号墩监测应力

项　目	测点位置	14号块张拉/MPa	挂篮移动/MPa	吊架安装/MPa	边跨现浇施工/MPa	配重/MPa	边跨合龙施工/MPa
实测值	A	-3.285	-3.124	-2.981	-2.832	-2.931	-2.732
	B	-3.192	-3.378	-3.132	-3.054	-2.998	-3.011
	C	0.398	0.435	0.421	0.415	0.412	0.403
	D	0.452	0.459	0.434	0.416	0.414	0.407
理论值	A	-2.462	-2.434	-2.432	-2.371	-2.348	-2.326
	B	-2.462	-2.434	-2.432	-2.371	-2.348	-2.326
	C	0.522	0.512	0.495	0.493	0.487	0.482
	D	0.522	0.512	0.495	0.493	0.487	0.482

注：表中正值表示压应力，负值表示拉应力。

表6　5号墩监测应力

项　目	测点位置	14号块张拉/MPa	挂篮移动/MPa	吊架安装/MPa	边跨现浇施工/MPa	配重/MPa	边跨合龙施工/MPa
实测值	a	-3.352	-3.314	-3.297	-3.295	-3.291	-3.284
	b	-3.564	-3.532	-3.504	-3.501	-3.495	-3.485
	c	0.636	0.612	0.601	0.592	0.584	0.579
	d	0.771	0.734	0.717	0.705	0.698	0.692
理论值	a	-2.843	-2.801	-2.797	-2.621	-2.578	-2.542
	b	-2.843	-2.801	-2.797	-2.621	-2.578	-2.542
	c	0.731	0.719	0.696	0.692	0.688	0.682
	d	0.731	0.719	0.696	0.692	0.688	0.682

注：表中正值表示压应力，负值表示拉应力。

由表5、表6的数据可知，拉应力和压应力的最大值均出现在14号块预应力张拉工况。实测压应力最大值为3.564 MPa，实测拉应力最大值为0.771 MPa，均小于C55混凝土的抗压强度设计值和抗拉强度设计值。因此，挂篮吊架法可以用于边跨现浇段施工。

7　结　语

本次用于薛家坝2号大桥边跨现浇段施工的挂篮吊架，各杆件均满足力学性能要求，可以用于现浇段施工。在施工过程中，实际观测的变形与理论变形值比较吻合。采用挂篮吊架进行边跨现浇段及合龙段施工，并配合相应的技术措施。经薛家坝2号大桥的实践证明，采用此方法安全可靠，降低了成本，又因吊架可一次性到位，先施工边跨现浇段，再施工合龙段，也便于合龙段的施工，并取得良好效果。

参考文献

[1] 周元元. 跨河高墩边跨现浇段支架设计与计算[J]. 石家庄铁道大学学报(自然科学版),2014(27):84-86.

[2] 汤利发. 平寨特大桥边跨现浇支架设计与施工[J]. 公路交通科技(应用技术版),2007(8):136-139.

[3] 白晓红. 挂篮吊架施工连续刚构边跨现浇段及合龙段的研究[J]. 四川建筑科学研究,2013(4):382-385.

[4] 杨帆,杨霞林,毛洺. 落地支架在连续梁悬臂浇注施工中的应用[J]. 现代交通技术,2014(11):42-45.

[5] 王福敏,邹云,罗强. 重庆嘉陵江渝澳大桥工程总体设计[C]//2003 年全国桥梁学术会议论文集[M]. 北京:人民交通出版社,2013:118-124.

[6] 张磊. 悬空托架在连续刚构桥边跨现浇段施工中的应用[D]. 西安:长安大学,2012.

[7]《钢结构设计手册》编委会. 钢结构设计手册(上册)[M]. 北京:中国建筑出版社,2003.

[8] 中华人民共和国行业标准. 公路桥涵施工技术规范(JTG/T F50—2011)[S]. 北京:人民交通出版社,2011.

蜂子湾特大桥0号块托架设计与施工

王广文　李　东　王薪蕊

（中交一公局第五工程有限公司　北京　100024）

摘　要　通过对重庆万州至湖北利川高速公路（重庆段）WL08合同段蜂子湾特大桥连续刚构0号块施工托架设计计算及施工方法和过程的介绍，并且将此方案与常用的其他0号块支架方案（满堂式钢管支架、粗钢管桩配贝雷梁桥式支架）进行比较，对比性地列出了该方案的优点。这种托架方案对于山区高速公路预应力混凝土连续刚构桥墩身高度较高、线形要求严格的情况，具有经济、快速、安全的特点，可供类似工程施工参考。

关键词　连续刚构桥　0号块　托架　方案设计与施工

1　引　言

山区地形起伏较大，峡谷地形较为多见，高速公路桥梁通常设计为连续刚构结构。在重庆山区，一般连续刚构桥主墩墩高较高（本桥施工墩高为140.21 m），其跨度、承载能力也较大。0号块施工托架作为连续刚构桥上部结构施工的第一道工序，其经济性、安全性直接制约着后续施工的顺利进展。目前，我国已建及在建的桥梁也发生过桥梁支架垮塌事件。为了避免此类事故发生，预应力混凝土连续刚构桥0号块托架施工必须严格按照规范要求，进行相应的支架设计验算、预压，并制定相应施工方案，确保桥梁施工安全。

2　工程概况

蜂子湾特大桥是重庆万州至湖北利川高速公路上的一座特大桥，位于重庆市万州区龙驹镇蜂子湾，桥梁中心桩号为K48+470，起止点桩号为K47+940.5～K49+001。桥跨布置为3×40 m+8×40 m+（65 m+2×120 m+65 m）+6×40 m，其中主桥桥跨布置为65 m+120 m+120 m+65 m三向预应力混凝土连续刚构桥。其中，12号、13号、14号主墩墩身高度分别为118.21 m、140.21 m、108.21 m。

蜂子湾特大桥共有6个0号块，结构相同。单个0号梁段高7.2 m，长13 m，混凝土方量为393.8 m^3，HRB400钢筋质量为42.915 t，自重大，施工面较狭窄，管道密集，预埋件及预留孔多，结构和受力情况复杂。

为确保施工安全与施工质量，计划分两层浇筑。第一层浇筑底板及部分腹板，浇筑总高度

作者简介：王广文（1981—），男，本科，高级工程师。

李　东（1991—），男，本科，助理工程师。

王薪蕊（1991—），男，本科，助理工程师。

为4.0 m,混凝土浇筑方量约为204.4 m^3,理论质量为531.44 t;第二层浇筑顶板及剩余腹板,浇筑高度为3.2 m,混凝土浇筑方量约为189.4 m^3,理论质量为492.44 t。这样易于保证混凝土的施工质量,同时由于托架按一次浇筑施工方案荷载设计而实际混凝土为两次施工。第二次施工时,第一次浇筑的混凝土已经具有一定的承载能力,可以确保托架的使用安全。

蜂子湾特大桥0号块结构设计如图1、图2所示。

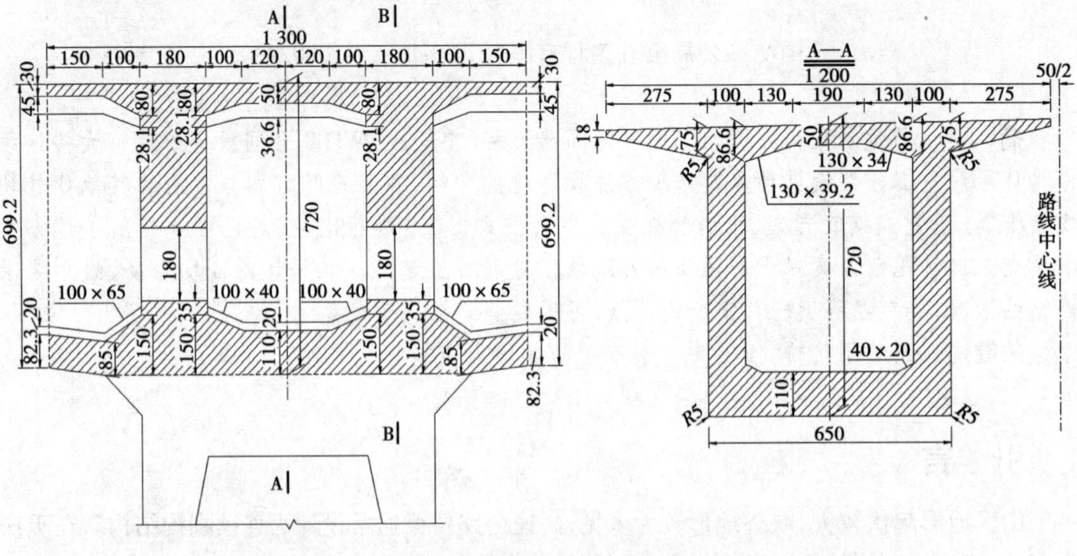

图1 蜂子湾特大桥0号块立面图、横断面图(单位:cm)

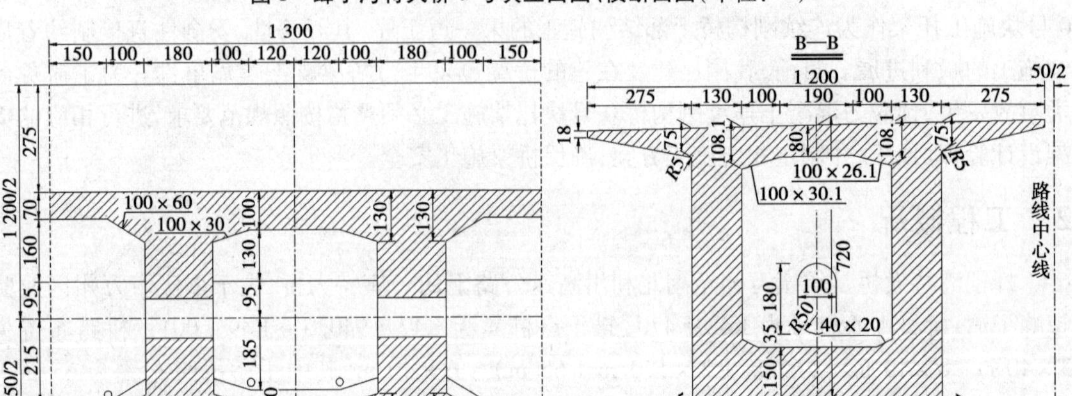

图2 蜂子湾特大桥0号块平面图、横断面图(单位:cm)

3 方案比选

由于蜂子湾特大桥主墩高度较高(墩身最大高度为140.21 m),同时桥跨达到120 m,且曲线半径为715 m,对0号块托架施工线形要求较高。采用传统满堂式钢管支架或粗钢管桩配合贝雷梁桥式支架,由于墩身高度原因,满堂式钢管支架或粗钢管桩配合贝雷梁桥式支架搭设高度将超过140 m,施工支承体系的安全可靠性、施工过程中的体系形变以及经济性,满堂式钢管支架及粗钢管桩配合贝雷梁桥式支架均不能保证,且搭设周期较长,无法满足蜂子湾特大桥的工期要求。为顺利完成蜂子湾特大桥0号块施工,本桥选用三角托架施工技术。该方案的主要优点在于仅需在墩身施工时在靠近墩顶位置预埋牛腿以及工字钢托架,节省了施工工序,降低了施工难度。对于山区高速公路高墩大跨预应力混凝土连续刚构桥0号块施工具有较强的可操作性。

4 托架设计

托架设计荷载考虑混凝土自重、模板支架自重、人群机具自重、风荷载、冲击荷载等,托架采取自支承体系构件设计。施工时,按图纸要求在墩身混凝土浇筑时预埋所需预埋件作为托架支点,并在墩身内部两对向预埋件之间设置刚性顶撑,要求预埋件位置准确无误,以便于托架拼装时连接。在预埋件上铺设钢横梁,横梁上铺设底模及卸落设备。刚度需要经过精确的力学计算验证。托架采用型钢加工,加工精度符合施工设计要求。

0号梁段托架构造如图3所示,每组托架由牛腿、三角承重架、对拉结构等组成。承重架采用I 36a工字钢。所有承重杆件需进行强度及刚度验算,连接部位进行强度验算,安全系数不小于1.5。

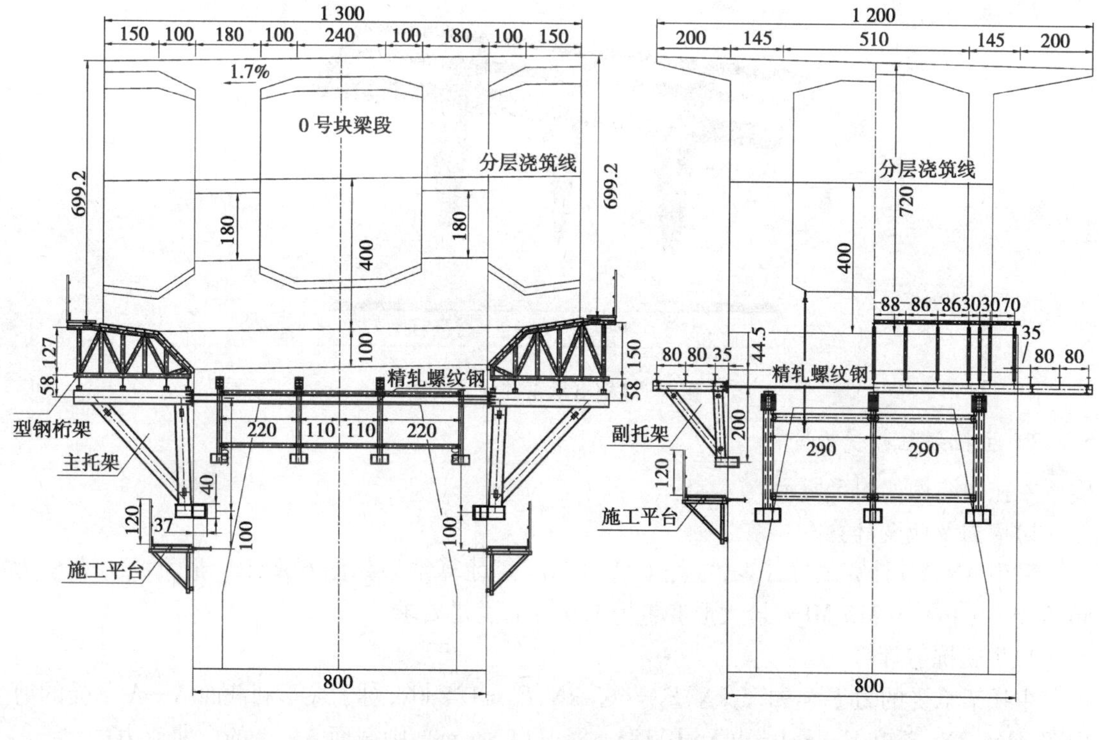

图3 蜂子湾特大桥0号块托架结构设计图(单位:cm)

计算中对传力途径假定为:箱梁混凝土自重、其他荷载→模板→底模支架→墩顶托架。

本次计算采用容许应力法进行计算。

5 托架验算

5.1 荷载取值

(1)混凝土自重:$\gamma=26\ kN/m^3$。

(2)模板自重:按混凝土0.1倍取值。

(3)人群及施工荷载:取2.5 kN/m^2。

(4)振捣荷载:取2 kN/m^2。

(5)倾倒混凝土时的冲击荷载:取2 kN/m^2。

5.2 主托架计算

5.2.1 主托架支承系统受力计算

主托架系统应力及应变计算结果如图4所示。最大应力大小为146.5 MPa < $[\sigma]$ = 215 MPa,最大形变量为3.5 mm。

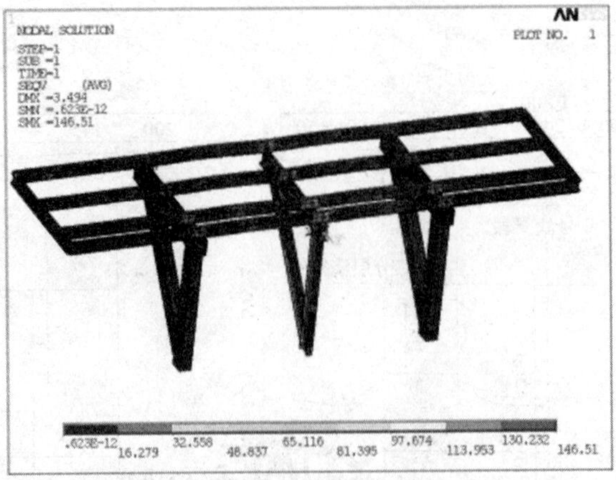

图4 底模支承系统计算云图

5.2.2 主托架结构受力分析

主托架结构如图5所示。

1)应力及应变计算

采用ANSYS计算软件计算,主托架应力及应变计算结果如图6所示。最大应力大小为56.5 MPa < $[\sigma]$ = 215 MPa,最大形变量为1.5 mm,满足要求。

2)牛腿抗剪计算

主托架承受的力$F_1=94.5$ kN,$F_2=465$ kN,$F_3=125$ kN,对于最不利截面A—A承受的剪力$T=465$ kN,弯矩$M=F_2L=465\times0.185=86.1$(kN·m),则截面A—A的弯曲应力:

$$\sigma=\frac{M}{W_{\min}}=\frac{86\ 100\ 000}{1\ 928\ 889}=44.6(\text{MPa}) \tag{1}$$

截面A—A的剪应力:

$$\tau=\frac{T}{A}=\frac{465\ 000}{12\ 800}=36.3(\text{MPa}) \tag{2}$$

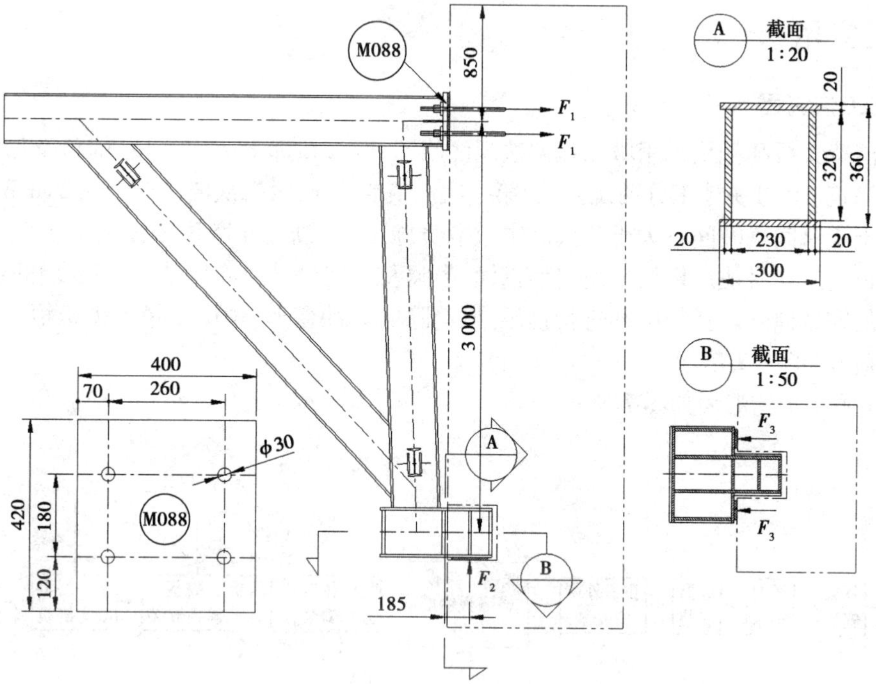

图5　主托架结构图(单位:cm)

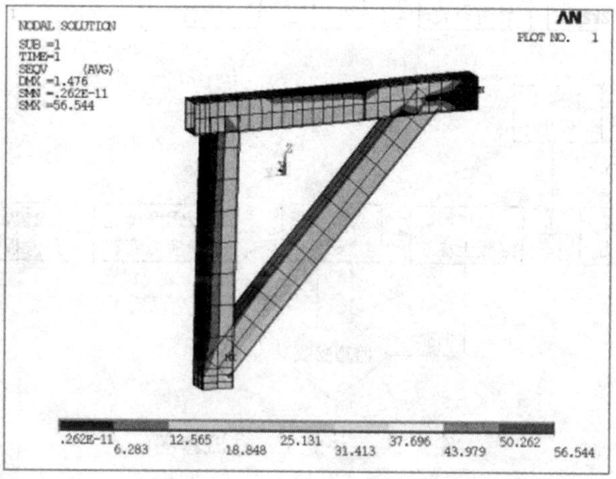

图6　主托架计算云图

由第四强度理论得,折算后的应力:

$$\sqrt{\sigma^2+3\tau^2}=\sqrt{44.6^2+3\times 36.3^2}=77.0(\mathrm{MPa})\leqslant 170\ \mathrm{MPa} \tag{3}$$

承重三角架采用4根$\phi 25$精轧螺纹钢筋进行对拉,每根钢筋承受的拉力$F_1=94.5$ kN,则精轧螺纹钢筋的拉应力:

$$\sigma=\frac{F}{A}=\frac{94\ 500}{3.14\times 12.5^2}=193(\mathrm{MPa})\leqslant[\sigma]=785\ \mathrm{MPa} \tag{4}$$

6 施工应用

6.1 施工工艺流程

蜂子湾特大桥0号块采用墩顶托架法现浇施工,墩身顶部1 m实心段、倒角及加宽段与0号块一同浇筑。0号块施工分两次浇筑,第一次浇筑4.0 m,第二次浇筑剩余3.2 m高度部分,两次混凝土浇筑间隔时间不大于7天。主墩墩身施工完成后,在墩顶搭设施工操作平台及托架铺设模板浇筑0号块。模板采用定型钢模,牛腿及托架设计应确保结构的强度和刚度,并应留有足够的安全储备。托架必须进行预压,以消除非弹性变形,预压重量不少于恒载(箱梁恒载+施工荷载)的1.2倍。

0号块施工工艺流程如图7所示。

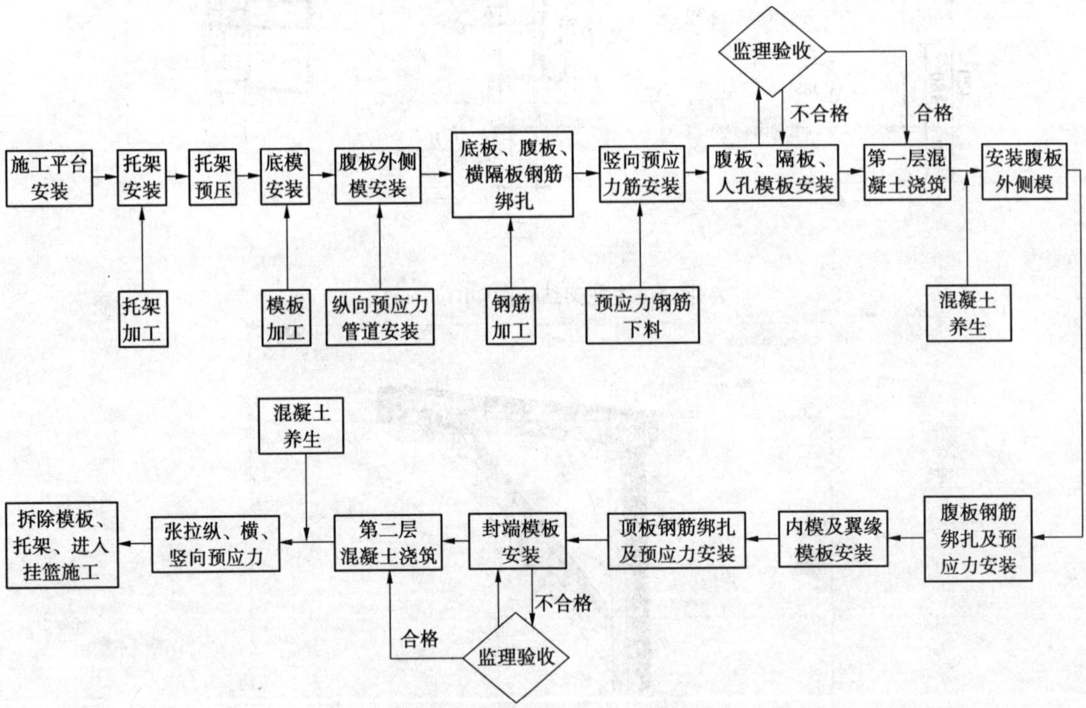

图7 0号块施工工艺流程图

6.2 托架安装注意事项

6.2.1 施工平台搭设

(1)施工平台采用预埋套筒、外挂三角架作为支承,上铺5 cm厚木板作为施工平台。

(2)安装施工采用塔吊挂设三角架并固定,再铺设槽钢分配梁,将槽钢与三角架电焊,安装扶手及安全网(图8)。

6.2.2 托架安装

(1)严格控制构件加工尺寸和预埋件标高,保证0号梁段的荷载均匀传至下方。

(2)由于墩柱为封闭箱式结构,0号段施工时人员无法进入内部,在墩柱封仓前完成精轧螺纹钢拉杆安装,减小工作难度。

(3)牛腿安装时,保证与墩柱紧靠,传力明确。

(4)为防止支架搭设及钢筋模板施工过程中出现构件倾翻,托架、I32a工字钢分配梁和钢架等相互焊接。

(5)托架加工时,注意控制靠近墩柱一端的平整度,保证安装后能与墩柱紧贴。

(6)用塔吊吊装托架,将托架牛腿安装在墩身预埋盒内,调整牛腿的垂直度。在墩身预留孔处用钢板填塞固定牛腿防止偏移,并将钢板与牛腿焊接。

(7)牛腿安装固定好后,采用ϕ32 mm精轧螺纹钢筋穿过墩身预留孔,并用双层螺帽固定三角架。

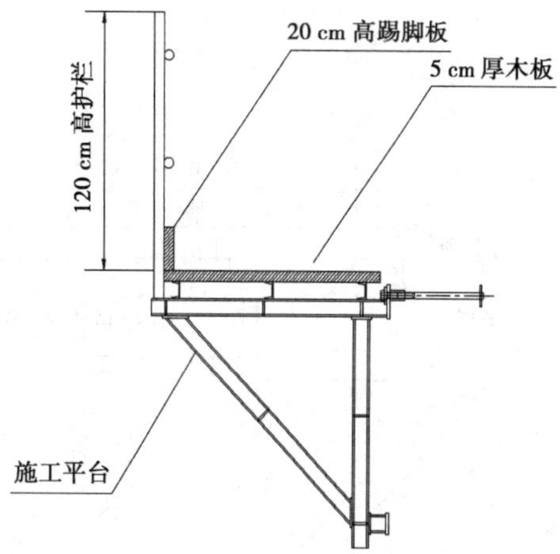

图8 施工操作平台大样图

(8)在三角架上安装横纵梁、底模三角架及铺设人工操作平台。

6.2.3 托架预压

托架在安装完成后先进行预压,以消除托架非弹性变形产生的影响,并测算出托架的弹性变形,便于设置预拱度。预压采用墩顶三角形反力架、千斤顶反向张拉的方法,模拟混凝土施工工况时,进行荷载加压,预压时加载按0、20%、40%、60%、100%、120%荷载的顺序进行,每级加载10 min后,测量人员进行标高测量。加载至120%时,持荷24 h再进行标高测量,逐级卸载后,计算各工况下托架的弹性变形量。

1)预压方案比选

由于蜂子湾特大桥主墩墩身高度较高,最大高度达到140.21 m,而传统预压方案中,千斤顶配合钢绞线预压采用将钢绞线两端分别固定在承台与托架上,利用千斤顶进行张拉预压,将导致钢绞线过长,施工较困难。

蜂子湾特大桥0号块高度较高,托架按120%施工荷载进行加载预压,预压荷载最大达到107 t。常规托架预压方案中,堆载预压采用堆载沙袋等方式,预计单侧托架堆载体积将达到60 ~70 m^3,堆载高度将达到4 m左右,存在较大安全风险及施工操作难度。

为确保预压工作的顺利进行,蜂子湾特大桥托架预压采用反力架预压。该方案采用三角形反力架配合千斤顶的方式,结构简单,施工操作难度较小,同时利用千斤顶反力避免了在托架上进行大量堆载的安全风险。

2)预压注意事项

反力架构造如图9所示。

预压构件进行预压时,由测量人员进行应观测,并计算出每一阶段的实际变形量,用实际变形量与理论变形量对比。

(1)预压逐级加载,当托架预压实际变形量比理论变形量大3.75 mm时,进行检查;当挂篮预压实际变形量比理论变形量大20 mm时,进行预警;预警后,对预压构件进行卸载,对预压构件进行加固。

(2)加固后的预压构件进行逐级加载,如实际变形量比理论变形量大时,应对预压构件进行拆除,重新加工预压构件。

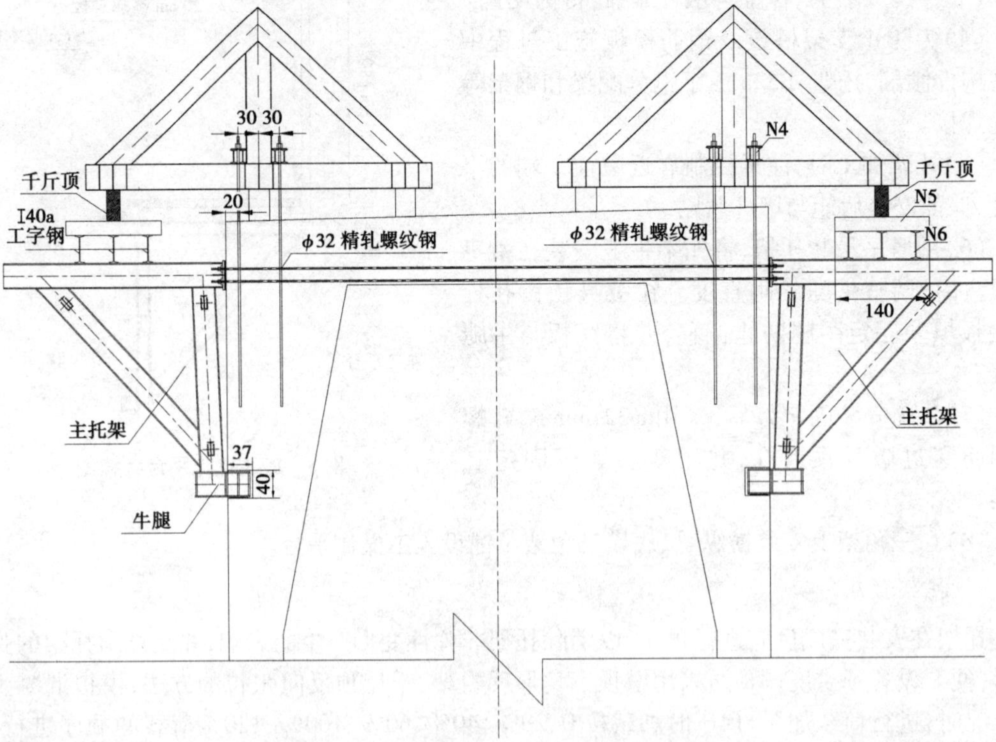

图9　托架反力架预压构造图(单位:cm)

(3)预压构件荷载加载到120%时,持荷24 h内,变形量不超过1 mm时,证明预压构件的稳定性及刚度满足施工要求。

6.3　托架使用注意事项

(1)托架安装完成后,必须全面检查托架焊缝、连接节点质量。

(2)施工过程中,必须安排专人密切关注托架的变形情况及各节点连接情况。

(3)托架施工完成后,及时安装防护栏杆。

6.4　托架拆除注意事项

(1)混凝土浇筑后达到90%强度时,进行纵向预应力施工,纵向预应力施工完成后,在24 h内进行压浆,压浆后方可进行模板、托架拆除。

(2)拆除模板时,不得采用猛敲、猛撬、强行拉拽或大面积撬落和拉倒的方法,防止伤人和损坏物料。

(3)拆除高处模板时,需确保模板下方无其他交叉施工的人员。拆除时不得留有悬空模板,防止突然落下伤人。

(4)拆模起吊前,应复查穿墙螺栓是否拆除干净,检查模板上构件是否连接牢固。在确定无遗漏且模板与墙体完全脱离后,方可起吊。

7 结 语

山区高速公路预应力混凝土连续刚构桥0号块施工，因为其墩身高度较高，截面尺寸较大，不便于支架搭设，且安全风险较高。在施工中，需采用有效措施防止0号块施工出现支架搭设不稳固、线形偏差较大等安全、质量问题，合理地利用现场资源。针对0号块施工托架进行专项设计，制订相应的施工方案，使施工设计更趋于合理、安全。

参考文献

[1] 中华人民共和国行业标准. 公路桥涵施工技术规范(JTG/T F50—2011)[S]. 北京:人民交通出版社,2011.

[2] 中华人民共和国行业标准. 公路桥涵设计通用规范(JTG D60—2015)[S]. 北京:人民交通出版社,2015.

[3] 江正荣. 建筑施工计算手册[M]. 2版. 北京:中国建筑工业出版社,2007.

[4] 周水兴,何兆益,邹毅松,等. 路桥施工计算手册[M]. 北京:人民交通出版社,2001.

浅谈连续刚构桥挂篮安全防护施工

黄宏健

（中交一公局第五工程有限公司　北京　100024）

摘　要　挂篮悬臂浇筑是当前桥梁施工领域的重要施工技术。该技术具有施工简便、安全可靠、工程造价较低等优点，非常适合在桥梁建设领域进行推广。本文结合蜂子湾特大桥连续刚构挂篮悬臂浇筑施工，围绕桥梁挂篮施工安全技术相关问题进行了探讨，阐述了挂篮设计和防坠落措施，提出了挂篮施工安全注意事项，对类似工程具有一定的借鉴意义。

关键词　挂篮　安全防护

1　引　言

公路桥梁工程是路网建设中的重要组成部分，是陆上交通系统的枢纽，也是公共基础设施建设的关键内容之一。近年来，我国桥梁工程建设事业实现了跨越式发展，日新月异的施工技术是保障桥梁施工质量安全、提高工程建设效益、推动桥梁事业高速发展的重要因素。当前，桥梁施工主要采用的挂篮施工技术，是悬臂浇筑架构体系中的一个分支。

挂篮施工技术最突出的特点是采用预制构架的方法进行施工，其预制构架质量轻，操作灵活，施工时可以实现连续拼接。和其他施工技术相比，挂篮施工技术无须使用大型支架和吊装机，施工方法更加简便易行，施工精度更高，建设费用更低，工程质量安全更有保证。

挂篮施工技术经过较长时间的发展，已经形成了较为完善的技术体系。采用挂篮技术时，主要要做好防护设施的构建和施工过程中质量管控等重要环节。在实际工作中，要严格遵循施工规范，从细节着手，抓好质量管理，确保工程建设整体质量水平。

2　工程概况

蜂子湾特大桥中心桩号为 K48 +470，起止点桩号为 K47 +940.5 ~ K49 +001。桥梁跨径组成为：11 ×40 m 预应力混凝土先简支后连续 T 梁 +（65 +2 ×120 +65）m 预应力混凝土连续刚构桥 +6 ×40 m 预应力混凝土先简支后连续 T 梁，桥梁全长 1 060.5 m。主桥为65 m +2 ×120 m +65 m 连续刚构桥，上下行分幅布置，单幅为单箱单室箱梁结构。其中，3 个主墩高度分别是 118.21 m、140.21 m、108.21 m，属于高处坠落风险极高的挂篮施工。

蜂子湾特大桥连续刚构桥单幅共 93 个梁段，其中位于主墩顶的 0 号梁段 3 个，悬浇段 84 个，边跨现浇段 2 个，边跨合龙段 2 个，中跨合龙段 2 个。中、边跨 1 ~ 14 号梁段为悬浇段，其中 1 ~7 号梁段梁长 3.5 m，8 ~ 14 号梁段梁长 4.0 m。

作者简介：黄宏健（1992—），男，专科，技术员。

悬浇阶段质量最大的是 1 号块梁段,混凝土方量为 64.4 m^3,质量为 167.44 t;边、中跨合龙段长度均为 2 m,边跨现浇长度为 3.76 m;箱梁顶宽 12 m,底宽 6.5 m,顶面设 2% 横坡,箱底横向水平。蜂子湾特大桥连续刚构悬浇箱梁采用三角形挂篮施工。

3　挂篮设计原则

3.1　挂篮受力安全设计

蜂子湾特大桥连续刚构桥设计采用三角形挂篮进行悬臂浇筑,挂篮由主桁系统、悬吊行走系统和模板系统 3 部分组成,如图 1、图 2 所示。

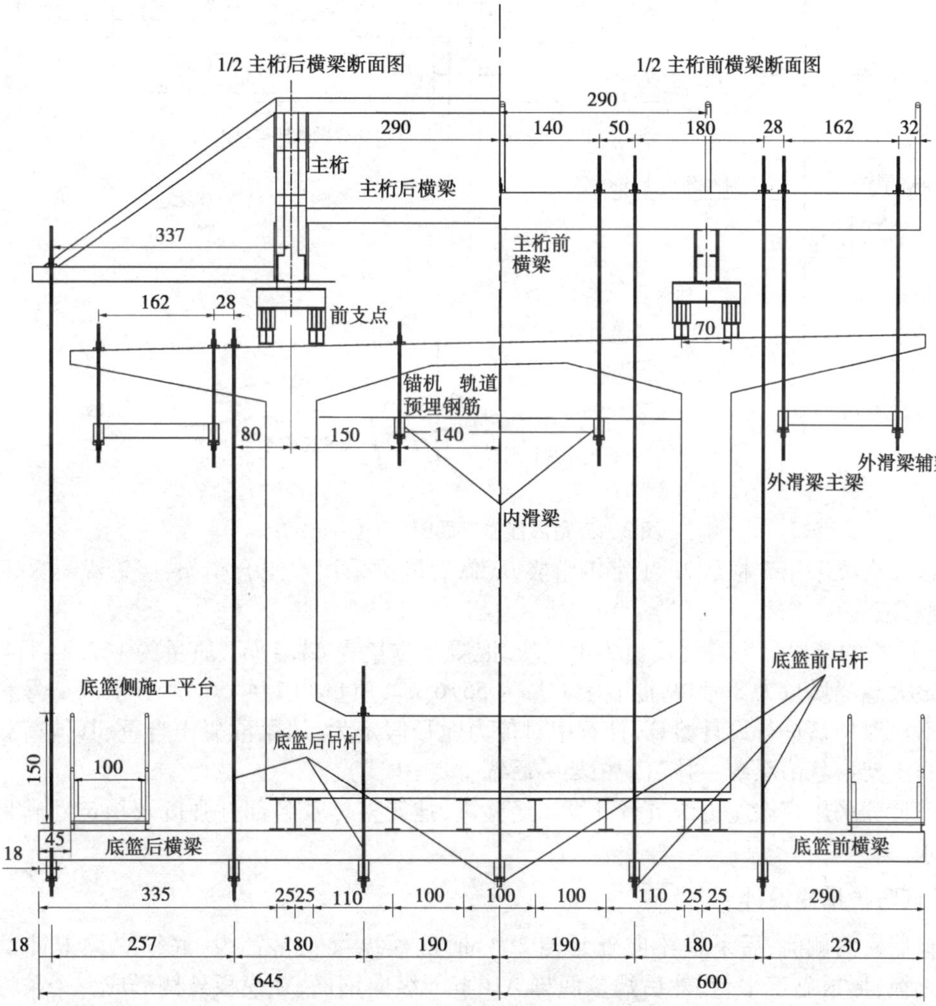

图 1　三角形挂篮立面图(单位:cm)

前上横梁由 2 根I40a 工字钢组焊而成,后上横梁采用 2 根I25a 工字钢组焊而成,主桁架系的三角形桁架由 2 根[32a 槽钢及 2 根[25a 槽钢组成,立柱采用 2 根[32a 槽钢组焊而成,斜拉带为 2 根I25a 工字钢,两侧桁架之间的桁架式中上横梁为 2 根[20 槽钢,钢销为A100 mm × 400 mm 钢棒,主要受力连接主要采用焊接或销接。

后锚系统由 4 根I25a 工字钢及 6 根 ϕ32 mm 精轧螺纹钢筋组成,轨道为 2 根I32b 工字钢,轨道压梁为 2 根I 20a 工字钢。内侧外导梁采用I 40a 工字钢加工,外侧外导梁采用 2 根I 25a 工字钢加工。

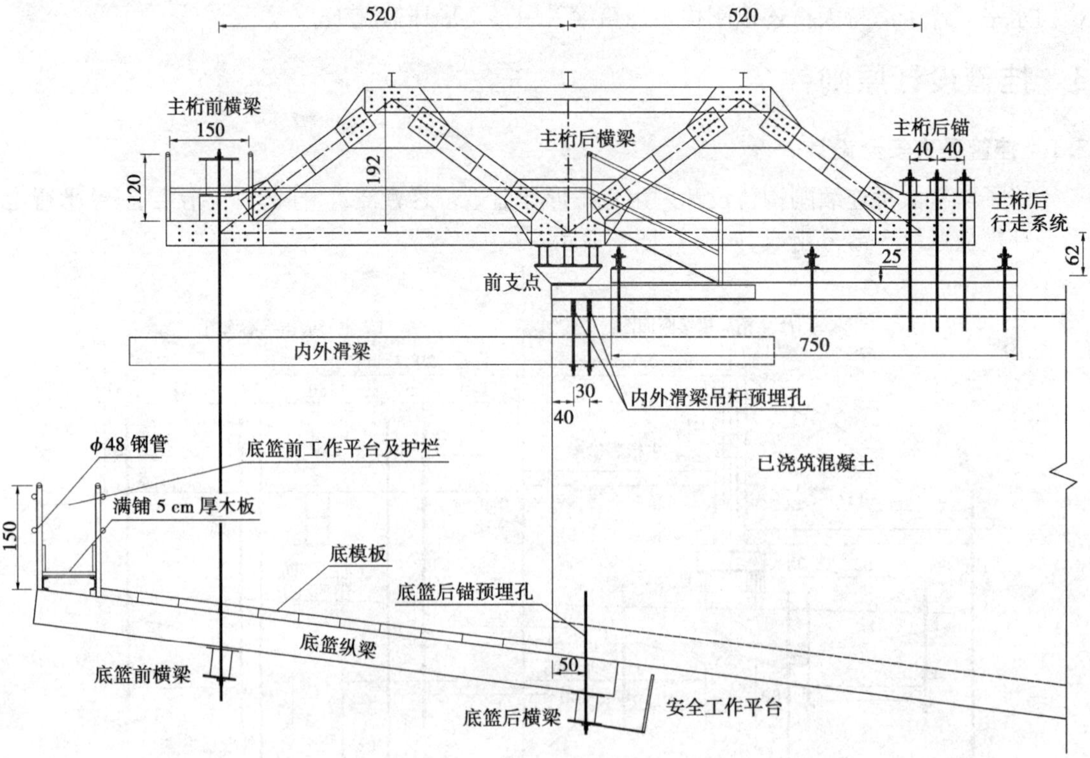

图 2　三角形挂篮侧面图(单位:cm)

底篮前横梁采用 2 根I 32b 工字钢组成,底篮后横梁采用双组合桁架,底篮纵梁采用I 25a 工字钢组成。

3.5 m 长的节段最大悬浇质量为 1 号块,混凝土方量为 64.4 m^3,质量约 167.44 t;4 m 长的节段最大悬浇质量为 8 号块,混凝土方量为 55.6 m^3,质量约 144.56 t。分别以 1 号和 8 号为计算对象对挂篮进行设计验算,计算中对传力途径假定为:箱梁混凝土自重、其他荷载→模板→底模支架→悬吊系统→挂篮主桁架→后锚支点、中支点。

挂篮计算采用容许应力法进行计算。经验算,挂篮整体及各部件强度及稳定性满足设计规范要求。

3.2　挂篮防护措施设计

挂篮底模两侧前、后下横梁向外延伸 2.4 m,底模纵梁正常铺设,底模纵梁上铺设一层 4 cm厚钢板,形成施工平台,然后焊接两排 A16 mm 纵向钢筋,在模板外侧形成一个护栏。在箱梁两侧面设置防火安全网,与底模施工平台连接成一个封闭整体,防止梁段施工时杂物坠落,确保安全。

底模纵梁向外延伸 1.7 m,铺设一层 10 cm × 10 cm ϕ16 钢筋网,钢筋网上铺设 2 cm 厚竹胶板,在施工平台的边缘焊接两排 ϕ16 钢筋,形成防护栏杆。

整个挂篮将完全被防护网包裹形成密闭结构,挂篮走行时防护措施随挂篮模板一并前移,确保每个施工阶段都在挂篮防护网内施工,有效防止在施工过程中杂物坠落(图 3)。在侧模与底模之间设置网兜,防止浆液渗漏。

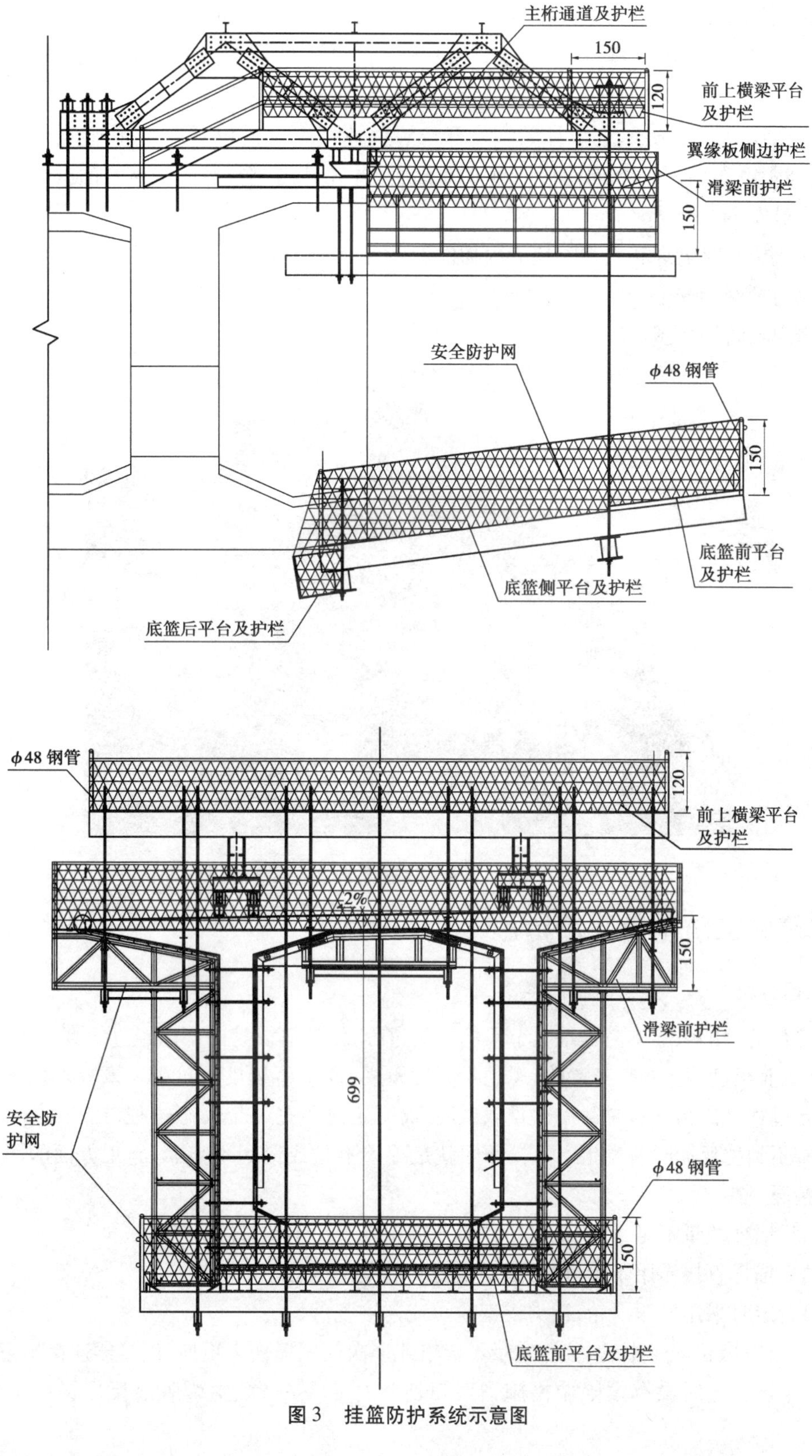

图 3　挂篮防护系统示意图

在两侧后端已经成型梁段，结合桁架片安装情况，施工时适当将钢筋网片纵向钢筋加长并在尾部弯折成90°，将其尾部与桁架片适当连接，外侧按照两侧的防护网顺延到位即可。

对于已经成型的梁段，在设计的钢栏杆位置用 ϕ50 钢管搭设防护栏杆，竖向钢管高度为120 cm，间距不大于2 m；纵向焊接两排 ϕ16 圆钢，并在其内侧安装防护网，加强防护措施，确保施工人员安全。

为防止施工时电焊和氧割时挂篮内物件着火，在梁体顶面醒目的位置安放灭火器，保证施工机具及防护网的安全。

挂篮现场防护如图4所示。

图4 挂篮防护

4 挂篮施工防坠落防治措施

4.1 原因分析

挂篮最危险的工况本应是最大节段的浇筑过程，但挂篮设计中都已经过认真计算，受力明确，在浇筑前经过多方的检查验收，思想上高度重视，发生事故反而较少。事故多发于试压阶段的行走过程。因为试压是第一次重载试验，而行走过程是一个动态过程，锚固力小，细节落实与检查不到位反而时有发生。直接原因就是配重不足或锚固不牢靠，施工方面的因素有以下几种情况：

(1)后锚杆数量不足，使用受过电焊烧伤的精轧螺纹钢锚杆脆断。

(2)后锚杆直接作用于滑道时，滑道本身与混凝土锚固不牢。

(3)行走时采用反压滑轮，反力支架脱焊或连接脱落。

(4)后锚杆、锚固螺帽、连接器质量不合格或多次使用损伤未更换，连接器连接不正确。

(5)下坡行走时没有效限位措施，行走过快、行走不一致，主梁脱离反压锚固架或锚固滑道。

（6）采用预留孔穿精轧螺纹钢筋进行锚固时，预留孔过大或锚垫板太小，厚度太薄。

（7）锚固作用于主梁尾部加长段上，而加长段现场设计未经验算，连接不牢固发生断裂。

4.2 移动时，挂篮整体坠落对应防治措施

（1）挂篮移动时，应清理其上除挂篮本身构造外的所有材料、机械等载重，避免加大挂篮荷载及产生不均匀荷载，同时防止挂篮移动时物件坠落。

（2）挂篮移动时，要有专人统一指挥，挂篮上严禁站人。

（3）检查各千斤顶、手拉葫芦、卷扬机和保险绳等，要求技术性良好，若有破损及时更换。

（4）行走时，应增加浇筑锚固钢镫作保险。钢镫离主梁面有 2 ~3 cm 的空隙，既能保证行走且一旦行走锚固发生意外时，浇筑锚固钢镫就立即产生作用，但移动时要注意随时挪动保险钢镫的位置。下坡行走时，还要用卷扬机穿滑轮组系结于主梁，作为后销慢慢溜放，防止自行滑动，冲出锚固范围。

（5）设置挂篮行走反压保险，在挂篮主桁下平杆上安装行走反压梁，作为反扣轮行走保险装置。

（6）在挂篮二次移动时，挂篮两侧前支点顶起要同步进行，铺设轨道要抄平垫实，轨道锚固牢靠，移动过程中安排专人检查。

（7）反复使用并拆除的螺栓要采用双螺母，并经常检查，保证螺纹处于良好状态，发现有隐患必须立即更换。

（8）移动完成时，检查各部位螺栓、销子、主桁、平联、钢丝绳、葫芦及各主要受力焊缝，做好记录。发现问题要及时通知负责人并处理，否则不得开工作业。在雷雨天气或风力大于 5 级时，不得进行挂篮移动，确保人身安全。

（9）挂篮移动时，地面范围应设警戒区，防止坠物伤人。高处作业与底面联系应配有通信设备，应有专人负责。

4.3 混凝土浇筑时，挂篮整体坠落对应防治措施

（1）认真核对本工况的锚杆数量是否正确，锚固位置、预留孔位置、预埋锚杆数量位置是否正确。如有出入，采取有效的补救措施。

（2）配套使用合格可靠的锚杆、连接器、螺帽、垫板、反力架，并定期检查，确保状态良好。

（3）连接器和锚杆均做好长度标识，保证锚杆旋入连接器有足够长度，保证连接器对中顶紧连接。

（4）做好销子防脱措施，吊杆底部加拧双螺帽作为保险。

4.4 挂篮拆除时，挂篮整体坠落对应防治措施

（1）精轧螺纹钢吊杆挂篮拆模时，过程中易受电焊烧伤脆断，吊杆与上下横梁连接不牢，连接脱落。

（2）拆模时，检查是否在混凝土浇筑中吊杆连接器损坏。

（3）拆模调整吊带时，必须对每一吊带的两个千斤顶同时升降，以保证千斤顶和吊带受力性能良好，同时注意千斤顶不得超行程使用。

(4)参与锚固的滑道与滑座要进行保护,不得随意氧割,致使滑座反扣板损坏或滑道与混凝土梁体锚固不牢。

(5)制订检查签证表格,逐项进行检查,落实责任人,实行检查签证制度,确保万无一失。

5 安全注意事项

(1)挂篮悬浇作业时,安全网、安全梯、防护栏等安全保障设施设置齐全、完善,挂篮四周侧面及底面应满挂安全网。高空作业人员必须佩戴劳动防护用品,跨线作业必须设置防护棚。

(2)挂篮施工现场应严格落实临时用电安全措施,并配备必要的消防器材。

(3)蜂子湾特大桥挂篮施工过程中,需对施工范围内及周边 20 m 范围进行安全警戒工作,设置安全警戒线。对施工现场进行功能区域划分,施工范围内及周边 10 m 范围为危险区域,禁止进入,并利用定制移动式护栏对危险区域进行围挡,护栏涂刷红白相间警示漆,并在四周悬挂“危险区域,禁止进入”等字样标志。

(4)挂篮使用时,进场检查后锚固筋、千斤顶、手拉葫芦、张拉平台及保险绳等是否完好可靠。

(5)挂篮在行走、使用中,应严格控制荷载,防止过大的冲击、振动。如需在挂篮上另行增加设施(如防雨棚、立井架、防寒棚等),不得损坏挂篮结构及改变其受力形式。

(6)挂篮行走时,要缓慢进行,速度控制在 0.1 m/min 以内。挂篮后部各设一组溜绳,以保证安全。滑道要铺设平整、顺直,不得偏移,并随时注意观察,发现问题及时处理。

(7)经常对挂篮、塔吊的零部件进行维修,严禁带病作业。对于出现损坏的钢丝绳、挂篮吊杆、滑梁等必须及时更换。

(8)挂篮采用全密闭式施工,整个挂篮将完全被防护网包裹形成密闭结构。挂篮走形时,防护措施随挂篮模板一并前移,确保每个施工阶段都在挂篮防护网内施工,有效防止在施工过程中杂物坠落。

(9)高处作业所用小型设备材料平台堆放应平稳,工具应随手放入工具袋(套)内,上下传递物件时禁止抛掷。严禁大量囤放钢筋或模板等重型材料,防止作业平台倾覆或坍塌。

(10)在操作平台四周挂设安全密目网,使整个 0 号梁段体系在上空形成一个绕墩身封闭的高空作业区域。

6 结 语

挂篮施工技术对于沟谷深度大、河流流速高的施工环境具有很好的适用性,能够满足多种高难度施工条件下的桥梁施工,经济效益显著。我国地理条件复杂,地形种类繁多。加强挂篮防护技术的深入研究和推广应用,对于改善挂篮作业环境,提高施工安全水平,加快推进桥梁建设乃至交通事业的健康发展具有十分显著的积极意义。由于挂篮施工环境的复杂性,具体作业过程中还存在很多安全隐患,施工作业时,要充分认识到挂篮施工安全的重要性,加强安全监管,全面排查安全隐患,深入分析隐患形成的原因,设计并实施有针对性的防护措施,最大限度避免施工安全事故的发生，提高施工作业安全水平，为桥梁建设事业的顺利发展保驾护航。

参考文献

[1] 李福. 浅谈挂篮施工安全控制[J]. 城市建设理论,2012(1):15-18.

[2] 中华人民共和国行业标准. 公路桥涵设计通用规范(JTG D60—2015)[S]. 北京:人民交通出版社,2015.

[3] 江正荣. 建筑施工计算手册[M]. 2版. 北京:中国建筑工业出版社,2007.

[4] 周水兴,何兆益,邹毅松,等. 路桥施工计算手册[M]. 北京:人民交通出版社,2001.

大截面高墩辊模施工技术应用

王学海

（中交一公局第五工程有限公司　北京　100024）

摘　要　辊模施工作为中交一公局推广的“四新”工艺，具有安全、优质、高效等特点。蜂子湾特大桥主墩墩高较高，截面面积较大，且工期紧张。结合安全、质量标准化及施工效益，重庆万利高速公路七分部在蜂子湾特大桥连续刚构主墩成功应用辊模施工技术，成果效益显著。本文主要阐述了高墩辊模施工工艺原理、结构特点及工艺要点等，为辊模施工技术总结和全面推广奠定了坚实的基础。

关键词　大截面　高墩　辊模　应用

1　引　言

随着我国高速公路事业向山区的扩展和延伸，山区跨越深沟峡谷的桥梁在公路建设中占有很大的比重，高墩、大跨桥梁不断增多，同时，随着基础建设步伐的不断加快，施工工期也在不断缩短，对施工质量、安全方面的要求不断提高。高墩施工技术被广泛应用于山区高速公路建设中，同时高墩施工往往也成为控制工程施工进度和工程成本的关键。

高墩辊模施工技术结合了翻模和滑模的优点，规避了爬模和翻模的缺点，既保证了滑模施工高墩的速度，又改善了高墩滑模施工的混凝土外观质量，相对比翻模、爬模、滑模等工艺提高了施工安全性能，同时也取得了良好的社会效益，具有很好的推广应用价值。

2　工程概况

蜂子湾特大桥主桥为65 m + 2 × 120 m + 65 m连续刚构桥，其中，12号、13号、14号主墩为等截面空心高墩，截面尺寸均为8 m × 8 m，墩高分别为118 m、140 m、108 m，纵横向壁厚自上而下分别为0.8 m、0.9 m，左右幅之间设横系梁连接，内部每隔17.5 m设一道横隔板，墩柱顶部和底部均设5 m高倒角和2 m实心段。

蜂子湾特大桥主桥为全线控制性工程，主墩的施工工期紧，任务重。另外，主墩墩高均大于100 m，最高墩高达140 m，安全风险大，质量要求高。结合安全、质量标准化及施工效益，重庆万利高速公路七分部在蜂子湾特大桥连续刚构主墩成功应用辊模施工技术。

3　工艺原理

辊模施工工艺是利用滑模的受力结构及体系进行改进，在外模框架体和混凝土之间增加

作者简介：王学海（1987—），男，本科，工程师。

一种新的内衬材料作为外模,将原滑模模板与混凝土面直接摩擦滑动改进为外模框架体与内衬材料相对滚动,内衬材料与混凝土面相对静止,保留了翻模的施工原理,内模则采用原滑模施工原理。

辊模系统在承台上预埋4根立柱(无缝钢管)用作辊模模架系统的定位和支承,辊模外框架和内模采用高强螺栓连接在型钢架上,外模安装在框架内侧。提升架通过4个千斤顶与4根钢管为基础支点,带动辊模系统同步上升,4个提升千斤顶由提升控制电脑控制,保证辊模外框均匀垂直地提升,从而保证成型墩柱的垂直度。辊模外框用来约束外模,保证墩柱外形尺寸和固定工作平台。辊模外框沿外模板发生滚动运动,外模与混凝土相对固定不动。当混凝土具备一定强度时,辊模外框架进行一定距离的提升,外框架提升一定高度后将外模从墩柱上剥离下来,将剥离下来的外模进行清理后运至上端继续使用,周而复始地连续上升,实现墩柱的连续、快速施工,从而提高墩柱的施工速度。

辊模工艺既保证了高墩混凝土可以连续浇筑的优点,又可以保持翻模施工混凝土面外观质量。

4　辊模模板系统结构简介

自动液压辊模系统经过专项设计,由厂家统一定制,主要由模板系统、支承系统、自动液压提升系统、操作平台系统四大系统组成(图1)。

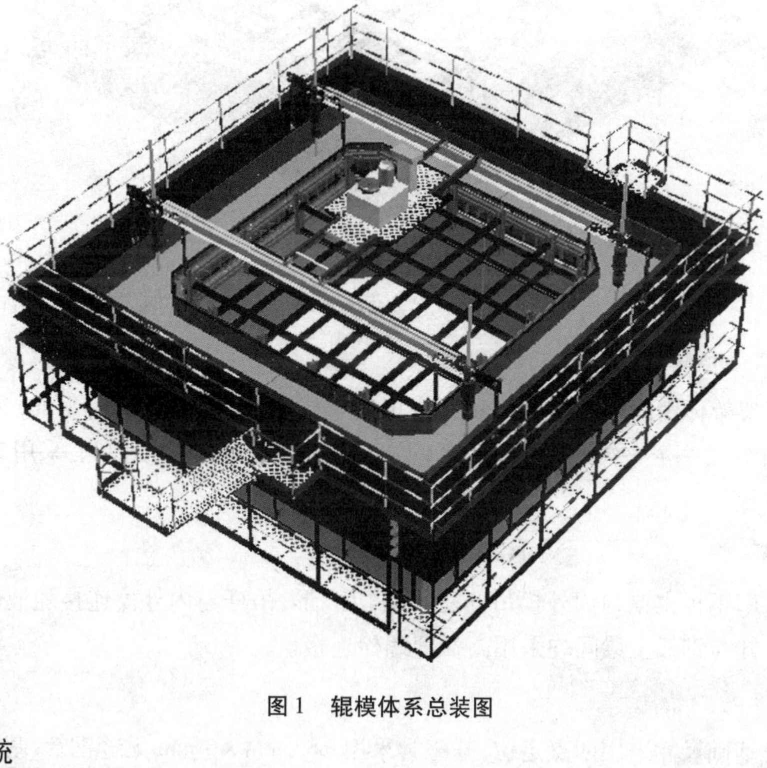

图1　辊模体系总装图

4.1　模板系统

外模采用树脂板,内模采用定型钢模(图2)。辊模外框架和内模采用高强螺栓连接在型钢架上,外模安装在框架内侧。

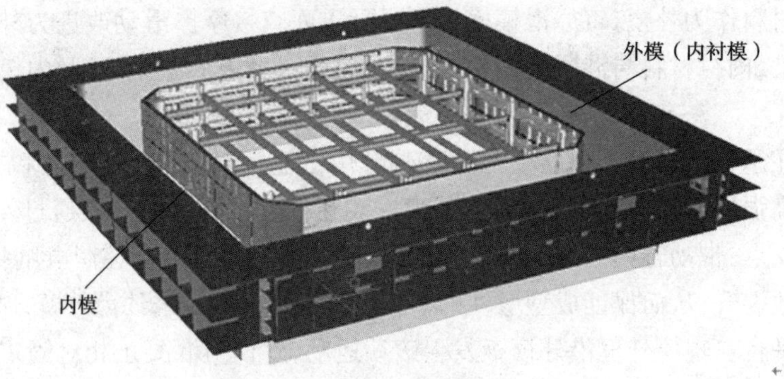

图2　模板体系图

4.2　支承系统

辊模支承系统由外框架架体、内模桁架、提升架和支承杆组成(图3)。

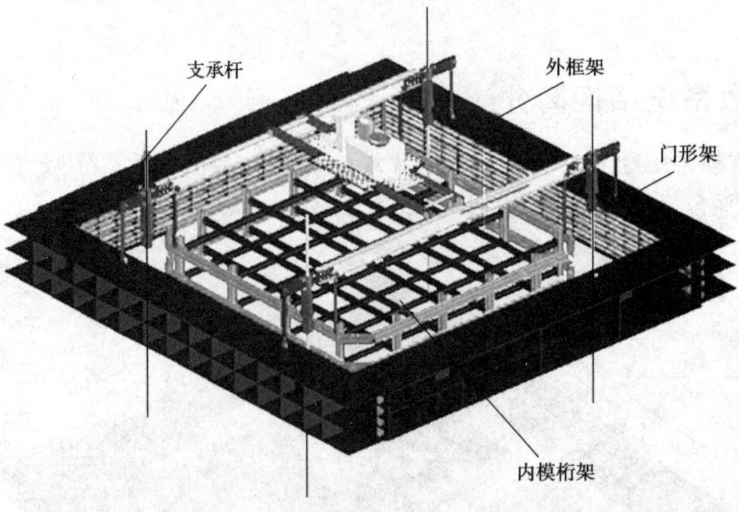

图3　支承体系图

4.2.1　外框架架体和内模桁架

模板外框架架体由两块长模架体和两块短模架体组成,模架体采用8 mm厚热轧钢板焊接构成,4块排列成一个整体后利用螺栓紧固。内模桁架支承在内模内侧,采用2根[14b槽钢纵横向交错布置。

4.2.2　提升架

提升架采用钢板主梁与内外模吊杆之间呈“Π”形,吊杆与内外模连接随液压提升系统同步提升。提升杆与钢板主梁间均采用高强度螺栓连接。

4.2.3　支承杆

辊模系统基础尺寸采用四点定位,基座管采用ϕ83 mm×6 mm无缝钢管,基座钢管浇筑在混凝土中,支承杆采用4根ϕ70 mm×7 mm无缝钢管,支承杆接长采用内套管丝扣连接牢固。支承杆均支承在混凝土内,接长过程中,采用靠尺检验其垂直度。

4.3　自动液压提升系统

自动液压提升系统(图4)由一台7.5 kW液压泵提供动力，设定工作压力为20 MPa，通过电磁溢流阀旋钮可以调整压力大小。本系统通过液压阀块内部油路分配液压油走向，电磁阀控制阀体至油缸之间液压胶管内液压油的充油加压和回油泄压。液压系统内通过设置同步阀保证主升降液压缸和夹紧液压缸的同步性，通过设置液压锁保证压力的稳定和一致。

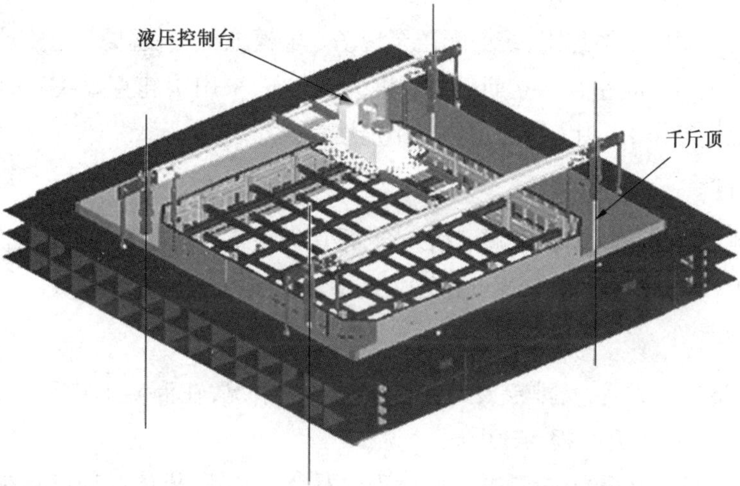

图4　自动液压提升系统示意图

液压控制台是液压提升系统的控制中心，是辊模的心脏。采用配电箱按钮操作，通过接触器控制电磁阀开启关闭，从而达到控制液压动力传递至相应油缸。

4.4　操作平台系统

操作平台系统由上护栏、模板架平台、下操作平台3部分组成(图5)。模板架体四周设置栏杆，高1.2 m，四周设高20 cm踢脚板。模板架下方设下操作平台，平台框架高1.9 m，供检修、过道使用。上下平台之间设斜爬梯通道，考虑到施工高度较高，安全系数较大，平台底部设铺设钢板网覆盖和角钢支承。

图5　辊模体系总装图

5 辊模施工要点

5.1 辊模体安装

基础顶面混凝土施工结束后，进行辊模体安装，准确对中、找平，依次安装外框架、底座及支承杆、自动液压提升系统、模板、操作平台。

5.2 钢筋加工及安装

钢筋在加工厂集中下料加工，统一配送至现场。辊模施工中，边提升边安装钢筋。钢筋绑扎始终超前混凝土 30 cm 左右。立筋每节长度为 4.5 m，采用滚轧直螺纹套筒连接。利用塔吊将钢筋吊至辊模工作平台上，钢筋定位采用定性骨架安装。

5.3 混凝土浇筑

混凝土下料方式采用塔吊提升顺溜槽入仓，采用插入式振捣棒振捣。由于钢筋密度较大，为了保证混凝土顺利入仓，要求混凝土和易性好，坍落度控制在 14 ~ 18 cm。

5.4 辊模提升

(1)混凝土浇筑完成后，安排专人观测混凝土凝固情况，在混凝土达到初凝条件后，即可进行辊模提升，第一次提升行程为 30 cm。

(2)滑模初次滑升要缓慢进行，并在此过程中对液压装置、模体结构以及有关设施在负载情况下做全面检查，发现问题及时处理，待一切正常后方可进行正常滑升。

(3)转入正常滑升后，应尽量保持连续施工，并设专人观察和分析混凝土表面情况，确定合适的滑升时间，并根据以下要点进行鉴别：滑升过程能听到“沙沙”的声音；脱模的混凝土无流淌和拉裂现象，手按有硬的感觉，并能留出 1 mm 左右深的指印，能用抹子抹平。

(4)正常提升程序为：浇筑混凝土→混凝土达到出模强度→提升外框架→校正→安装箍筋和内衬模→浇筑混凝土。

(5)正常提升阶段，每次浇筑混凝土高度为 30 cm，一般混凝土浇筑和模板提升速度控制在 20 cm/h 左右。每次提升后，混凝土与辊模架的结合面必须有 25 ~ 28 cm 的间隙。

(6)为防止发生裂缝，在下操作平台上设洒水管对混凝土表面进行养护。洒水管设在辅助盘外圈，采用直径 25 mm 的塑料管朝混凝土表面方向每隔 100 mm 钻直径 1 mm 的小孔。

(7)千斤顶应具有防滑移自锁装置，限定千斤顶顶力控制值。当千斤顶顶升力大于控制值时，千斤顶自动锁定，防止顶力过大造成系统受损，并定期对千斤顶进行检验标定，以防止失效。

5.5 测量控制

滑模在滑升过程中，受各种不均匀动力影响，模体会发生偏移现象。为方便及时地观察模体偏移，在四面中心或四角设 4 根吊锤线，每滑升 30 cm 时检查吊锤线相对于初始混凝土或基线的位移，并且每向上滑升 2 m，使用全站仪配合激光垂直仪观测 1 次，发现偏差及时纠正，保证变形在 2 cm 内。滑升过程中，通过调整千斤顶高差逐渐完成自身纠偏。

5.6　外观质量控制

(1)优选混凝土配合比,选用低中水化热的水泥和合适的外加剂,增强混凝土的性能。

(2)应严格控制混凝土浇筑完成后的浮浆厚度,不得超过 5 cm,每次混凝土浇筑应将振捣棒插入下层混凝土内 10 cm 左右,保证新旧混凝土的连接。

(3)混凝土搅拌后,应分别在浇筑现场和拌和站做坍落度试验,确保用水量既符合配合比要求,又能保证混凝土罐车顺利出料,同时按规定制作混凝土试块。

(4)树脂板安装完成后,应在模板顶面做限位装置,避免辊模外框架在提升过程中造成模板上移,影响混凝土外观质量。

(5)施工尽可能连续,如遇特殊原因必须停工,在浇筑混凝土后应对混凝土表面做凿毛处理。开工后,应对混凝土表面进行清理,安装模板时如因混凝土收缩产生微小缝隙,应使用玻璃胶或其他材料进行封缝处理。

5.7　异形段施工

为保证墩身整体稳定性,空心墩身每隔 17.5 m 设置一道 80 cm 厚的横隔板。横隔板施工采用在墩身内侧预埋型钢,焊接型钢搭设支架立模现浇,桥墩封顶也采用此法。

双幅主墩间每 35 m 设一道 2.5 m 高横系梁,横系梁采用异步施工。即先施工完成横系梁所在的墩身节段,将横系梁与墩身相连接的钢筋在同一断面断开,钢筋连接采用滚轧剥肋直螺纹连接套连接。在横系梁下墩身侧壁提前预埋钢板,待墩身混凝土达到设计强度后焊接牛腿,搭设托架施工平台,安装横系梁底模及侧模,浇筑混凝土。

5.8　模板拆除

辊模系统装置拆除顺序正好同安装顺序相反,按照后支先拆、先支后拆的原则进行。采用塔吊配合拆除,空心墩在上倒角施工前首先拆除内模,待封顶施工结束后,利用墩顶钢筋安装倒链,将辊模模板框架分段固定牢固后,先横桥向后顺桥向松开连接螺栓,采用塔吊吊住外框架吊耳,解除倒链,进行分段拆除。

6　辊模施工技术优势

6.1　安全

(1)辊模模板为工厂化定制加工,各连接件均为高强度螺栓连接,连接质量好,模板整体性好、稳定性高。模板制作完成后,在厂家浇筑试验墩,模拟现场施工,安全有保证。

(2)模架一次安装就位并在墩柱四周形成闭合体系一直施工至墩顶,外框架操作平台与装修平台全部闭合连接,液压系统采用自锁式提升系统,减少了高空安装和拆除模板作业;整个滑模装置荷载由提升架、支承杆等传至已浇筑墩身混凝土,安全稳固,施工安全性相对常规施工工艺较高。在模板安装与拆除过程及钢筋安装过程中,不会出现群死群伤现象,安全风险低。

(3)蜂子湾特大桥 12 号、13 号、14 号墩辊模高墩施工人员上下均采用施工电梯,墩身设附墙件固定，辊模操作平台设突起段可与电梯出入口无缝对接，很好地解决了高墩施工人员上下的安全问题。

6.2 优质

采用树脂板内衬模与外框架分离，外框架自动滑升，树脂板人工翻升，树脂板与混凝土表面相对静止，避免了模板与混凝土面直接摩擦损伤，相对滑模施工外观质量更能够得到保证。

6.3 高效

高墩辊模施工简化了立模、拆模等工序，能使混凝土连续作业，加快了施工进度，可缩短工期。以蜂子湾特大桥12号墩左幅墩柱辊模施工进行工效分析，左幅12号墩墩高118.21 m，施工开始时间2015年3月6日，结束时间2015年8月10日，总工期157天。施工工效按以下3种形式分析：

(1)实际综合工效：扣除停工时间的工效，如表1所示；

(2)有效施工工效：扣除停工时间和下雨、停电等不可抗因素影响时间的工效，如表2所示；

(3)墩身标准段施工工效(标准段工效)：扣除停工时间、不可抗因素影响时间和辊模系统加工安装、倒角段、横隔板、横系梁、墩顶施工时间的工效，如表3所示。

表1　实际综合工效

墩　号	墩高/m	总工期/d	停工/d	实际工期/d	实际综合工效/(m·d^{-1})
12号	118.21	157	15	142	0.83

表2　有效施工工效

墩　号	墩高/m	总工期/d	停工/d	不可抗因素/d	实际工期/d	有效施工工效/(m·d^{-1})
12号	118.21	157	15	24	118	1.00

表3　墩身标准段施工工效

施工高度/m	总工期/d	停工/d	不可抗因素/d	辊模加工安装、倒角、隔板、横系梁和墩顶施工/d	实际工期/d	标准段工效/(m·d^{-1})
81.81	157	15	24	71	47	1.74

注：辊模架体安装10天，横隔板(含倒角)每个施工5天，上下倒角位置施工10天，横系梁(含上下倒角)每个施工12天，封顶施工5天，共计71天。

7　结　语

辊模施工新技术既克服了常规翻模施工进度慢、滑模施工混凝土外观质量差的缺点，又保留且能够持续改进和提高常规翻模施工混凝土外观质量好的优点，同时又能够发挥滑模施工进度快的优点。因此,辊模施工对山区、深山区、海上作业等大跨高墩施工具有较大的优势,有较为广阔的应用前景。

参考文献

[1] 范立础.桥梁工程[M].北京:人民交通出版社,2003.

[2] 中华人民共和国行业标准.公路桥涵施工技术规范(JTG/T F50—2011)[S].北京:人民交通出版社,2011.

[3] 中华人民共和国国家标准.滑动模板工程技术规范(GB 50113—2005)[S].北京:中国计划出版社,2011.

[4] 崔昌洪,曲宏福,韦健江,等.桥梁高墩新型模板-辊模施工技术研究[J].公路,2016(8):82-85.

浅谈蜂子湾特大桥连续刚构三角形挂篮设计与施工

李　东

（中交一公局第五工程有限公司　北京　100024）

摘　要　随着桥梁设计、施工技术和预应力混凝土技术的飞速发展，悬臂施工工艺越来越成熟。三角形挂篮作为悬臂施工最主要的施工设备，在桥梁建设中发挥着越来越重要的作用。通过对重庆万州至湖北利川高速公路（重庆段）WL08 合同段蜂子湾特大桥连续刚构三角形挂篮进行结构设计和承载力校核，并付诸施工，为同类工程提供借鉴。

关键词　连续刚构桥　挂篮　设计与施工

1　引　言

山区地形起伏较大，峡谷地形较为多见，高速公路桥梁通常设计为连续刚构桥结构。在重庆山区，一般连续刚构桥梁段高度、长度均较大，其跨度、承载能力也较大。挂篮作为连续刚构桥上部结构施工的承重结构，其经济性、安全性直接制约后续施工的顺利推进。目前，我国已建及在建的桥梁也发生过一些桥梁挂篮掉落等事故。为避免此类事故发生，预应力混凝土连续刚构桥挂篮悬臂施工必须严格按照规范要求，进行相应的挂篮设计验算、预压，并制订相应施工方案，确保桥梁施工安全。

2　工程概况

蜂子湾特大桥中心桩号为 K48 + 470，起止点桩号：K47 + 940.5 ~ K49 + 001。桥梁布置为：11 × 40 m 预应力混凝土先简支后连续 T 梁 +（65 + 2 × 120 + 65）m 预应力混凝土连续刚构 + 6 × 40 m 预应力混凝土先简支后连续 T 梁，桥梁全长 1 060.5 m。主桥布置为 65 m + 2 × 120 m + 65 m 连续刚构桥，上下行分幅布置，单幅为单箱单室箱梁结构（图 1）。

蜂子湾特大桥连续刚构单幅共 93 个梁段，其中位于主墩顶的 0 号梁段 3 个，悬浇段 84 个，边跨现浇段 2 个，边跨合龙段 2 个，中跨合龙段 2 个。中、边跨 1 ~ 14 号梁段为悬浇段，其中，1 ~ 7 号梁段梁长 3.5 m，8 ~ 14 号梁段梁长 4.0 m。

悬浇阶段最大质量为 1 号块梁段，混凝土总方量为 64.4 m^3，质量为 167.44 t；边、中跨合龙段长度均为 2 m，边跨现浇长度为 3.76 m；箱梁顶宽 12 m，底宽 6.5 m，顶面设 2% 横坡，箱底横向水平。

全桥悬浇梁段工程数量如表 1 所示。

作者简介：李东（1991—），男，本科，助理工程师。

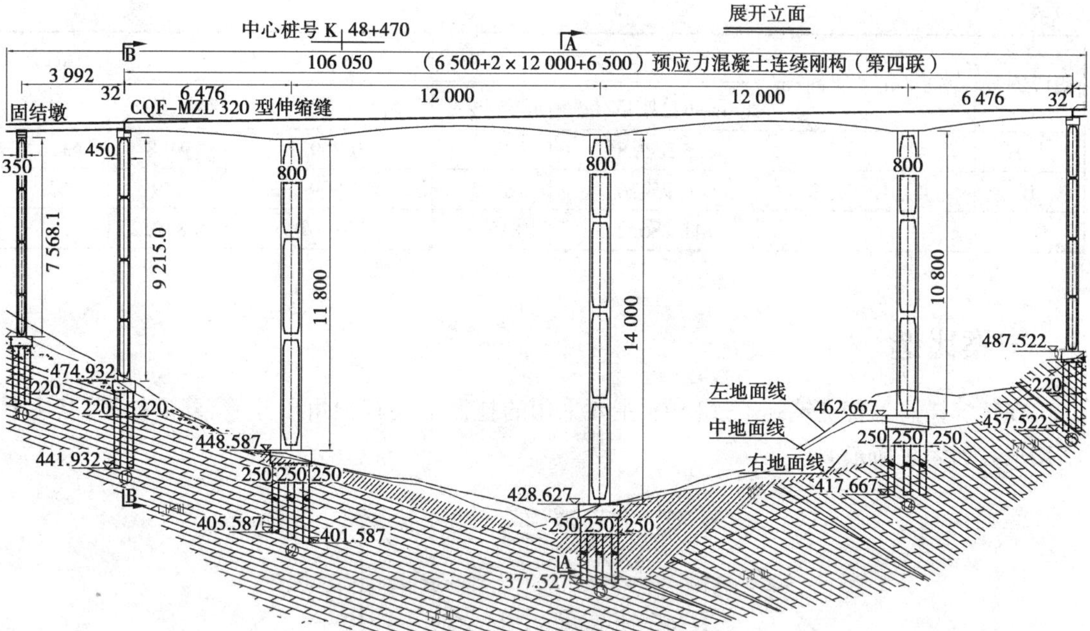

图 1　蜂子湾特大桥主桥立面图(单位:cm)

表 1　全桥悬浇梁段工程数量统计

梁段编号	梁长/m	梁高/m	单幅单侧		全　桥		单段质量/t
			钢筋总质量/kg	混凝土/m³	钢筋总质量/kg	混凝土/m³	
1	3.5	6.992	10 723.8	64.4	128 685.6	772.8	167.44
2	3.5	6.526	9 488.5	61.2	113 862	734.4	159.12
3	3.5	6.086	9 217.9	58.1	110 614.8	697.2	151.06
4	3.5	5.672	8 974.2	55.2	107 690.4	662.4	143.52
5	3.5	5.284	8 740.8	52.6	104 889.6	631.2	136.76
6	3.5	4.924	8 517.4	50.1	102 208.8	601.2	130.26
7	3.5	4.592	8 291.4	48.2	99 496.8	578.4	1 262
8	4	4.288	9 212.5	55.6	110 550	667.2	144.56
9	4	3.976	9 004.6	50.7	108 055.2	608.4	131.82
10	4	3.703	8 770	46.5	105 240	558	120.9
11	4	3.47	8 640	46.1	103 680	553.2	119.86
12	4	3.28	8 527.7	41.6	102 332.4	499.2	108.16
13	4	3.135	8 445.4	40.8	101 344.8	489.6	106.08
14	4	3.039	8 375.2	40.4	100 502.4	484.8	105.04
边 H	4	3	4 342.4	20.1	17 369.6	80.4	52.26

续表

梁段编号	梁长/m	梁高/m	单幅单侧		全　桥		单段质量/t
			钢筋总质量/kg	混凝土/m^3	钢筋总质量/kg	混凝土/m^3	
中 H	4	3	5 059.8	23.7	20 239.2	94.8	61.62
B	4	3	6 954.6	64.5	13 909.2	129	167.7
合计	—	—	141 286.2	819.8	1 550 670.8	8 842.2	—

3　方案比选

在传统挂篮悬臂浇筑施工过程中，主要采用的挂篮形式有三角形挂篮、菱形挂篮，其主要结构形式如图 2 所示。

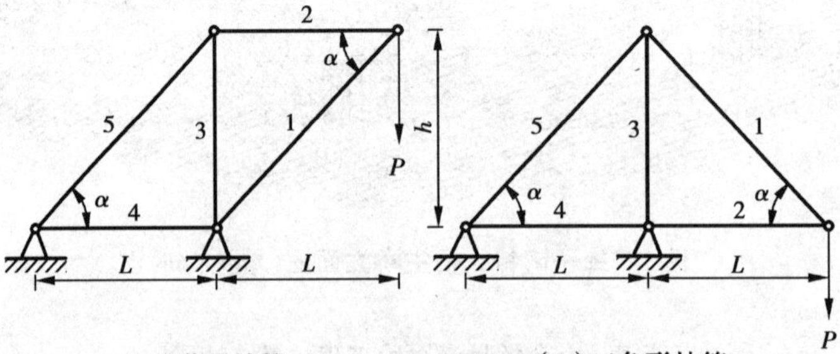

（a）菱形挂篮　　（b）三角形挂篮

图 2　挂篮结构示意图

从外形上看，两种形式挂篮均由两个直角三角形组成，差别在于菱形是三角形的两条直角边一条在上、一条在下，而三角形的两条直角边都在下。

由受力分析可知，菱形变成三角形，杆 1（长）由受压变为受拉，而杆 2（短）由受拉变为受压，杆 4、5 受力相同，主要差别在于中间立柱 3，三角形挂篮立柱的受力是菱形的 2 倍。因此，从受力角度分析，菱形挂篮优于三角形挂篮，但可以在设计过程中通过受力验算及立柱杆件加强等措施补足三角形挂篮受力性能的不足。

从安全角度分析，由于菱形挂篮的吊点比三角形高，上前横梁施工操作高度较大，因此从整个空间结构的稳定性、安全性上看，三角形挂篮优于菱形挂篮。

从经济性与实用性上分析，由于三角形挂篮横向连接比菱形挂篮少，材料较节约，同时三角形挂篮加工工艺要求低，加工、安装方便，对型钢的破坏较少，挂篮施工完成后钢材回收利用价值高。

因此，经过综合分析，蜂子湾特大桥连续刚构悬臂浇筑施工采用三角形挂篮。

4　挂篮设计

采用三角形挂篮进行悬臂浇筑，挂篮由主桁系统、悬吊行走系统和模板系统 3 部分组成，如图 3、图 4 所示。前上横梁由 2 根I40a 工字钢组焊而成，后上横梁采用 2 根I25a 工字钢组焊而成，主桁架系的三角形桁架由 2 根[32a 槽钢及 2 根[25a 槽钢组成，立柱采用 2 根[32a 槽钢组焊而成,斜拉带为 2 根I 25a 工字钢,两侧桁架之间的桁架式中上横梁为 2 根[20 槽钢,钢销为 ϕ100 mm×400 mm 钢棒,主要受力连接主要采用焊接或者销接。后锚系统由 4 根I 25a 工字钢及 6 根ϕ32 mm精轧螺纹钢筋组成,轨道为 2 根I 32b 工钢,轨道压梁为 2 根I 20a 工字钢。内侧外导梁采用I 40a 工字钢加工,外侧外导梁采用 2 根I 25a 工字钢钢加工。底篮前横梁采用2 根I 32b工字钢组成,底篮后横梁采用双组合桁架,底篮纵梁采用 I 25a 工字钢组成。

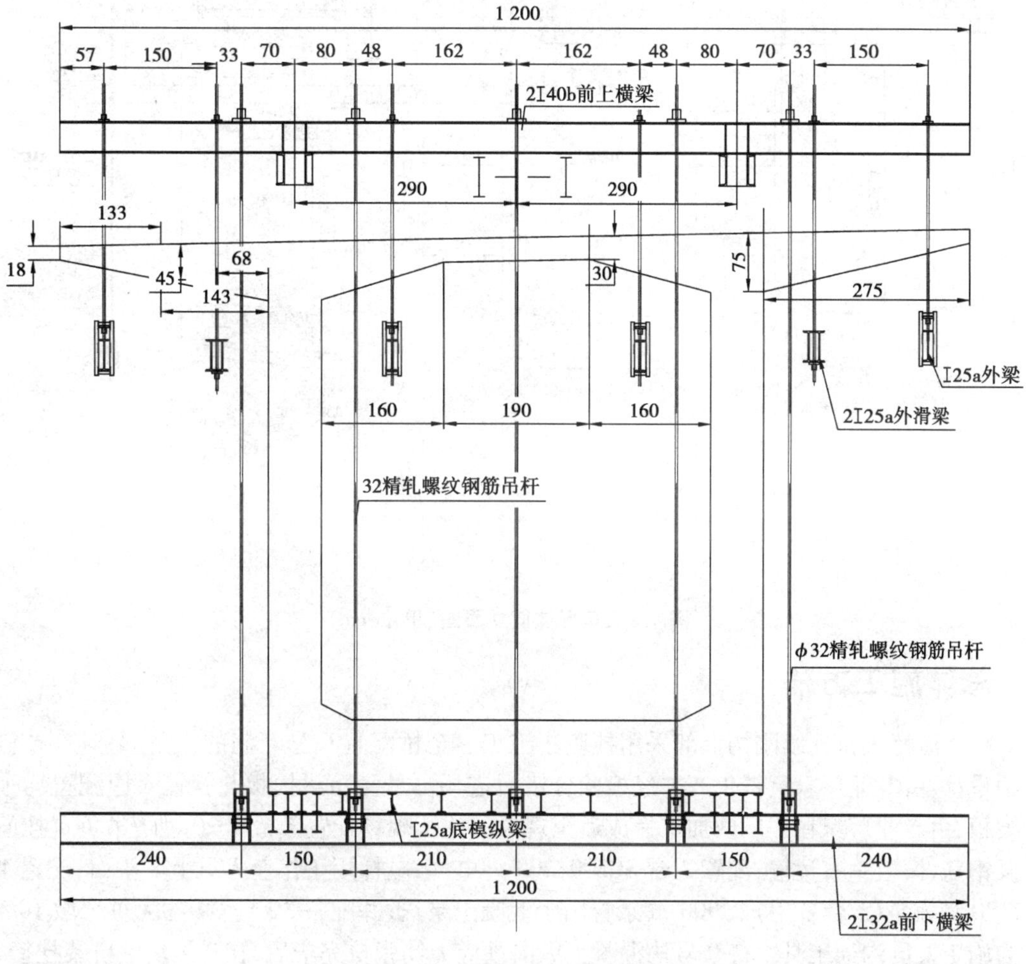

图 3　三角形挂篮断面图(单位:cm)

3.5 m 长的节段最大悬浇质量为 1 号块,混凝土方量为 64.4 m^3,质量约 167.44 t;4 m 长的节段最大悬浇质量为 8 号块,混凝土方量为 55.6 m^3,质量约 144.56 t。分别以 1 号和 8 号为计算对象对挂篮进行设计验算,计算中对传力途径的假定为:箱梁混凝土自重、其他荷载→模板→底模支架→悬吊系统→挂篮主桁架→后锚支点、中支点。

挂篮计算采用容许应力法进行计算。经验算,挂篮整体及各部件强度及稳定性满足设计规范要求。

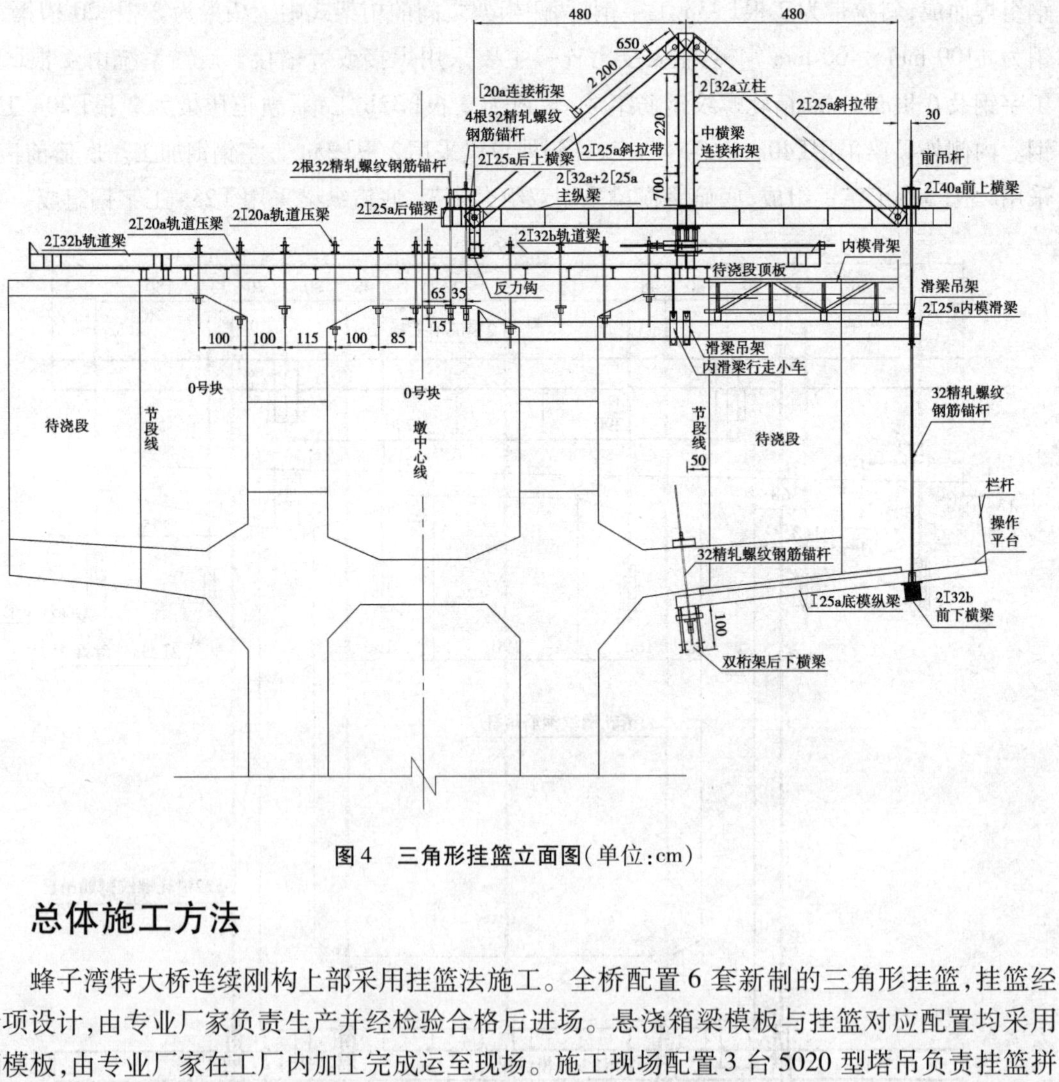

图4 三角形挂篮立面图(单位:cm)

5 总体施工方法

蜂子湾特大桥连续刚构上部采用挂篮法施工。全桥配置6套新制的三角形挂篮,挂篮经专项设计,由专业厂家负责生产并经检验合格后进场。悬浇箱梁模板与挂篮对应配置均采用钢模板,由专业厂家在工厂内加工完成运至现场。施工现场配置3台5020型塔吊负责挂篮拼装及钢筋、模板垂直运输;配置3台SC200/200型电梯,电梯用于作业人员上下桥面;配置4台HBT80型拖泵(1台备用)及900 m泵管用于混凝土泵送,并配备30台对讲机(每个墩10台)作为施工人员沟通工具。待0号块混凝土纵向预应力筋张拉完毕后,在0号块上拼装挂篮,逐孔对称悬浇施工刚构箱梁悬臂各段。挂篮悬臂浇筑施工流程如图5所示。挂篮必须进行预压,以消除非弹性变形,预压重量不少于恒载(箱梁恒载+施工荷载)的1.2倍。

6 挂篮预压

挂篮荷载试验采用三角反力架法,预先在腹板上安装三角反力架,伸至底篮前横梁上(图6、图7)。三角形是最简单、稳固的结构,所以反力架的形式通常为三角形。在底篮前横梁与反力架之间放置千斤顶,逐级加载千斤顶,通过三角反力架在挂篮前横梁对挂篮施加荷载,作用力通过前吊杆传递到主桁前横梁上,达到挂篮受力效果;通过在指定的位置设置变形观察测点(图8),在挂篮预压过程中实测出挂篮的弹性变形和非弹性变形,并推定弹性变形规律回归方程。

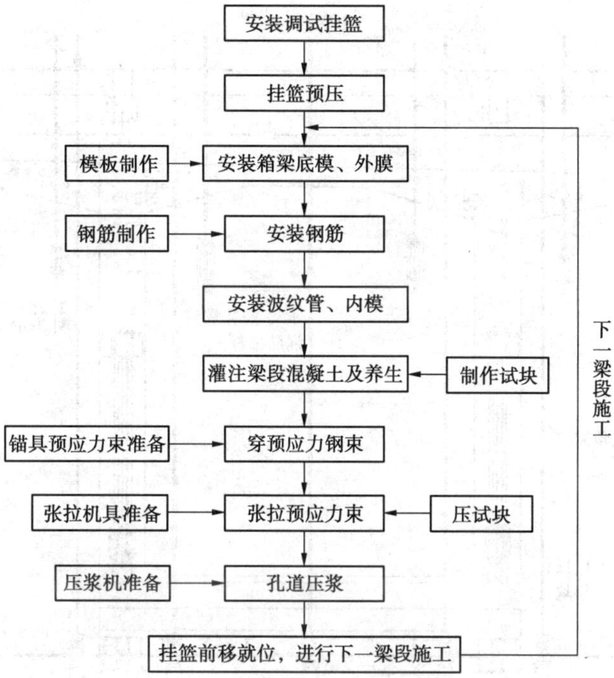

图5　挂篮施工工艺流程图

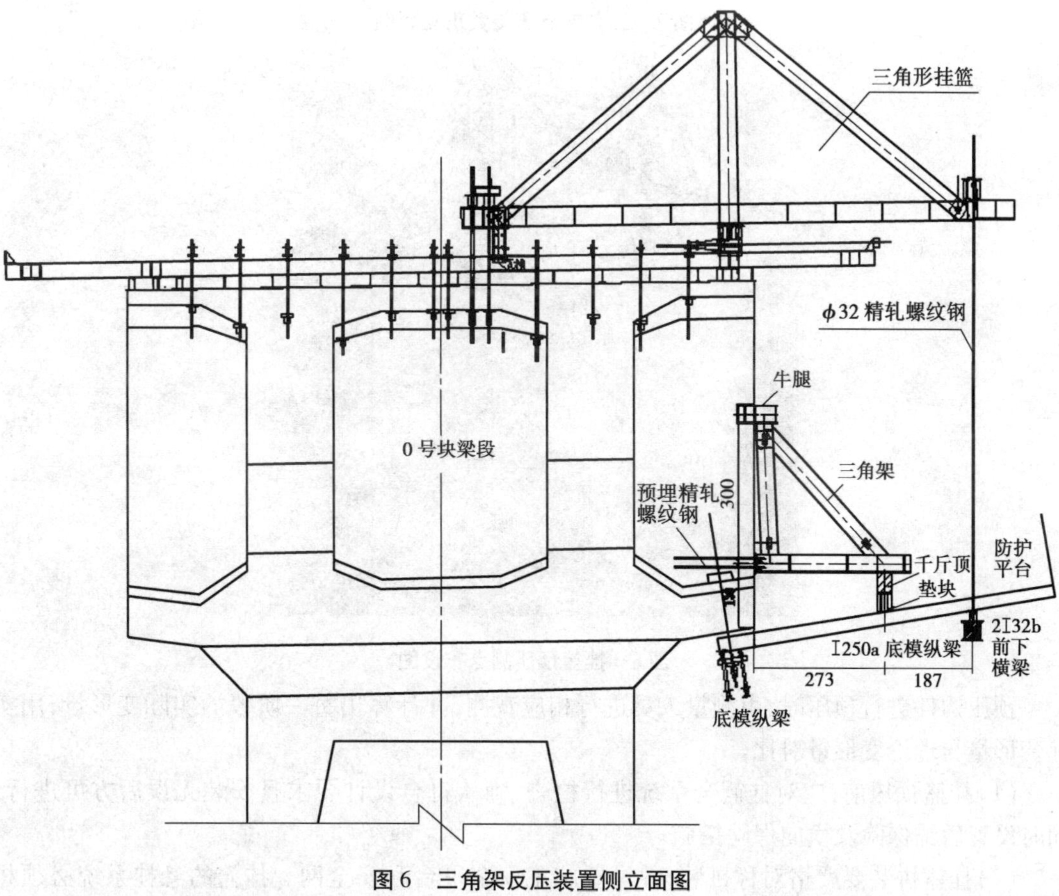

图6　三角架反压装置侧立面图

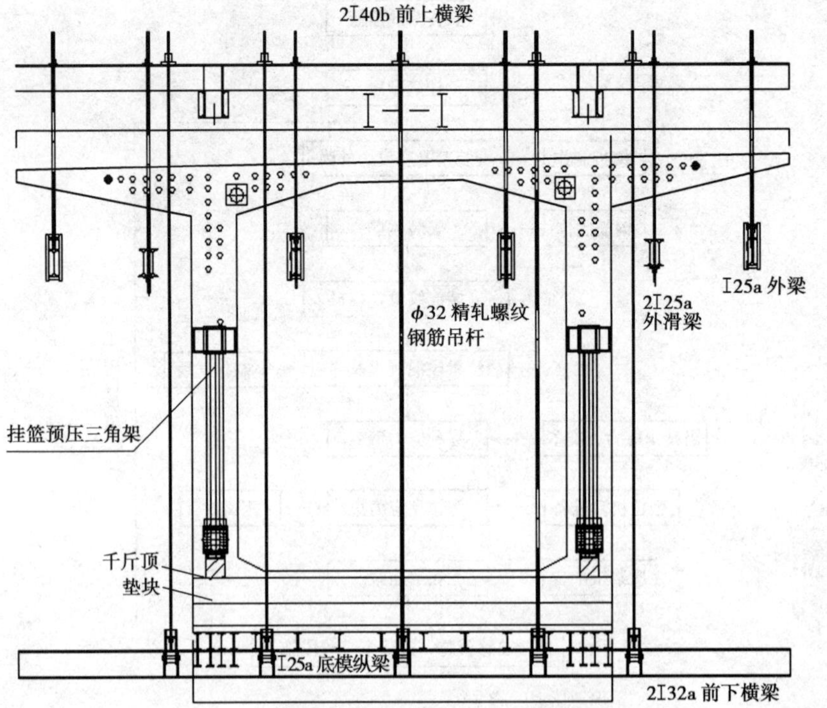

图 7　三角架反压装置正立面图

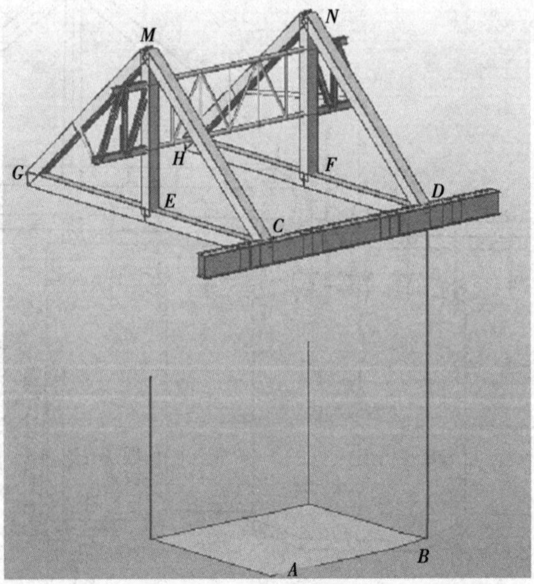

图 8　挂篮预压测点布设图

预压构件进行预压时，由测量人员进行相应观测，并计算出每一阶段的实际变形量，用实际变形量与理论变形量对比。

(1)挂篮预压前，应对挂篮全系统进行检查，确认符合设计要求且安装无误后方可进行，同时设置后锚保险及横向保险措施。

(2)挂篮拼装要严格对称拼装，并设置施工安全平台和安全网。挂篮的悬挂系统必须相互固结,以防止千斤顶坠落,同时所有临时锚固点必须紧固且受力均匀。

(3)加载过程要统一组织、统一指挥,每级加载后需持荷按加载方案进行,观察测量完后才能进入下一级加载。加载速度不能过快,要平稳加载。

(4)每个节段施工时,挂篮前段的竖向调整值按照预压取得的挠度-荷载关系式计算得出,1 号块调整取计算所得值的 2/3 进行,避免挂篮部分弹性变形。

通过对 13 号墩挂篮预压实测数据进行分析,挂篮主桁前端下沉量为 10 mm,与理论计算值 8.6 mm 接近。万州端卸载后,底篮实测高程比加载前低 24 mm,以此作为挂篮的非弹性变形量;挂篮在 120% 荷载情况下比预压前低 33 mm,扣除非弹性变形 24 mm,由此可推算出挂篮的弹性变形量为:33 - 24 = 9 mm。利川端卸载后,底篮实测高程比加载前低 38 mm,以此作为挂篮的非弹性变形量;挂篮在 120% 荷载情况下比预压前低 49 mm,扣除非弹性变形 38 mm,由此可推算出挂篮的弹性变形量为:49 - 38 = 11 mm。

综上所述,挂篮安全可靠,能够满足悬臂浇筑施工作业要求。

7　挂篮拆除

挂篮完成节段施工后,将挂篮退至 1 号段,两侧采用手拉葫芦降落底篮和侧模,利用塔吊空中解体底篮系统,利用塔吊由上向下逐级拆除。

挂篮拆除时,应先拆除模板,再从悬吊系统开始逐步拆卸,拆除过程必须对称拆除,防止发生不平衡力矩导致的倾覆安全事故。拆除过程中,挂篮下方必须设置作业警戒区,防止无关人员进入,避免挂篮构件坠落伤人。待挂篮拆除完成后,将拆除的杆件分类摆放并进行修整保养,可回收重复其他类似工地使用。

8　挂篮施工常见问题及解决措施

8.1　常见问题

连续刚构桥挂篮施工常见问题如下:

(1)箱梁腹板混凝土振捣不密实,容易产生蜂窝。

(2)挂篮后锚固系统的安全性不高。

(3)悬臂施工两端平衡的问题。

8.2　应对措施

8.2.1　混凝土浇筑

箱梁腹板混凝土振捣不密实容易产生蜂窝,箱梁腹板部位波纹管、钢筋密集,再加上顶板钢筋的干扰,无法使用串筒浇筑,给腹板混凝土的浇筑和振捣带来很大的困难。要保证腹板混凝土的浇筑质量,要特别注意以下几点:

(1)混凝土的工作性。混凝土的坍落度应控制在 180 ~ 200 m,在混凝土和易性满足要求的同时,混凝土的黏聚性、保水性也要满足施工的要求。

(2)可以采用在箱梁内模开设窗口的方法,来降低混凝土的浇筑落差,以防止混凝土落差过大造成离析。同时还可利用该窗口插入振捣棒,以及观察混凝土的振捣情况。

(3)浇筑宜一次完成,浇筑底板时控制好混凝土的坍落度。浇筑完成后,吸去多余水分,使其早凝有强度,便于腹板浇筑。在不影响混凝土强度的情况下,腹板可采用小石子混凝土泵送，但要控制浇筑量，做到边浇筑边振捣。振捣采用附着式振动器加振捣棒配合，在钢筋密集部位可用小直径振捣棒配合振捣，保证腹板混凝土密实。

(4)加强对混凝土工和振捣操作人员的培训。腹板混凝土分层厚度宜控制在 30 cm 左右，分层间隔时间应控制在下一层混凝土初凝前。振捣棒要插入下一层混凝土 5 ~ 10 cm。混凝土布料要均匀，避免出现泵送混凝土集中到局部后再用振捣棒推赶混凝土的做法。浇筑混凝土时，派专人观察模板，防止跑模和漏浆，并用橡胶锤敲击模板，根据声音来判定模板内混凝土的密实情况。

8.2.2 挂篮后锚固系统的安全性

挂篮后锚一般都是利用竖向精轧螺纹粗钢筋。每根精轧螺纹粗钢筋按抗拉力 500 kN 计算，根据挂篮情况决定后锚固精轧螺纹粗钢筋的根数，还须在后锚处加设保险钢丝绳。后锚固精轧螺纹粗钢筋宜用防电焊材料裹住，防止电焊火花溅伤人。

8.2.3 悬臂施工两端平衡问题

(1)悬臂两端混凝土应对称浇筑，两端浇筑混凝土方量差应小于设计要求。浇筑顺序：纵横方向均为从端部向中间浇筑，分别依次浇筑底板、腹板、顶板。

(2)悬臂两端张拉顺序应对称。

(3)临时施工荷载及作用点也应对称。

9 结 语

山区高速公路预应力混凝土连续刚构桥挂篮悬臂浇筑施工，因为其墩身高度较高，截面尺寸较大，安全风险较高，应尽量选择受力结构明确、施工简单、安全系数较高的三角形挂篮。在施工中，要采用有效的措施，防止挂篮施工出现整体失稳、线形偏差较大等安全、质量问题，合理地利用现场资源。针对悬臂浇筑挂篮进行专项设计，制订相应的施工方案，将施工设计趋向于合理化、安全化。

参考文献

[1] 中华人民共和国行业标准. 公路桥涵施工技术规范(JTG/T F50—2011)[S]. 北京：人民交通出版社，2011.

[2] 中华人民共和国行业标准. 公路桥涵设计通用规范(JTG D60—2015)[S]. 北京：人民交通出版社，2015.

[3] 江正荣. 建筑施工计算手册[M]. 2 版. 北京：中国建筑工业出版社，2007.

[4] 周水兴，何兆益，邹毅松，等. 路桥施工计算手册[M]. 北京：人民交通出版社，2001.

蜂子湾特大桥连续刚构中跨合龙施工技术

赵　新

（中交一公局第五工程有限公司　北京　100024）

摘　要　合龙段施工是预应力混凝土连续梁桥施工的重要环节，关系到全桥的受力和线形。本文以蜂子湾特大桥主桥中跨合龙段施工为工程背景，探讨了预应力混凝土连续梁桥合龙施工的时间选择、合龙方案的选择、合龙顺序以及施工配重等方面的内容，可为类似工程施工提供借鉴。

关键词　连续刚构桥　中跨合龙　施工技术

1　引　言

随着我国高速公路建设的快速发展，桥梁建设迅猛发展，大跨度桥梁不断涌现，预应力混凝土连续刚构桥具有变形小、结构刚度好、行车平顺舒适、伸缩缝少、抗震性能好等优点。合龙段施工作为预应力混凝土连续梁桥施工的最为重要环节之一，是确保桥梁建成后，在受力状态和梁体线形均满足设计要求的关键。因此，合龙段施工技术越来越受到重视。本文以蜂子湾特大桥主桥合龙段施工为工程背景，研究了合龙段施工工艺、施工控制要点以及达到的效果。

2　工程概况

蜂子湾特大桥桥梁跨径组成为：11 × 40 m 预应力混凝土先简支后连续 T 梁 + (65 + 2 × 120 + 65) m 预应力混凝土连续刚构 + 6 × 40 m 预应力混凝土先简支后连续 T 梁，桥梁全长 1 060.5 m。主桥为 65 m + 2 × 120 m + 65 m 连续刚构桥，分为左右两幅，单幅为单箱单室箱梁结构(图 1)。

蜂子湾特大桥连续刚构共有 4 个中跨合龙段，合龙段高 3 m，长 2 m，顶板厚度为 30 cm，腹板厚度为 50 cm，底板厚度为 32 cm。在中跨合龙段中间设置有一道横隔板，板厚 65 cm，高60 cm。

作者简介：赵新(1985—)，男，本科，助理工程师。

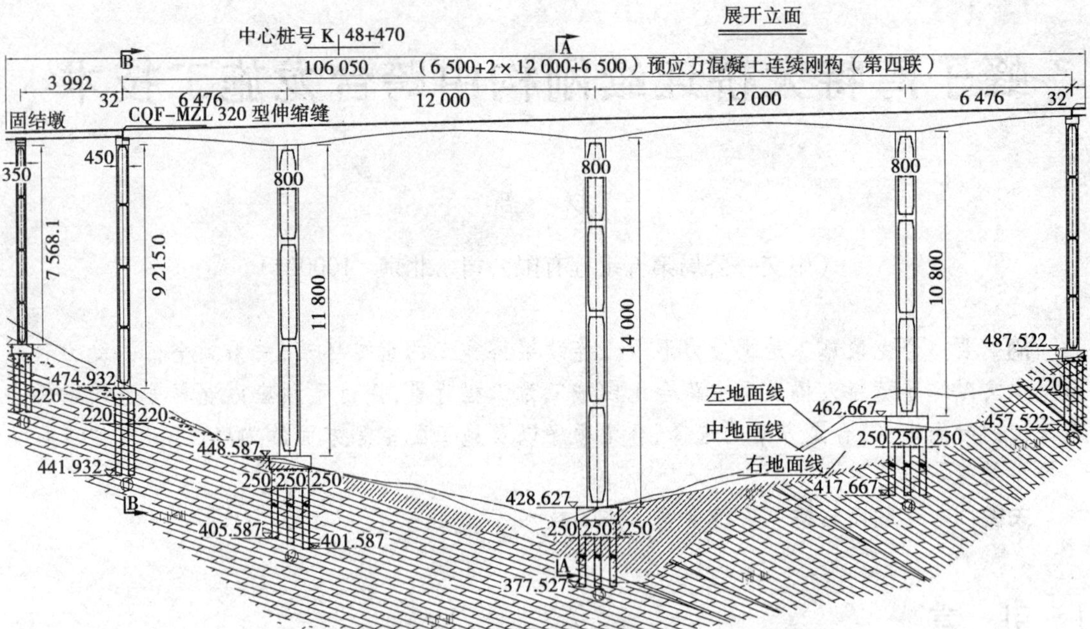

图 1　蜂子湾特大桥主桥立面图(单位:cm)

3　合龙段施工

3.1　合龙施工时间选择

合龙段混凝土宜在一天中气温较低、温度变化幅度较小的时间段进行浇筑，一般在凌晨进行，使混凝土在强度增长时刚好处于气温回升时为宜。

3.2　合龙方案

蜂子湾连续刚构桥中跨合龙段长度为 2 m，采用挂篮施工，即把吊架悬挂在已浇筑成型的两个箱梁的端头进行施工。合龙段两端采用水箱盛水进行配重，配重后对合龙段标高进行观测，合龙段高差误差应控制在 1.5 cm 内，然后在第三方监控给出的合龙温度 19～21 ℃范围内锁定中跨合龙劲性骨架，安装钢筋及预应力管道，在一天中最低温度时浇筑混凝土，并同步对配重水箱排水卸载，保持荷载恒定。待混凝土达到设计强度后，张拉中跨合龙段预应力钢束，压浆及封锚。

3.3　合龙顺序

蜂子湾连续刚构桥合龙采用先边跨后中跨的顺序进行合龙，即全桥悬臂浇筑与边跨现浇段施工完成后首先将边跨进行合龙，最后两个中跨进行同步合龙。

中跨合龙段施工顺序为：边跨合龙段完成→中跨合龙段吊架安装→加配重水箱→劲性骨架锁定→钢筋安装→预应力管道安装→选择当天最低温度时间浇筑混凝土→逐级卸载水箱配重→混凝土养护→合龙段预应力张拉、压浆→拆除合龙吊架。

3.4　合龙段施工要点

3.4.1　中跨合龙段施工平台安装

（1）中跨合龙段小桩号侧挂篮后退拆除（图2）。

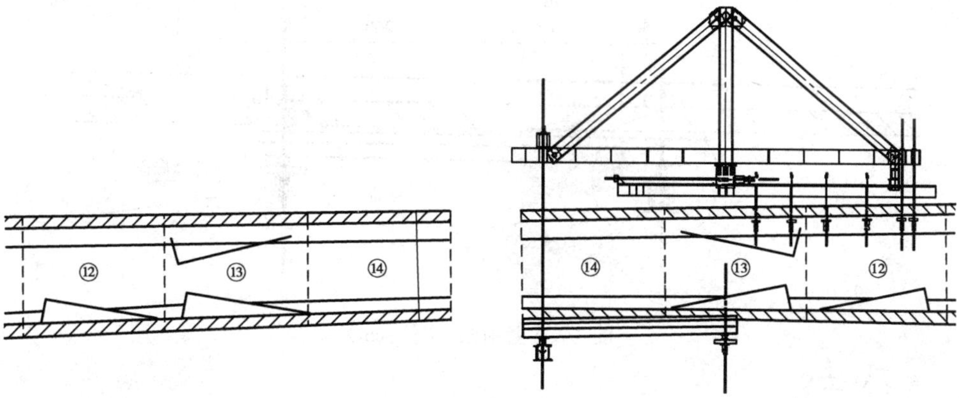

图2　拆除小桩号侧挂篮

（2）将挂篮上前横梁及下前横梁两侧接长50 cm，并在上前横梁、下前横梁两侧安装ϕ32精轧螺纹钢筋吊杆，拆除锚固于下前横梁、下后横梁上中间的5根吊杆，使挂篮底篮通过箱梁外侧4根吊杆锚固于主桁架（图3）。

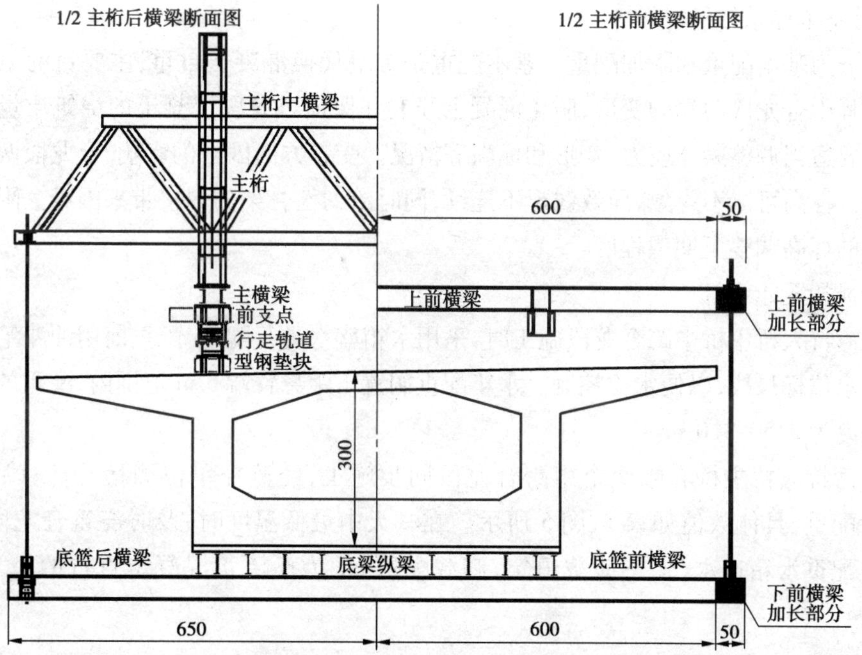

图3　挂篮横梁安装（单位：cm）

（3）将挂篮向前行走2 m，使挂篮底篮前横梁位于距箱梁端头50 cm的箱梁底板及翼缘板预埋孔时，使用ϕ32精轧螺纹钢吊杆穿过箱梁底板、翼缘板的预留孔对挂篮底篮进行锚固，同时将合龙段大桩号侧挂篮底篮同样用ϕ32精轧螺纹钢筋吊杆穿过距离梁端2.6 m的箱梁底板、翼缘板预留孔对挂篮底篮进行锚固，再将翼缘板两侧的吊杆拆除。

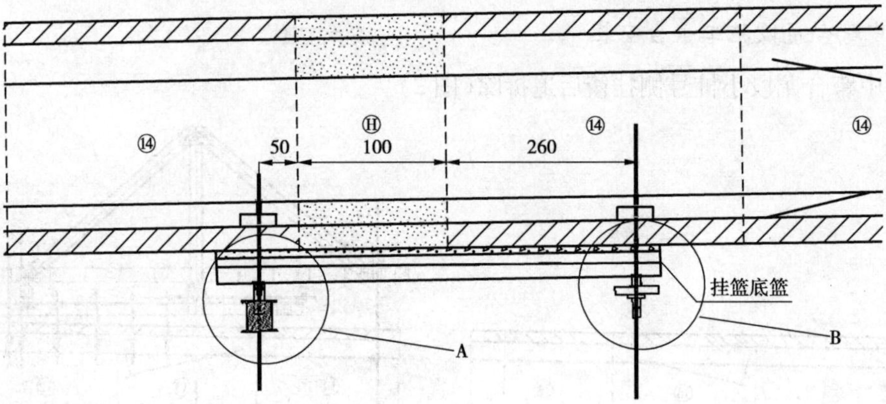

图4　底篮锚固(单位:cm)

3.4.2　配重施工

1)配重的作用

连续刚构桥在进行合龙段施工时，随着混凝土方量的增加，桥梁体系的受力状态不断发生改变。这对混凝土的浇筑质量和桥梁线形均会产生不利影响。因此，为降低浇筑合龙段时带来的不利影响，增加施工中的可控性，在施工前应先施加配重，随着混凝土浇筑的进行卸载配重，以维持整个体系的稳定。

配重分为基本配重和附加配重。基本配重是等量代换混凝土自重，主要目的是控制混凝土浇筑过程中合龙段两端的变形，防止混凝土开裂并保证合龙段混凝土的浇筑质量。附加配重用于需要适当调整梁体应力、变形和标高等情况。受各方面因素的影响，合龙段两端的标高与理论设计标高可能不一致，导致线形不连续，同时给劲性骨架的焊接带来困难。附加配重可将悬臂端的标高调整至期望程度。

2)合龙段配重设计

蜂子湾特大桥主桥中跨合龙段施工时，采用水箱盛水进行配重，配重前用油漆笔在水箱内侧壁画出水位标尺线，以便水位控制。水箱配重搁置于距悬臂端5 m范围内，配重的重心距悬臂端的距离为2.5～3.0 m。

蜂子湾特大桥主桥右幅两个中跨合龙段同步施工，经监控单位测量及计算后，给出中跨合龙段配重，具体数值如表1、图5所示。在一天中最低温度时，及时浇筑合龙段混凝土，并同步对配重水箱排水，保持荷载恒定，卸载配重 $P1$ 为已浇筑混凝土自重的一半，如图6所示。

表 1　蜂子湾特大桥右幅中跨合龙段配重

配重位置		配重/kN	现浇时拆除配重/kN	备　注
P12	万州端	0	0	水箱配重含前期配重
	利川端	250	250	
P13	万州端	400	250	
	利川端	400	250	
P14	万州端	250	250	
	利川端	0	0	

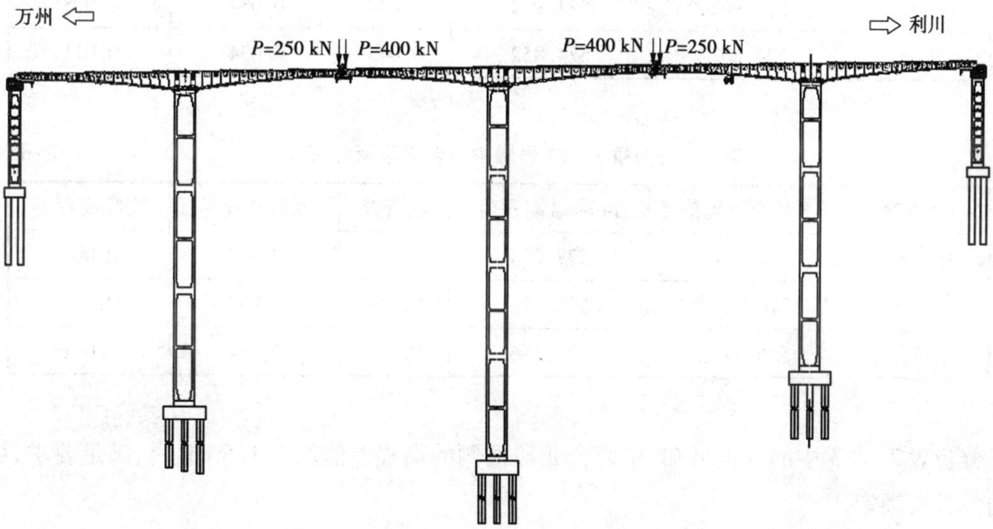

图 5　蜂子湾特大桥右线配重示意图

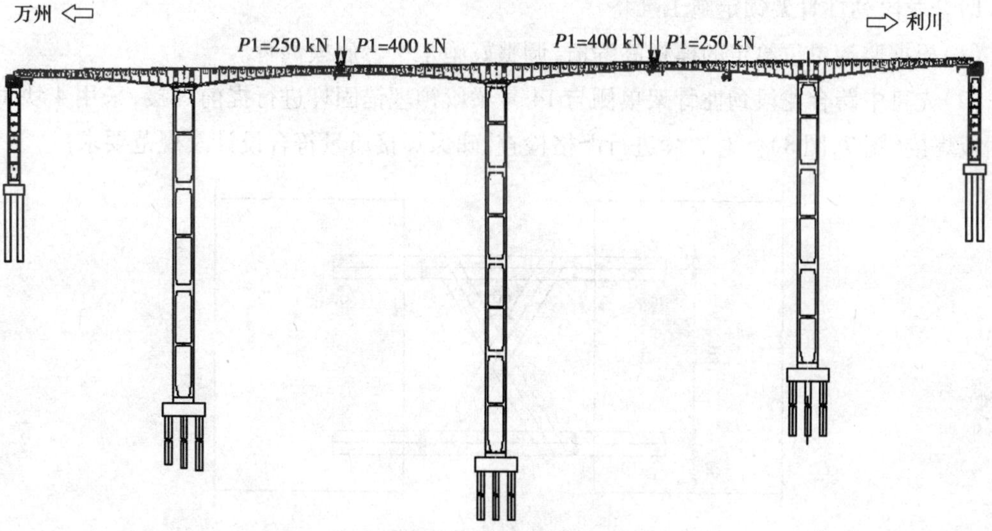

图 6　蜂子湾特大桥右线配重卸载示意图

3)中跨合龙口观测

配重完成后,对合龙段标高进行观测。数据采集前,对全桥所有杂物进行清理,包括箱梁顶板及箱室内的杂物,部分机具可堆放于0号块节段,观测过程中保证桥上荷载不发生较大变化。合龙段高差误差应控制在1.5 cm内,否则必须按监控单位的要求对配重进行调整。该合龙段理论高差为3.4 cm(P13墩万州端侧高,P14墩万州端侧高),现场实测数据如表2、表3所示。

表2 右幅桥12、13号墩中跨合龙段两侧高程差 单位:m

测点位置	12号墩高程值	13号墩高程值	高程差	纵坡高程差	实际高程差
内侧1 m	575.001	575.044	0.043	0.034	0.009
中线	574.902	574.944	0.042	0.034	0.008
外侧1 m	574.807	574.852	0.045	0.034	0.011

表3 右幅桥13、14号墩中跨合龙段两侧高程差 单位:m

测点位置	13号墩高程值	14号墩高程值	高程差	纵坡高程差	实际高程差
内侧1m	577.031	577.074	0.043	0.034	0.009
中线	576.932	576.978	0.046	0.034	0.012
外侧1m	576.841	576.886	0.045	0.034	0.011

分析表2、表3中的数据可知,中跨合龙段两侧的高程差值均在1.5 cm内,满足要求,可进行劲性骨架锁定。

3.4.3 中跨合龙段劲性骨架锁定施工

1)合龙段劲性骨架锁定施工准备

(1)根据监控单位给定的模板高程值,调整好施工平台底模高程。

(2)先将中跨合龙段劲性骨架单侧与14号梁段预埋锚固杆进行提前焊接,采用4块1 cm厚钢板焊接(图7、图8)。对焊缝进行严格检查,确保焊接质量符合设计及规范要求。

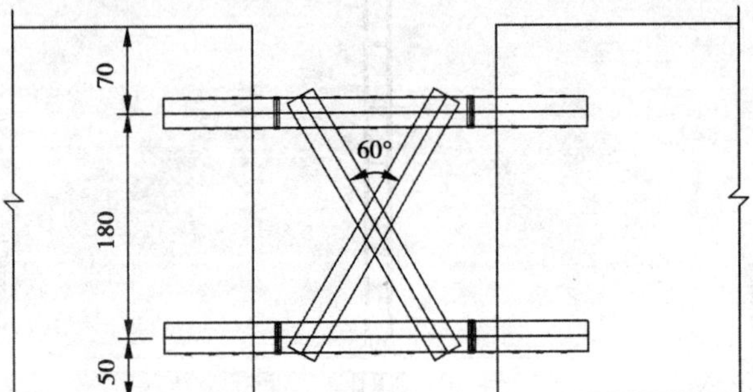

图7 劲性骨架立面布置图(单位:cm)

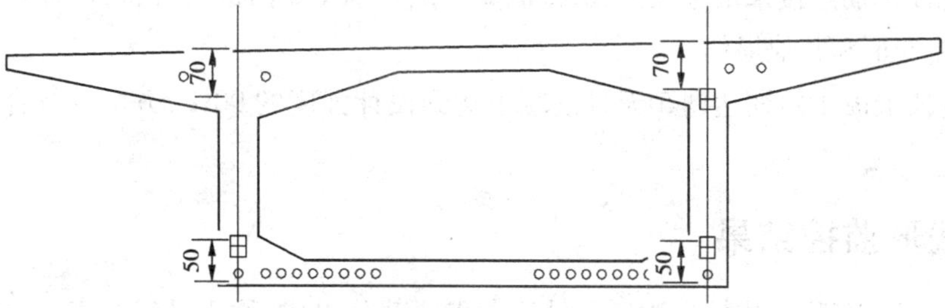

图 8　劲性骨架断面布置图(单位:cm)

(3)人员及机械准备:中跨合龙段准备 4 名经验丰富的专业焊工,5 台焊机及相应机具。准备一台 250 kW 发电机,防止突发停电事故,配备专业电工保证施工供电的连续性。

(4)技术准备:随时关注当地天气预报及变化情况,选择合适的天气条件。当天准备一支激光温度计,监控单位同时对梁体温度进行监控测量。

2)合龙段劲性骨架锁定施工

(1)当梁体温度达到监控指令下达的合龙温度 19 ~ 21 ℃时,进行合龙口劲性骨架锁定施工。

(2)同时开动焊机,专业焊工进行劲性骨架锁定施工,将合龙段劲性骨架与 14 号梁段预埋锚固杆进行快速焊接。

(3)焊接施工时,先对劲性骨架与锚固杆焊缝进行短距离焊接,各焊接点均快速施焊,完成后再进行各条焊缝的完整焊接。

(4)焊接完成后,及时对焊接质量进行检查,完成中跨合龙段劲性骨架的锁定施工。

(5)锁定施工完成后,对合龙口进行 24 h 观测,确保锁定施工达到预期效果。

锁定完成后即进行合龙段钢筋绑扎,模板安装,混凝土浇筑。混凝土浇筑完成后,对混凝土表面土工布覆盖,洒水养生,其余部位带模养生。待混凝土达到设计强度的 90% 且龄期不小于 5 天进行预应力张拉,完成中跨合龙段施工。

4　施工控制措施

(1)为防止浇筑跨中 2 m 合龙段混凝土时,箱梁两悬臂端的错动变形破坏新老混凝土的结合,采取在两悬臂端增加临时配重的措施。在浇筑合龙段混凝土时同步卸载配重,使之达到动态平衡而不产生有害的次内力。

(2)合龙段施工时,除配重外应将施工机具、材料等全部清除或移至 0 号块顶部,保证应力状态与设计相符。

(3)掌握合龙期间的气温预报情况,选择日气温较低、温度变化幅度较小的时间段锁定合龙口和浇筑合龙段混凝土。合龙劲性骨架的焊接锁定要迅速、对称地进行,施焊人员及机具要充足,焊缝长度及质量必须满足要求。

(4)两个中跨同时合龙,两个合龙段配重应综合考虑,增加配重、劲性骨架锁定、混凝土浇筑、卸载配重、预应力张拉等工序在两合龙段均应对称同步进行。

(5)合龙段钢筋连接采用绑扎方式,待混凝土浇筑前 1 h 内进行焊接,确保钢筋不受温度影响产生弯曲变形和其他损伤。

(6)合龙段混凝土龄期达到 5 天且混凝土达到设计强度的 90%,方可进行合龙段预应力张拉。

5 主梁线形监控结果

成桥后主梁的高程由成桥预拱度和设计高程两部分组成,称为基线标高。以蜂子湾特大桥右幅为例,混凝土收缩徐变预拱度的分配按二次抛物线进行,中跨抛物线的峰值为跨中中点处,取值为 16 cm;边跨抛物线峰值位于主梁线形最大悬臂节段的反弯点处,根据线形取 10 号块梁段处(距伸缩缝 21.76 m),取值为 10 cm。具体分配形式如图 9 所示。

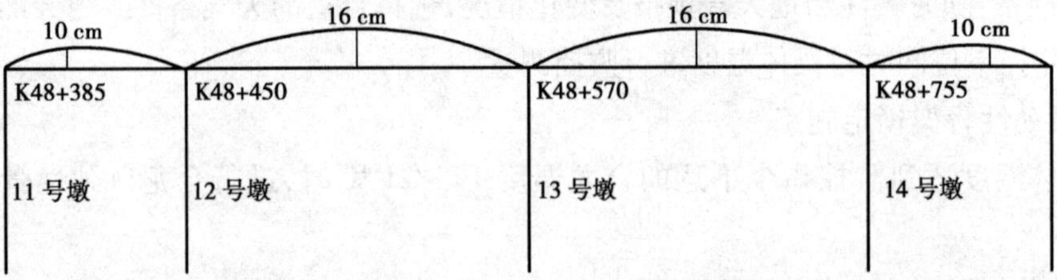

图 9 收缩徐变预拱度值分配

成桥后,经现场实测蜂子湾特大桥右幅箱梁顶高程与计算所得箱梁基线高程进行对比分析,右线箱中心最低处低 28 mm,最高处高 31 mm,平均差值为 1.4 mm。目前,悬臂浇筑的大跨径预应力混凝土连续刚构桥、混凝土连续梁桥误差限值施工监控标准为:成桥后线形(标高) ±50 mm(仅供参考)。由此可以判断,蜂子湾特大桥施工监控系统中主梁线形的监控效果良好。蜂子湾特大桥在线形控制过程中,桥面线形流畅平顺,桥面线形如图 10 所示。

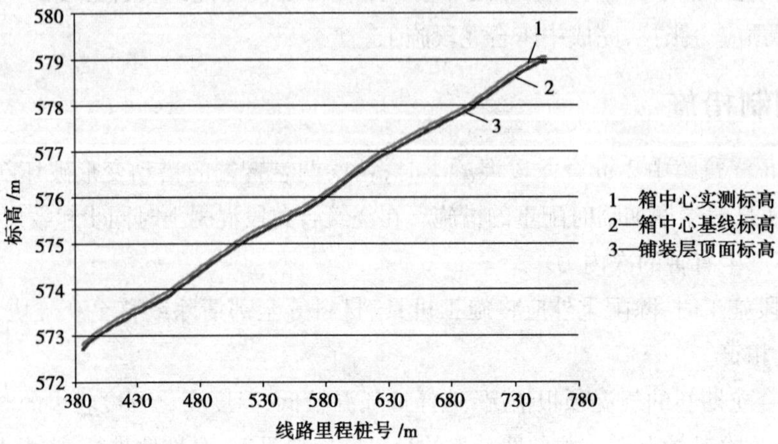

图 10 蜂子湾特大桥右幅主梁线形图

6 结 语

蜂子湾特大桥连续刚构通过采用先边跨后中跨合龙顺序、水箱配重、设置体内劲性骨架等合龙方案，全桥顺利合龙并完成体系转变，最终桥面线形流畅平顺，应力满足设计要求，施工效果较好，可供类似工程参考。

参考文献

[1] 中华人民共和国行业标准. 公路桥涵施工技术规范(JTG/T F50—2011)[S]. 北京：人民交通出版社,2011.

[2] 刘曰飞,许长青,阴晓云. 大跨度连续刚构桥合龙应注意的几个问题[J]. 铁道建筑,2007(1):14-15.

[3] 李艳娜. 连续箱梁合拢段施工技术[J]. 企业科技与发展,2013(9):94-95.

导梁法在蜂子湾特大桥连续刚构桥边跨现浇段中的应用

王学海

（中交一公局第五工程有限公司　北京　100024）

摘　要　连续刚构桥边跨现浇段施工一般采用落地支架法、附着式支架法。落地支架法在高墩应用时危险性大，有一定的局限性；附着式支架法需解决施工时边墩受力的不平衡而在另一侧进行配重，施工难度较高。本文以重庆万利高速公路蜂子湾特大桥连续刚构桥边跨现浇段施工为依托，提出导梁法施工边跨现浇段的方法及要点，以及方案设计和应用的重难点及解决措施，效果良好，为改善高墩大跨桥梁边中跨比提供了一种可行的途径，使刚构桥受力更合理，可供今后类似工程的施工借鉴。

关键词　导梁法　连续刚构　边跨现浇段

1　引　言

近年来，预应力混凝土连续刚构桥在国内外得到广泛应用，其主梁大多采用悬臂浇筑法施工。而边跨现浇段施工一般采用落地支架法或附着式支架法，其施工工艺比较成熟，但对于高墩或地形复杂的施工场地，则其施工工艺具有很大的局限性。根据蜂子湾特大桥特殊的地势条件和墩高情况，通过方案比较，选择导梁法施工较为适宜。该方法不仅结构简单，施工方便，质量及效益方面也均有很好的效果。本文在蜂子湾特大桥边跨现浇导梁法施工方案设计时，对其问题进行分析并提出了应对措施。工程实践证明，该方法可行，并取得了良好的效果，对类似工程具有参考作用。

2　工程概述

蜂子湾特大桥左右幅主桥上部采用65 m + 2 × 120 m + 65 m单箱单室、变高度、变截面连续刚构结构，梁底按二次抛物线变化，左右线分幅布置，单个T构共28个悬浇段。11号、15号墩为过渡墩，左幅墩高分别为91.4 m、91.1 m，右幅墩高分别为92.15 m、85.85 m。过渡墩盖梁分为高低侧，靠近T梁为高侧，盖梁高2.7 m；靠近刚构为低侧，盖梁高2.2 m，高低侧盖梁错开高程50 cm。桥型布置如图1所示。

边跨现浇段位于过渡墩上，梁段长3.76 m；边跨现浇段边缘梁高3 m，顶板厚度为30 ~ 80 cm，腹板厚度为50 ~ 90 cm，底板厚度为32 ~ 80 cm；翼缘板高度从边缘的18 cm变化到根部的85 cm（图2）。

作者简介：王学海（1987—），男，本科，工程师。

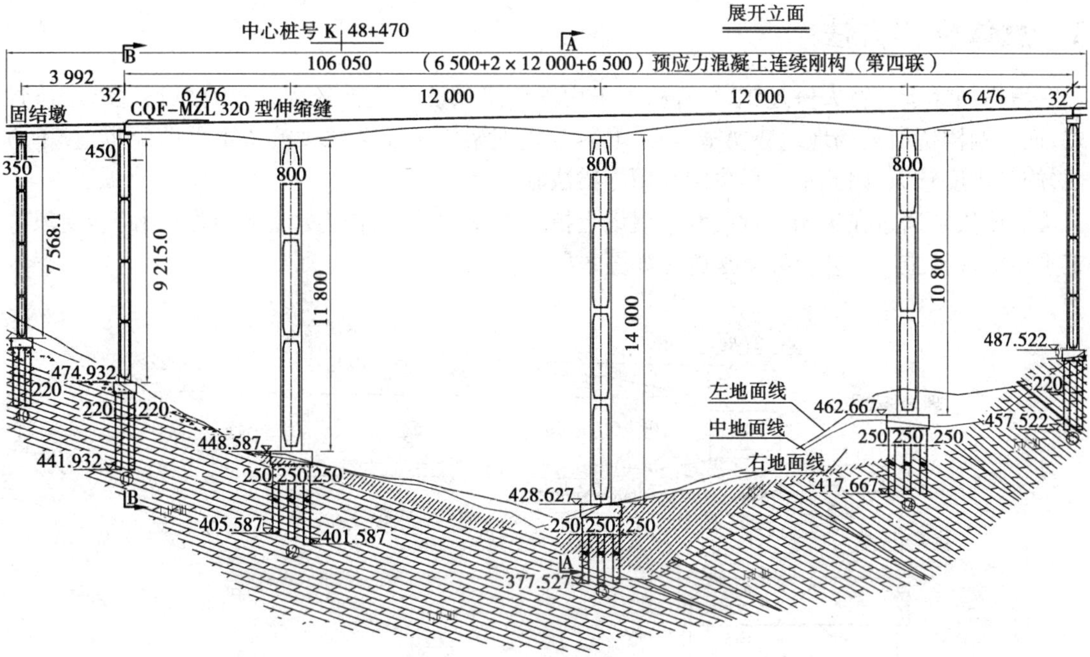

图 1　蜂子湾特大桥连续刚构桥型布置图

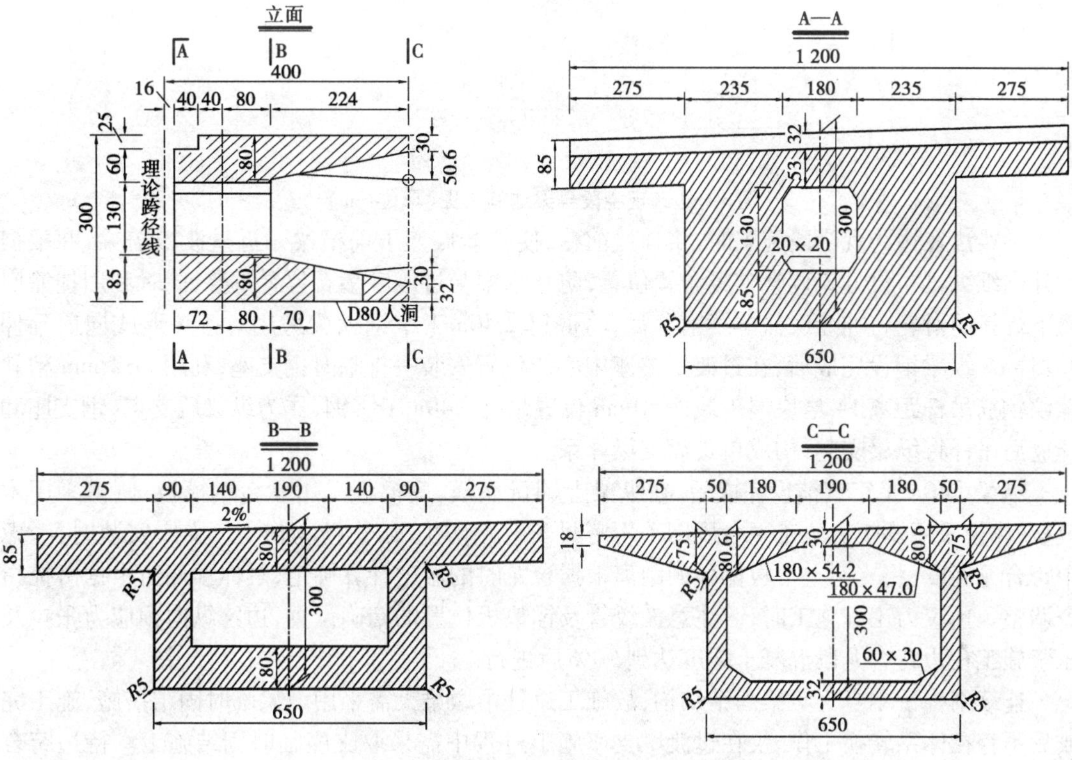

图 2　蜂子湾特大桥边跨现浇段结构设计图(单位:cm)

3 总体施工方法

考虑到蜂子湾特大桥过渡墩较高,若采用落地支架法危险性较大,所用材料较多,经济性差,而且刚构桥所处场地地势狭窄,若采取附着式支架施工需考虑过渡墩不平衡配重,较不方便,施工难度较大,因此本工程决定采用导梁法施工。

导梁法是通过在T构悬臂端和过渡墩上搭设简支梁平台,作为边跨现浇段、边跨合龙段施工平台的一种施工工艺。导梁法施工如图3所示。

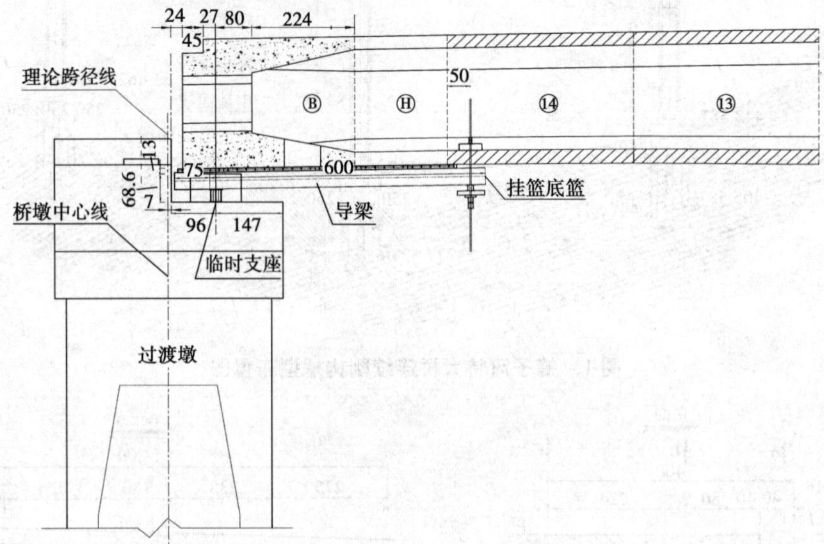

图3 边跨现浇段导梁法施工图(单位:cm)

导梁法在边跨现浇段施工时,将挂篮前移,使挂篮底篮下前横梁贴近过渡墩盖梁,并根据设计图纸纵梁布设方式调整纵梁布置位置,防止纵梁与过渡墩垫石位置重叠,同时利用挂篮底篮下焊接的滑轮将挂篮底篮继续前移后,将底篮 I40a 工字钢纵梁采用对接焊形式向前延伸0.75 m。纵梁铺设完成后,在过渡墩支座中心线位置安装一排临时钢支座,利用 ϕ32 mm 精轧螺纹钢筋吊杆距离14号块端头截面50 cm位置吊挂 I40a 工字钢,作为纵梁后支点,钢支座和挂篮后吊杆将纵梁支起,构成单跨简支梁体系。

纵梁 I40a 工字钢铺设完成后,在纵梁上铺设底模,底模板采用承台钢模板,侧模采用木模板,内模采用木模。施工平台周围采用密封安全网防护,防止坠物伤人。支座安装时,考虑中跨合龙温度,将支座上下板偏移的距离根据合龙时的温度计算确定,具体预偏值根据监控指令调整。预应力工程施工时,需注意波纹管及锚垫板位置的精确设置,边跨纵向预应力张拉及压浆施工在边跨合龙段混凝土强度达到90%后进行。

连续刚构桥本身为墩梁固结结构,故施工过程中墩梁无需采用墩梁临时固结措施,施工完成后不存在体系转换工作,仅在过渡墩支座施工过程中需采取支座临时固结施工。待边跨合龙段混凝土浇筑完成,混凝土强度达到90%后,预应力张拉施工前,拆除临时固定装置,解除过渡墩支座临时锁定。

4　施工重难点

4.1　吊架空间设计

承重纵梁必须具有一定的高度，以提供必要的抗弯能力和控制变形能力，其高度依据荷载集度、跨度、横向布置等因素通过计算确定。目前，现浇段梁体底面与过渡墩顶面之间的高度由永久支座及其垫石高度确定(垫石高度常采用经验值)，往往不足以设置承重纵梁及纵梁支座和底模。因此，要实施本方案的前提是：依据导梁法所需高度复核调整过渡墩盖梁顶面与边跨现浇段梁体底面高度，以满足吊架设置的空间要求。

经复核设计图纸，蜂子湾特大桥 11 号、15 号过渡墩垫石高度为 20 ~ 30 cm，支座高度 11.5 cm，梁底预埋钢板厚 1.5 cm，边跨现浇段梁体底面与过渡墩盖梁顶面之间的高差为 30 ~ 42 cm。边跨现浇段拟采用导梁法施工，吊架结构体系空间高度需 75 ~ 85 cm，原设计空间高度不足。

4.2　变形控制

导梁法施工边跨现浇段混凝土凝固过程中出现的挠度，主要是温度变化引起的。由于导梁一端悬吊于 T 构的 14 号块端头，另一端作用于过渡墩的盖梁上，两端的支承点在温度变化时由于结构不一致将产生不同的变形，导致边跨在混凝土凝固过程中产生相对变形，该相对变形过大会导致梁体开裂。因此，需采取措施控制该变形量。

5　解决方案及实施要点

5.1　变更调整盖梁高度，满足吊架空间

在过渡墩施工前，与设计单位沟通提出变更申请，考虑降低墩身高度，将过渡墩盖梁对应主桥的部分标高降低，增加永久支座垫石的高度，使现浇段梁体底面高程不变的前提下，与过渡墩顶面之间的高度增加，以满足导梁空间设置要求。

根据抗弯能力和变形控制的要求，确定承重纵梁采用 I40 工字钢挂篮底纵梁，高度 $H1=40$ cm，底模厚度 $H2=8.5$ cm，临时钢支座设计高度 $H3=30$ cm。梁底与过渡墩顶间高度 $H=H1+H2+H3=78.5$(cm)。临时钢支座为高度可调节装置，梁底与过渡墩顶面高度取 80 cm，设计支座高度 $H5=11.5$ cm，因此支座垫石的高度设计值 $HZ=H-H5=68.5$(cm)。最终通过将蜂子湾特大桥 11 号、15 号过渡墩墩身均变更减少 40 cm，盖梁底标高均相应降低 40 cm 实现导梁的空间设置要求。具体调整设计如图 4 所示。

5.2　通过配重设计控制梁体变形

配重主要有两个方面的作用：一是本桥采用的导梁法施工，现浇段有大部分荷载通过导梁结构传至 T 构悬臂端，通过配重来平衡混凝土浇筑过程中的 T 构变形；二是混凝土浇筑完成后等待强度增长的过程中，系统稳度和梁体稳度变化引起 T 构端的变形，可通过配重来平衡此变形。其与常规托架法施工配重不同，托架法施工时一般在墩身托架对侧采取反拉配重，主要是为了平衡过渡墩两侧的不平衡受力，确保墩身安全。

经设计、监控单位确认，在 12 号墩 T 构两端同步配重 500 kN(图 5)。混凝土浇筑时，匀速拆除边跨侧悬臂端配重，另一端悬臂端配重保持不变。不拆除的配重必须待合龙段纵向预应力束张拉完后才允许移动。

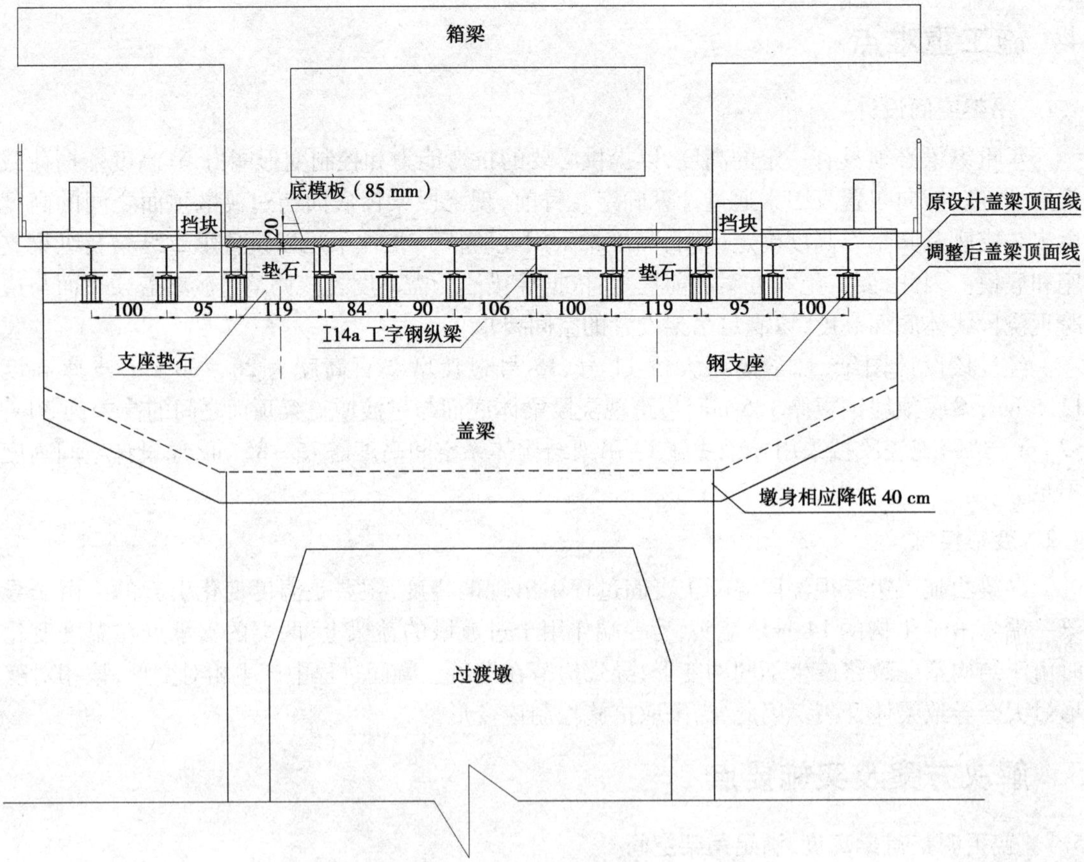

图 4　导梁空间调整设计图(单位:cm)

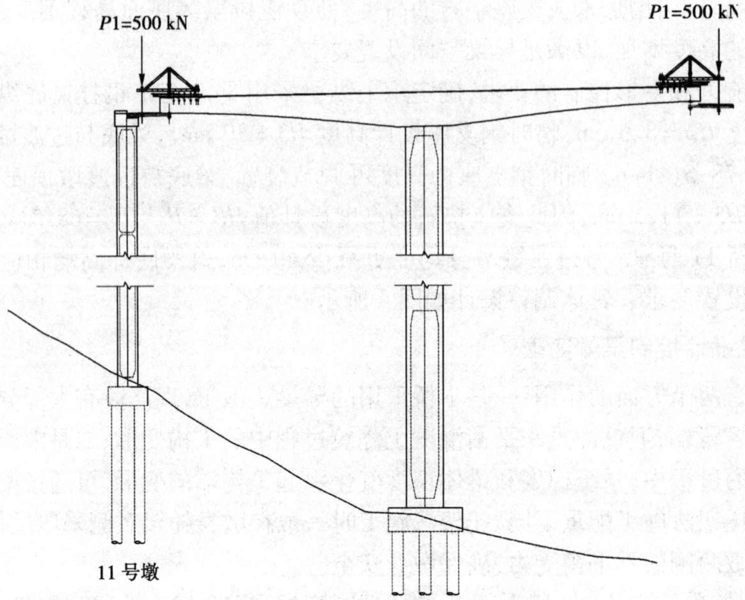

图 5　11 号墩侧边跨现浇配重示意图

悬臂浇筑的大跨径预应力混凝土连续刚构桥、混凝土连续梁桥误差限值施工监控标准一般为:成桥后线形(标高)±50 mm(仅供参考)。经监控测量,主梁成桥高程实测值与建模计算值对比所得的平均差值为2.3 cm,蜂子湾特大桥12号墩主梁线形如图6所示。由此可以判断,蜂子湾特大桥线形控制效果好。

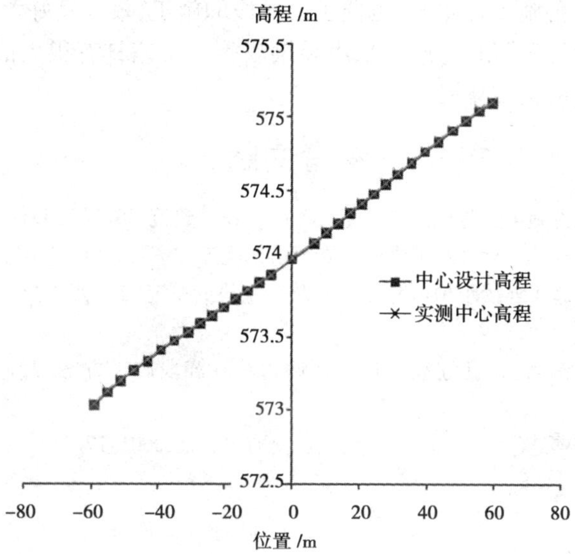

图6　蜂子湾特大桥12号墩主梁线形

6　导梁法施工的优缺点

(1)导梁由若干承重纵梁、纵梁支座、悬臂端悬吊系统、底模配合组成,材料用量少。

(2)承重纵梁一端搭在过渡墩上的纵梁支座上,另一端利用悬臂端悬吊系统支承在悬臂端梁体上,承重纵梁在横向上根据荷载分布和过渡墩上永久支座的位置进行布设。纵梁支座在横向对应承重纵梁,在纵向其中心与永久支座的中心对齐。在承重纵梁上设置底模,底模与侧模和内模以及必要的支承组成模板系统,用于现浇梁段的浇筑成型。根据吊架设置高度要求,桥梁设计时需降低盖梁顶高程,同时调整支座垫石高度来满足,工序简单。

(3)导梁在过渡墩和悬臂端梁体之间形成简支梁结构。当悬臂端梁体受日照影响上下挠动时,承重纵梁受力不变,其上的现浇段混凝土随承重纵梁整体转动,从而保证混凝土初期不会开裂受损,有利于施工质量。

(4)纵梁支座起到传递压力作用,能避免使承重纵梁发生变形和转动时引起的损坏。在纵桥向上其中心与永久支座的中心对齐,即设在与永久支座同一横断面上。当承重纵梁以支点为中心转动时,也能使永久支座同步变形,避免边跨现浇段梁体混凝土早期损伤。

(5)简支梁结构的吊架法施工可增加边跨现浇段施工长度,为改善高墩大跨桥梁边中跨比提供了一种可行的途径,使刚构桥受力更合理。

(6)导梁法施工的不足之处在于无法在悬浇结束前施工边跨现浇段,工期较长。

7 结 语

蜂子湾特大桥边跨现浇段采用导梁法已全部施工完成,后期监控结果正常,线形控制良好。经蜂子湾特大桥的成功实践证明,用此方法安全可靠,降低了成本,又因支架可一次性到位,先施工边跨现浇段,再施工合龙段,也便于合龙段的施工,效果良好。对于高墩大跨径连续刚构桥,从安全、质量、经济等角度分析,采用导梁法施工工艺具有很大的优势,对今后类似工程设计和应用具有一定的借鉴意义。

参考文献

[1] 朱建军. 连续梁悬臂施工边跨现浇段支架设计[J]. 铁道建筑,2011(5):31-32.
[2] 张志新. 高墩大跨连续梁桥边跨现浇段简支梁吊架施工方法研究[C]//中交一公局论文集,2014.
[3] 白晓红. 挂篮吊架施工连续刚构边跨现浇段及合龙段的研究[J]. 四川建筑科学研究,2013,39(2):382-385.
[4] 龚玉华,陈雷,陶路,等. 山区连续刚构桥高墩边跨现浇段施工方案[J]. 世界桥梁,2012,40(3):20-23.
[5] 马保林. 高墩大跨连续刚构桥[M]. 北京:人民交通出版社,2001:17.

智能张拉系统在连续刚构预应力张拉中的应用

王磊东　王学海

（中交一公局第五工程有限公司　北京　100024）

摘　要　智能张拉技术由于智能系统具有高精度和稳定性，能完全排除人为因素的干扰，有效确保预应力张拉施工质量，是目前国内预应力张拉领域最先进的工艺。本文结合智能张拉系统在蜂子湾特大桥连续刚构预应力张拉中的应用，介绍了智能张拉系统工作原理及施工工艺，并与常规人工张拉对比，其安全、质量、经济效益显著，可在今后类似工程中广泛推广。

关键词　连续刚构　预应力　智能张拉

1　引　言

智能张拉系统是在连续刚构预应力张拉施工工艺中，以传统张拉工艺为基础，通过加入智能控制模块，将张拉控制过程交由计算机来控制。张拉前同样需要标定设备，将回归系数以及张拉控制的应力应变值输入计算机中，计算机自动完成张拉的全过程，同时形成张拉报告。传统的预应力张拉设备是通过工作人员手动操作方向阀来切换方向的，人工测量钢绞线张拉长度，无法实时监控预应力钢绞线承受的张拉力和张拉长度，测量精度低，易出现事故。因此，智能张拉系统在连续刚构预应力张拉中能够解决传统张拉中存在的问题，能够极大地提高了预应力张拉的速度、质量和控制能力，具有良好的可操作性和较高的实时控制性，对其在实体工程中的应用效果进行系统评价。本文结合智能张拉系统在重庆万利高速公路蜂子湾特大桥连续刚构预应力张拉中的应用进行论述。

2　工程概况

蜂子湾特大桥全长1 060.5 m，其中主桥为65 m + 2 × 120 m + 65 m 连续刚构，上下行分幅布置，上部结构为三向预应力混凝土变截面连续刚构。该桥采用单箱单室结构，梁高及底板厚度均按1.8 次抛物线变化，每个悬浇 T 构纵向对称划分为 14 个节段，梁段数及梁长数从根部至跨中分别为 7 × 3.5 m + 7 × 4.0 m。主梁采用 C55 预应力钢筋混凝土，上部预应力钢束中顶板束、腹板束及合龙束均采用 15-17 和 15-19 两种低松弛高强度钢绞线，其抗拉强度标准值 f_{pk} = 1 860 MPa，公称直径为 15.20 mm，截面面积为 140.0 mm^2，弹性模量 $E_p = 1.95 \times 10^5$ MPa，

作者简介：王磊东（1990—），男，专科，技术员。

王学海（1987—），男，本科，工程师。

张拉控制应力为 $0.75f_{pk}=1\ 395$ MPa。悬浇梁段纵向预应力钢束采用YM15-17 型、YM15-19 型系列锚具及其配件，预应力管道采用圆形塑料波纹管。

3 智能张拉系统工作原理

智能张拉系统主要包括千斤顶、油泵和系统主机 3 部分（图 1）。智能张拉系统的控制指标是应力，校对指标是伸长量误差。该原理利用传感技术对每台张拉设备（千斤顶）的工作压力和钢绞线的伸长量（含回缩量）等数据进行收集，并及时动态地把这些收集的数据传送到主机进行处理，并且张拉设备（泵站）在收到系统的指令后，即刻对变频电机工作参数进行调整，进而确保油泵电机转速的精确性，完成对张拉力和加载速度的精确控制。

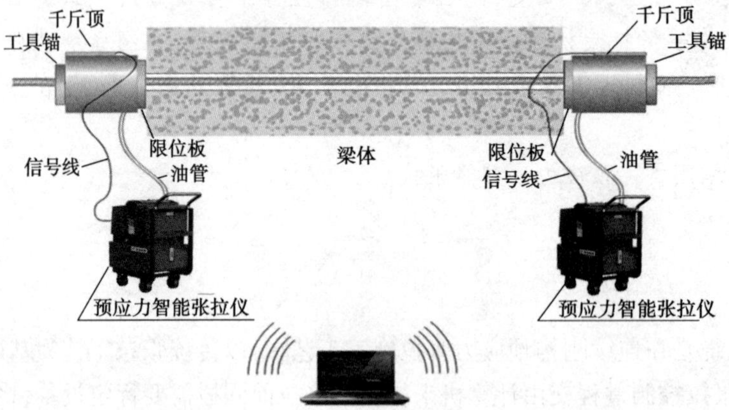

图 1 智能张拉系统工艺原理示意图

该系统还以预设的程序为依据，通过主机下达指令，对每台设备的机械动作进行控制，使整个张拉过程无需人为参与即可完成。压力传感器在这个工作中主要作用是千斤顶油缸压力值的收集，并利用下位机输送给控制主机，然后再由主机以标定参数为依据对拉力值进行转换。位移传感器在施工中采集钢绞线伸长量（回缩量）值，采集完成后便利用下位机传给控制主机，自动完成张拉整个过程。

4 智能张拉系统施工工艺施工

采用智能张拉系统进行张拉作业，需对操作人员进行专门培训，确保熟练操作智能张拉系统，具备处理张拉过程中出现问题的能力。预应力钢绞线张拉顺序严格按照图纸要求进行张拉，蜂子湾特大桥连续刚构纵向钢束张拉顺序为：顶板束→腹板束→底板束。张拉时，采用张拉应力和张拉伸长量进行“双控”控制，并以张拉应力控制为主，伸长量偏差按 ±6% 范围进行控制。

4.1 工艺流程

智能张拉系统施工工艺流程如图 2 所示。

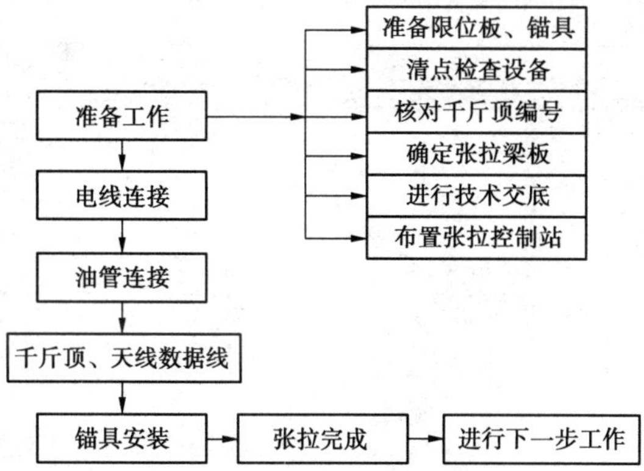

图2　智能张拉系统施工工艺流程图

4.2　施工要点

4.2.1　智能张拉系统安装

(1)安装限位板,限位板有止口与锚板定位,工作锚环必须在限位槽内。

(2)安装专用千斤顶,千斤顶止口应对准限位板,保证限位板、千斤顶、工具锚板同轴。

(3)安装工具锚,应与前端张拉端锚具对正,使孔位排列一致,不得使钢绞线在千斤顶的穿心孔发生交叉,以免张拉时出现失锚事故,工具锚夹片均匀涂“退锚灵”。

(4)连接千斤顶油管,连接油表、油泵电源。

(5)开动油泵,将千斤顶活塞来回打出几次,以排出可能残存在千斤顶缸体中的空气。

4.2.2　智能张拉

(1)在智能控制设备中设置好梁段号、孔道号、千斤顶编号、回归方程、设计张拉控制力值、钢绞线的理论伸长量、加载速率、停顿点、持荷时间等张拉要素。准备就绪,开始张拉。

(2)智能张拉平台系统发出信号,传递给智能张拉仪张拉系统,通过张拉系统控制专用千斤顶按预先系统编制的张拉顺序进行对称均衡张拉。

(3)油泵供油给千斤顶张拉油缸,按四级加载过程依次提升油压,分级方式为15%(初应力即计算伸长值的起点)、30%、50%、100%。

(4)张拉过程中,智能张拉平台系统对每一级进行测量和记录,测量每一级张拉后的活塞伸长值读数,并随时检查伸长值与计算值的偏差。

(5)张拉时,通过智能张拉系统平台和YJM智能张拉系统控制专用千斤顶加载速度,确保给油平稳,持荷稳定。

(6)张拉过程中,系统将自动校核测量数据,当实际伸长值与理论伸长值相差大于±6%时系统将自动报警,停止张拉。待查明原因,排除问题后,方可进行下一步的工作。

(7)张拉完成后,打印、分析智能张拉数据,拆除千斤顶(图3)。

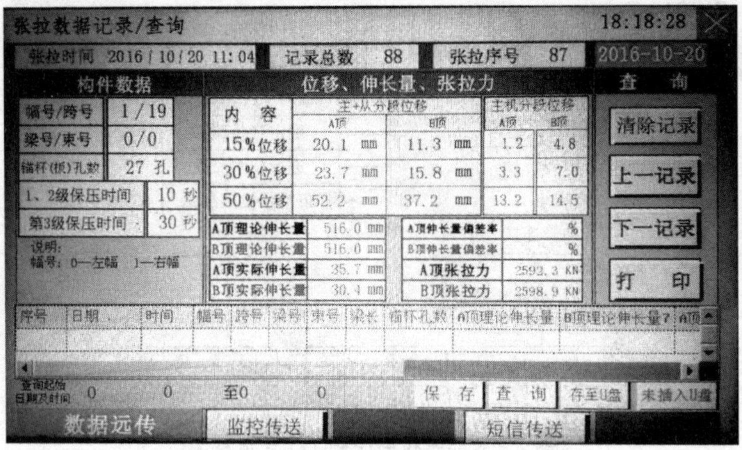

图3 张拉数据记录

5 智能张拉系统功能特点

蜂子湾特大桥连续刚构纵向预应力张拉采用 YJM 智能张拉系统,其主要技术指标:测力系统精度为1%FS,位移测量精度为0.2 mm,双顶对拉不平衡度为20 kN,无线传输距离为2 km,液压站工作电压为380(1±10%)V,控制系统工作电压为220(1±10%)V。

5.1 保证张拉数据安全

为了保证张拉数据可靠性,本全自动张拉系统采用三重保护:

(1)张拉数据通过现场专用存储器进行实时数据存储。

(2)张拉数据通过通信接口以无线方式传入信息管理系统,可以实时显示张拉数据、张拉力曲线及伸长量曲线,同时进行本地记录保存。

(3)远程数据管理系统:通过专用的网络服务器对张拉数据进行备份,并通过专用程序再现显示张拉数据、张拉力曲线及伸长量曲线。

5.2 自动平衡缓释泄压技术,防止滑束、避免冲击夹片

智能张拉系统可使千斤顶张拉完成后缓慢卸压,从而保证钢绞线的张拉力从工具锚更稳定地过渡到工作锚具。尤其在卸压过程中,通过缓释泄压技术避免对工作夹片的冲击,防止出现滑束。

5.3 操作方便

根据设计图纸张拉数据,现场输入箱梁梁段号、孔道并校核张拉力目标值及伸长量值后。只需按下按键,张拉过程全自动完成。

5.4 标定功能

可以通过标准测力系统和伸长量对系统张拉力进行标定。

5.5 精确施加应力

智能张拉依靠计算机运算,能精确控制施工过程中所施加的预应力力值,将误差范围由传统张拉的±15%缩小到±1%。

5.6　及时校核伸长量，实现“双控”

张拉力和张拉伸长值同步显示在数显仪表上，系统传感器实时采集钢绞线伸长量数据，自动计算伸长量，及时校核伸长量是否在 ±6% 范围内，实现应力与伸长量同步“双控”，同时自动记录相应张拉伸长量。当张拉力和张拉伸长量达到设定值时，能够自动报警，保证施工记录的可靠性。

5.7　实现多顶两端同步张拉

一台计算机控制两台或多台千斤顶同时、同步对称张拉，实现“多顶同步张拉”工艺。

5.8　智能控制，规范张拉过程

智能张拉系统实现了张拉程序智能控制，不受人为、环境因素影响，停顿点、加载速率、持荷时间等张拉过程要素完全符合桥梁设计和施工技术规范要求。

6　效益分析

6.1　技术效益

智能张拉与传统张拉相比，张拉数据精准，有利于结构预应力受力，其技术效益对比如表1所示。

表1　技术效益对比表

序号	比较内容	传统张拉	智能张拉
1	张拉精度	最常用的压力表表盘直径不小于 15 cm，最小刻度为 10 kN，小数点之后的数只能人工估读，使精度较差，一般在 ±15%	智能张拉精度精确控制在 ±1%
2	自动补张	无此功能	张拉力下降 1% 时，锚固前自动补拉至规定值
3	伸长量测量与校核	人工测量，不准确，不及时；未能及时校核，未实现规范“双控”	自动测量，及时准确，及时校核，与张拉力同步控制，实现真正“双控”
4	对称同步	人工控制，同步精度低，无法实现多顶对称张拉	同步精度达到 2%，计算机控制可实现多顶对称同步张拉
5	加载速度与持荷时间	随意性大，加载速度过快，持荷时间太短	按规范要求设定速度加载和按规范要求的时间持荷，排除人为干预
6	卸载锚固	瞬时卸载，回缩时对夹片造成冲击，回缩量大	可缓慢卸载，避免冲击损伤夹片，减少回缩量
7	回缩量测定	无法准确测定锚固后回缩量	可准确测定实际回缩量
8	预应力损失	预应力损失大	张拉过程规范，损失小
9	张拉记录	张拉数据的原始记录也有不少私自涂改、编造现象，数据的可靠性和真实性不足	数据无线传输，自动记录，真实再现张拉过程

6.2 安全效益

预应力张拉过程中,传统智能张拉需边张拉边测量,存在安全隐患;智能张拉操作人员远离非安全区域,大大降低安全风险,人身安全有保障。

6.3 质量效益

从质量控制角度而言,智能数控张拉的最大优点是:控制手段先进、科学,质量过程记录清晰、客观、准确,在质量控制方面以其绝对的优势替代传统张拉工艺;以其先进的质量控制手段为保证,取得了良好的质量效益,也达到了智能张拉的主要目的。

6.4 经济效益

6.4.1 人工消耗

采用传统张拉工艺,正常工作至少需要 7 人直接参与作业任务,而智能控制张拉只需有 3 人直接参与就可以圆满完成张拉任务。

6.4.2 时间效益

由于传统张拉需要停止千斤顶,然后人工去测量伸长量,而智能控制张拉可以实时测量伸长量,可省去中间人工操作的时间,整个过程下来一般能节省 30 min 左右。另外,应力的读取和换算速度也优于人工控制,正常情况人工换算应力值,需要 10 ~ 20 s 的时间,而计算机自动换算时间只有 0.1 s,进一步提高了张拉控制速度。

6.4.3 机械材料消耗

由于张拉控制过程中速率均匀,机械损耗系数小,折旧周期长,延长机械的使用寿命。此外,张拉控制精确到位,杜绝了张拉力不够而引起的返工,从而降低了钢绞线的非正常性消耗。

以蜂子湾特大桥主桥连续刚构纵向预应力采用智能张拉与传统张拉工艺进行对比经济效益分析(不考虑张拉设备折旧和摊销),采用智能张拉系统比传统人工张拉节约 60 余万元费用(表 2)。

表 2 经济效益对比表

序号	项 目	智能张拉	费用共计/万元	传统人工张拉	费用共计/万元
1	设备费用	一套张拉机,4 台 500 t 千斤顶	15	4 台油泵,4 台 500 t 千斤顶	8
2	人工费用	3 人工/次,共张拉 1 048 次,共 3 144 个,160 元/个	50.3	7 人工/次,共张拉 1 048 次,共 7 336 个,160 元/个	117.4
3	合计/万元	65.3		125.4	
4	节约/万元	60.1			

7 结　语

智能张拉系统不仅降低了施工中人为因素的影响，减小了张拉施工的误差，节约了投资，而且真正意义上提高了张拉施工质量，保证了桥梁结构的安全性和耐久性，大大地降低了桥梁全寿命周期成本。

蜂子湾特大桥主桥连续刚构智能张拉施工工艺的成功应用，效益显著，杜绝了传统人工张拉施工的影响，保证了桥梁预应力施加的质量，为以后类似工程施工积累了宝贵经验。

参考文献

[1] 中华人民共和国行业标准. 公路桥涵施工技术规范(JTG/T F50—2011)[S]. 北京：人民交通出版社，2011.

[2] 中华人民共和国行业标准. 公路工程质量检验评定标准 第一册：土建工程(JTG F80/1—2004)[S]. 北京：人民交通出版社，2011.

薛家坝 2 号大桥施工与成桥预拱度分析计算

赵甜甜　邱洋洋

（中交一公局海威工程建设有限公司　北京　101119）

摘　要　本文介绍了以正装分析法结合桥梁博士有限元程序来分析计算大跨径连续刚构桥的施工预拱度，以经验取值结合二次抛物线分配法来计算成桥预拱度的方法。以薛家坝 2 号大桥连续刚构作为背景工程，结合连续刚构桥结构的变形的规律，提出了施工预拱度各种影响因素的计算原理和设置方法，详细介绍了混凝土收缩徐变预拱度按二次抛物线分配的合理性及其设置方法。薛家坝 2 号大桥的完美合龙表明该计算方法的实用性与可靠性，可以为同类工程施工提供借鉴。

关键词　高墩　大跨径　连续刚构　线形控制　预拱度分配

1　引　言

机械化的推广和计算机程序的应用，使得桥梁施工处于一种可控状态。由于桥梁的成桥线形多取决于施工预拱度的取值，因此越来越多的工程师开始思考如何精确计算分析桥梁的施工预拱度。任志刚等采用了计算机程序模拟了府河盘龙大桥的施工状况，研究各因素及各规范收缩徐变的计算模式对预拱度的影响，表明恒载、预应力和收缩徐变是关键性因素[1]。张玥针等对城市钢箱梁桥的预制架梁法施工，简化了体系转换、支架支座沉降、环口焊接收缩和昼夜温差对钢箱梁挠度的影响，总结了胎架预拱度和临时支架施工预拱度的设置方法[2]。包龙生等提出了将 Kalman 滤波法与正装分析法相结合进行施工控制的预拱度计算方法，并以工程实例证明此方法的可行性[3]。

本文在综合考虑众多学者研究的基础上，分析了大跨度连续刚构桥在施工中各因素对施工预拱度的影响，主要考虑恒载、预应力和挂篮荷载。对于混凝土收缩徐变产生的预拱度则根据规范规定及经验取值，并采用二次抛物线的形式进行分配。最后，以薛家坝 2 号大桥为依托工程，历时一年的实践表明，成桥线形与设计线形相吻合。该方法设置的预拱度能满足桥梁使用年限的需求，具有较高的行车舒适度。

2　影响预拱度的主要因素

连续刚构桥预拱度分为施工预拱度和成桥预拱度[4]。设置施工预拱度主要是为消除施工过程中各种荷载对线形的影响。成桥预拱度主要是为消除后期运营过程中的收缩徐变、后

作者简介：赵甜甜（1993—），女，专科，技术员。

邱洋洋（1990—），男，本科，技术员。

期预应力的损失、活载变形等而设置。高墩、大跨度连续刚构桥多数采用挂篮悬臂现浇施工，在设置预拱度时，主要控制因素如表 1 所示。其中，施工预拱度中主要考虑的因素有恒载、预应力荷载、挂篮变形，其余影响值较小[5]。

表 1　连续刚构桥施工预拱度的主要影响因素

预拱度	影响因素	预拱度设置方向	预拱度设置方法
施工预拱度	一期恒载	+	通过正装计算、施工过程模拟，逐段叠加计算
	预应力	−	
	二期恒载	+	
	结构体系转换	+、−	
	挂篮变形	+	
	前期收缩徐变	−、+	
	墩身压缩	+	
	温度影响	+（或 −）	
	墩顶转角位移	+（或 −）	
	施工荷载	+（或 −）	
成桥预拱度	后期收缩徐变	+、−	曲线分配法、公式计算法
	1/2 活载	+	

3　预拱度设置原理及计算方法

3.1　自重及预应力作用下预拱度设置

结构自重的计入方法是本阶段块件生成后和以后各阶段挠度累计值，其特点是已浇筑完成的梁段已基本完成块段本身自重变形，不再对后浇筑梁段产生影响，虽然合龙段与悬臂节段的单项挠度计算方法不同，但计入方法相同，可以用通式表达。预应力作用计入方法是本次浇筑梁段及后浇梁段纵向预应力张拉后对该点挠度的影响值，计算时需要计入后张拉预应力对已生成节段产生的影响。

3.2　挂篮变形的影响

挂篮变形可分为弹性变形和塑性变形。在 0 号块施工完成就开始安装挂篮，进行 1 号块施工前要对挂篮进行预压试验。预压试验主要是为了消除塑性变形，得出挂篮荷载 P-变形 δ 曲线。塑性变形是指挂篮构件与构件之间的空隙所引起的变形，因此是不可恢复的。弹性变形具体参数可由荷载试验取得。因此，每一个块段施工前都要考虑在该块段自重作用下，挂篮将产生弹性变形，此变形可当作施工预拱度计入当前施工状态。

3.3　成桥预拱度的原理和方法

成桥预拱度中主要是考虑后期徐变的影响，而混凝土的徐变对桥梁结构成桥后的影响程度还没有比较可靠的结论，再加上运营期间几何非线性与徐变挠度的耦合效应显著，设置成桥预拱度的方法一般都是在理论计算的基础上，根据经验确定跨中最大预拱度后，按某种曲线向全跨分配[6]。目前，成桥预拱度的分配普遍采用二次抛物线变化，如图1所示。其中，$f_{中}$、$f_{边}$的取值一般情况下可取8 cm和3 cm。边跨侧的峰值点出现在$\frac{3}{8}L$处，也可理解成最大悬臂节段的桥梁线形边跨侧的线形反弯点出现的位置。

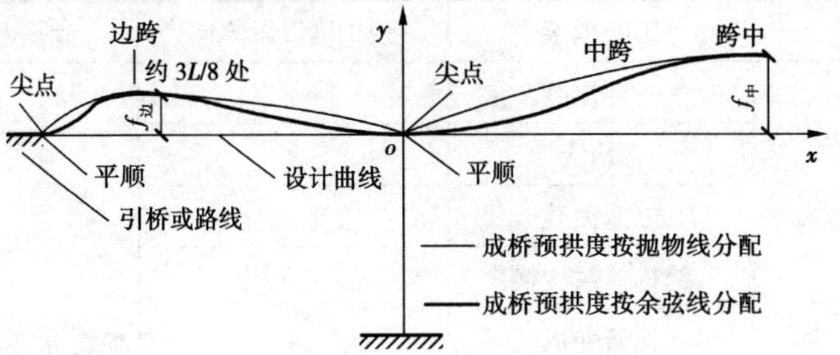

图1 成桥预拱度分配曲线

4 工程实例分析

4.1 工程概况

薛家坝2号大桥主桥为65 m + 120 m + 65 m三跨预应力混凝土连续刚构桥，上部结构为单箱单室预应力混凝土箱梁，三向预应力结构，箱梁顶面与路线横坡一致。平面分别位于直线和圆曲线（R = 2 580 m）、圆曲线（R = 2 600 m）上，墩台径向布置。4个主墩中，左幅12号墩高104.973 m，13号墩高93.036 m。右幅4号墩高104.262 m，右幅5号墩高90.086 m。薛家坝2号大桥主桥属于高墩大跨连续刚构桥，具有高墩、跨度大、过山岭重丘区、施工难度大、桥面线形难以控制等结构特点。

4.2 有限元分析

计算采用桥梁博士V3.3软件，按照桥梁构造、施工节段划分等建立计算模型。

箱梁截面在AutoCAD绘制后导入该程序中，桥墩截面利用桥梁博士自带截面方式输入，桥墩横隔板用集中力模拟，预应力钢束按设计图纸提供的参数输入，管道摩阻系数、管道偏差系数按设计文件取值。建立的计算模型如图2所示。

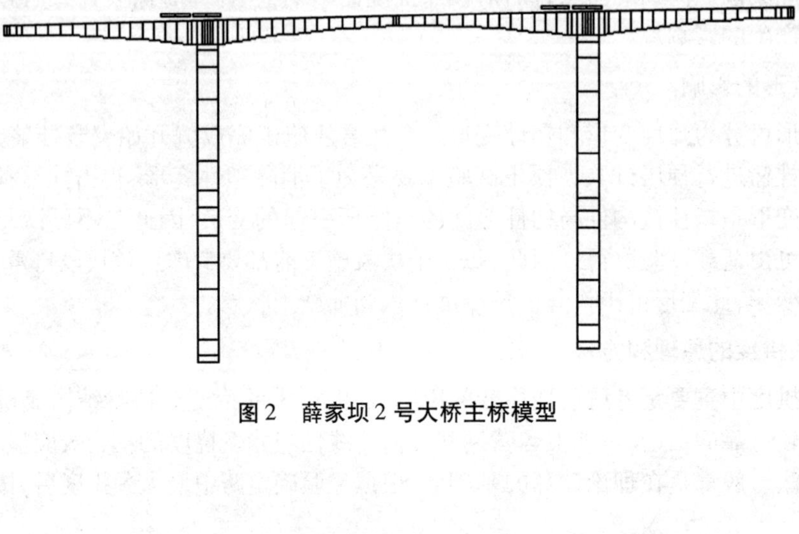

图2 薛家坝2号大桥主桥模型

5　预拱度值计算

5.1　恒载及预应力作用下的变形值

通过桥梁博士软件模拟施工阶段并进行运算分析,可得各个因素对主梁线形产生的结果。提取中跨合龙施工阶段下的只施加恒载和预应力作用下的主梁变形值,可得出恒载及预应力产生的预拱度大小。主梁变形值如表 2 中的“恒载和预应力”对应数值所示。根据表 2 中数据可知,施工过程中,桥梁的平、纵面线形及标高受恒载影响明显,设置施工预拱度以平衡恒载对桥梁线形控制的影响具有重大意义。

5.2　活载变形值计算

由于薛家坝 2 号大桥只通车不过人,因此提取成桥施工阶段下只有汽车活载作用下的主梁变形值,可得到活载作用下的预拱度值。主梁变形值如表 2 中的“活载”对应数值所示。根据表 2 中数据可知,成桥阶段桥梁跨中挠度值较大,设置成桥预拱度时应重点考虑如何平衡运营期活载可能产生的下挠值,这是保证桥梁线形平缓顺畅的重要保障。

5.3　收缩徐变预拱度计算

收缩徐变的预拱度值按经验预拱度修正值取值如下:中跨取 8 cm,边跨取 3 cm,并采用二次抛物线法进行分配。具体分配方法和计算如公式(1) ~ (5)所示,公式的推导可按三点确定一条抛物线的方法进行求解。

以桥跨 64.84 ~ 184.84 m 为例:两端头 64.84 m 和 184.84 m 处均为 0,即确定了两个点分别是(64.84,0)、(184.84,0),中间为 8 cm 即确定第 3 个点(124.84,0.08)。由此可得:

边跨 0.8 ~ 9.84 m 段:

$$f_2 = 0.03 - 0.03\left(\frac{x - 0.08}{9.84}\right)^2 \tag{1}$$

边跨 9.84 ~ 64.84 m 段:

$$f_2 = 0.03 - 0.03 \times \left(\frac{x - 9.84}{55}\right)^2 \tag{2}$$

中跨 64.84 ~ 184.84 m 段:

$$f_2 = 0.08 - 0.08 \times \left(\frac{124.84 - x}{60}\right)^2 \tag{3}$$

边跨 184.84 ~ 229.84 m 段:

$$f_2 = 0.03 - 0.03 \times \left(\frac{229.84 - x}{55}\right)^2 \tag{4}$$

中跨 229.84 ~ 248.88 m 段:

$$f_2 = 0.03 - 0.03\left(\frac{248.88 - x}{9.84}\right)^2 \tag{5}$$

5.4　预拱度值计算

预拱度设置由施工预拱度加上成桥预拱度确定。薛家坝 2 号大桥的施工预拱度由两部分组成:一是自重作用下的预拱度,可取为最后一个施工阶段变形值的相反数(具体数值如表 2 中“恒载”所示);二是活载作用下的预拱度,同样可以由桥梁博士模型中提出(具体数值如表 2 中“1/2 活载”所示)。预拱度计算公式为: -(恒载和预应力 +0.5 活载) + 收缩徐变值,最终结果如表 2 中“预拱度值”所示。

表 2　全桥主梁预拱度计算结果

节点号	x 坐标/m	恒载和预应力/mm	活载/mm	收缩徐变修正值/mm	预拱度值/mm	节点号	x 坐标/m	恒载和预应力/mm	活载/mm	收缩徐变修正值/mm	预拱度值/mm
1	0	-1	0	0	1	30	74.84	-4	-3	24	30
2	0.8	0	0	5	5	31	78.34	-1	-4	32	35
3	1.6	1	0	9	8	32	81.84	2	-5	39	39
4	3.84	2	-1	19	17	33	85.34	5	-6	45	44
5	5.84	-60	-2	25	86	34	88.84	7	-7	51	47
6	9.84	-54	-4	30	86	35	92.34	11	-9	57	50
7	13.84	-39	-5	30	71	36	95.84	14	-10	61	53
8	17.84	-36	-6	29	68	37	99.84	18	-12	66	54
9	21.84	-32	-6	29	64	38	103.84	22	-14	70	55
10	25.84	-29	-6	27	60	39	107.84	27	-16	74	54
11	29.84	-27	-6	26	56	40	111.84	33	-17	76	52
12	33.84	-24	-5	24	51	41	115.84	39	-18	78	49
13	37.34	-21	-5	23	46	42	119.84	33	-19	79	56
14	40.84	-19	-4	20	42	43	123.84	37	-20	80	53
15	44.34	-17	-4	18	37	44	124.84	27	-20	80	62
16	47.84	-16	-3	16	33	45	125.84	40	-20	80	49
17	51.34	-15	-2	13	29	46	129.84	36	-19	79	53
18	54.84	-14	-2	10	25	47	133.84	41	-19	78	46
19	58.34	-14	-1	7	22	48	137.84	35	-17	76	50
20	59.84	-14	-1	5	19	49	141.84	29	-16	74	52
21	61.34	-13	-1	4	17	50	145.84	24	-14	70	53
22	63.14	-12	-1	2	14	51	149.84	19	-12	66	53
23	64.14	-12	0	1	13	52	153.84	15	-11	61	51
24	64.84	-22	0	0	22	53	157.34	12	-9	57	49
25	65.54	-11	-1	2	13	54	160.84	9	-8	51	46
26	66.54	-10	-1	4	15	55	164.34	6	-6	45	42
27	68.34	-10	-1	9	19	56	167.84	3	-5	39	38
28	69.84	-9	-1	13	22	57	171.34	0	-4	32	34
29	71.34	-8	-2	16	25	58	174.84	-3	-3	24	28

续表

节点号	x 坐标/m	恒载和预应力/mm	活载/mm	收缩徐变修正值/mm	预拱度值/mm	节点号	x 坐标/m	恒载和预应力/mm	活载/mm	收缩徐变修正值/mm	预拱度值/mm
59	178.34	-6	-2	16	24	74	208.84	-18	-4	20	40
60	179.84	-7	-1	13	21	75	212.34	-20	-5	23	45
61	181.34	-8	-1	9	17	76	215.84	-22	-6	24	49
62	183.14	-9	-1	4	14	77	219.84	-25	-6	26	54
63	184.14	-9	-1	2	11	78	223.84	-27	-6	27	58
64	184.84	-17	0	0	18	79	227.84	-30	-6	29	61
65	185.54	-10	0	1	11	80	231.84	-33	-6	29	65
66	186.54	-10	0	2	12	81	235.84	-36	-5	30	68
67	188.34	-11	-1	4	15	82	239.84	-50	-4	30	82
68	189.84	-12	-1	5	17	83	243.84	-56	-2	25	82
69	191.34	-12	-1	7	20	84	245.84	2	-1	19	17
70	194.84	-12	-2	10	23	85	248.08	1	0	9	9
71	198.34	-13	-2	13	27	86	248.88	0	0	5	5
72	201.84	-14	-3	16	31	87	249.68	-1	0	0	1
73	205.34	-16	-4	18	36						

注：表中位移向上为正，向下为负。

6　实际施工线形对比

为了得出每一个节段下的桥梁高程，在每个箱梁节段上布置 3 个高程观测点(图 3)。该高程观测点不仅可以在悬浇施工过程中用以控制每一个节段的施工质量，还可以用于最后成桥线形的观测，并把所得成桥线形与设计线形进行对比分析。

整座桥共计 80 多个断面，考虑到篇幅，因此不一一列出。现将成桥后实测高程与设计高程进行对比分析，如图 4 所示。实测线形略呈波浪形，主要是考虑到 20 年后的收缩徐变将会引起跨中下挠，而薛家坝 2 号大桥的使用年限是 100 年，因此必须有足够的预拱度用以保证 20 年后的桥面平顺以及行车舒适度。

从表 3 可以看出，中跨侧实际高程比设计高程最高处约高 10 cm，并且以抛物线的形式慢慢降至 0。边跨侧实际线形比设计线形最大值约高 5 cm，在边跨现浇段与主墩处又降至 0。因此，施工预拱度的设置方法较为合理。薛家坝 2 号大桥成桥施工现场如图 5 所示。

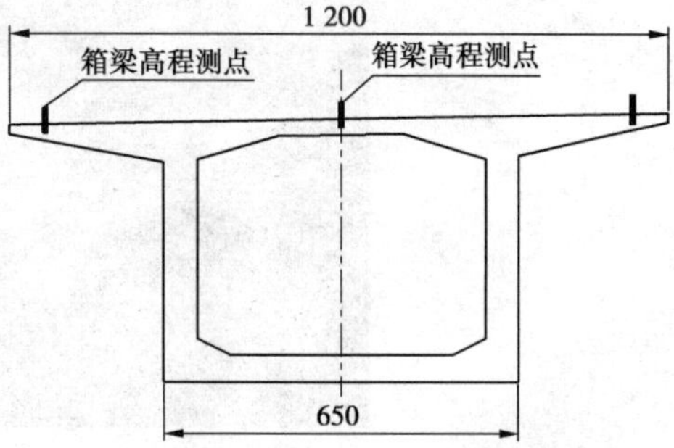

图 3　测点布置图(单位：cm)

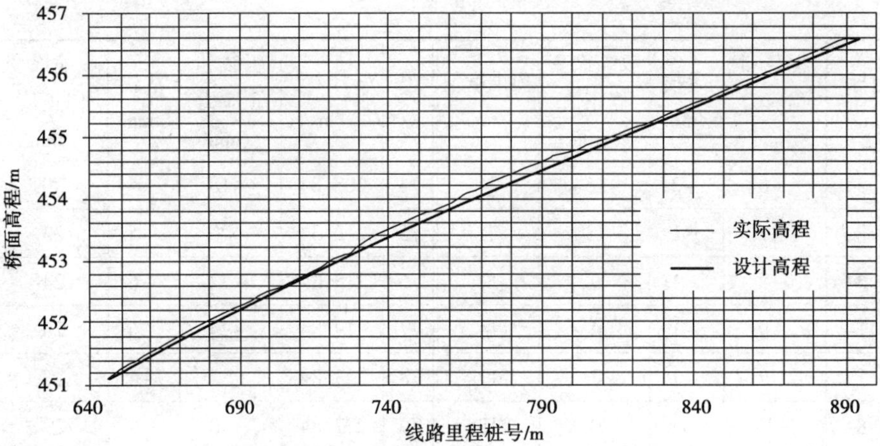

图4　实测高程与设计高程对比图

表3　薛家坝2号大桥实测线形与设计线形对比表　　单位:m

梁　段	设计值	实测值	差　值	梁　段	设计值	实测值	差　值
边跨现浇段	451.100	451.104	0.004	14号块段	454.091	454.195	0.104
14号块段	451.251	451.282	0.031	12号块段	454.258	454.355	0.097
10号块段	451.661	451.719	0.058	10号块段	454.423	454.512	0.089
6号块段	452.048	452.089	0.041	6号块段	454.736	454.784	0.048
2号块段	452.391	452.417	0.026	2号块段	455.016	455.038	0.022
0号块段	452.558	452.573	0.015	0号块段	455.156	455.167	0.011
0号块中心	452.713	452.716	0.003	0号块中心	455.286	455.289	0.003
0号块段	452.866	452.882	0.016	0号块段	455.416	455.435	0.019
2号块段	453.025	453.062	0.037	2号块段	455.556	455.583	0.027
6号块段	453.348	453.403	0.055	6号块段	455.836	455.856	0.020
10号块段	453.694	453.782	0.088	10号块段	456.146	456.191	0.045
12号块段	453.869	453.964	0.095	14号块段	456.466	456.476	0.010
14号块段	454.041	454.15	0.109	边跨现浇段	456.583	456.581	-0.002

图5　薛家坝2号大桥成桥施工图

7 结 论

本文将连续刚构桥预拱度分为施工预拱度和成桥预拱度，施工预拱度应按照施工过程模拟计算结果设置，并准确得出恒载预应力作用下的预拱度值。成桥预拱度在混凝土后期徐变变形和活载变形计算基础上，以二次抛物线分配为宜。

工程实际表明，该预拱度计算方法简单可行，可以保证桥梁施工线形平顺，可为同类型桥梁的预拱度设置提供借鉴。

参考文献

[1] 任志刚，彭苗，卢哲安，等. 府河盘龙大桥施工预拱度预测与分析[J]. 武汉理工大学学报，2005，27(6)：26-28.

[2] 张玥，胡小龙，武春风. 城市连续钢箱梁施工预拱度研究施工技术[J]. 施工技术，2015(s2)：251-253.

[3] 包龙生，宋涛，于玲，等. 基于 Kalman 滤波法与正装分析法对桥梁施工控制研究[J]. 沈阳建筑大学学报(自然科学版)，2015(4)：653-660.

[4] 中华人民共和国行业标准. 公路钢筋混凝土及预应力混凝土桥涵设计规范(JTG D62—2004)[S]. 北京：人民交通出版社，2004.

[5] 周履，陈永春. 收缩徐变[M]. 北京：中国铁道出版社，1994.

[6] 王法武，石雪飞. 大跨径预应力混凝土梁桥长期挠度控制研究[J]. 公路，2006(4)：107-110.